韓国の「鬼」

ドッケビの視覚表象

朴 美暻

京都大学学術出版会

非人非鬼。非幽非明。亦一物也。
　　　　──鄭道傳「謝魑魅文」(『三峯集』)

口絵

口絵1　甘露帳（国立中央博物館所蔵、18世紀）
現実と地獄を対比して描いた朝鮮特有の地獄図。仏画のなかの獄卒や羅刹はドッケビと訳される場合が多い。（本文29ページ）

口　絵

口絵2　「鬼火前導」(個人所蔵、1882)
鬼火をドッケビ火と解釈し、ドッケビの絵が登場する最初の文献とされる『蔡氏孝行図』の「鬼火前導」。ドッケビが夜中の山道で迷っている主人公を導いている場面。ドッケビは人のようだが曖昧なシルエットで、赤い火を持った姿で描かれている。(本文26ページ)

口絵3　木人（木人博物館所蔵、朝鮮時代）
木人は、喪輿（ひつぎを乗せる輿）を飾り、遺族や集まった人々を慰める役割を果たすため、優しくて面白い顔をしているとされている。その顔には角があり、ドッケビとも龍とも考えられる。（本文44ページ）

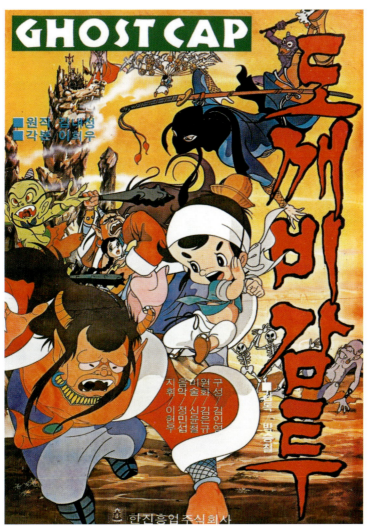

口絵4　『ドッケビの頭巾』の劇場版アニメポスター（1979）
主人公のトリがドッケビたちを退治している場面。ここに登場するドッケビは角があり、牙が出て、耳が長い姿で描かれている。（本文105ページ）

口絵5　『夏の夜の夢』(2012)
劇団「旅人」のイギリスのシェークスピア・グローブ (Shakespeare's Globe) 公演。シェークスピア劇を改作して上演した本作品では、イギリスの妖精をドッケビに変え、韓国の楽器を使い、アジア的な舞台が演出された。登場するドッケビたちは角のようなものを持っているが、それは木の枝のようにも花のようにも見える。(本文196ページ)

口　絵

口絵6　プルグン・アンマ
(上) ワールドカップ3次予選の対レバノン戦での韓国ナショナル・チームの応援団「プルグン・アンマ」(붉은 악마 「赤い悪魔」の意) の様子。赤いTシャツを着用し、応援旗や横断幕にはドッケビのロゴが描かれている (2011)。
(下) 韓国対スイス戦での応援。Tシャツ以外にもロゴ入りのタオル、手袋、角付きのヘアバンドなどの応援グッズが見られる (2006)。(本文207、210ページ)

口絵7　谷城妖術ランド（2014）
地方に伝わる馬天牧将軍説話をもとに創られたキャラクター「チョンビ」と「ホンビ」。妖術ランドの歴史体験館の入口に飾られている。（本文189ページ）

目　次

序　章……………………………………………………………1

第 1 章　ドッケビとは何か──前近代、描かれる以前のドッケビ……………………………………………………19

はじめに……………………………………………………………20
第 1 節　朝鮮社会とドッケビ……………………………………21
　　1．儒教とドッケビ　21
　　2．仏教とドッケビ　27
第 2 節　説話のなかのドッケビ…………………………………32
　　1．口伝説話のドッケビ　32
　　2．古文献の説話　37
第 3 節　祭られるドッケビ………………………………………40
　　1．民間信仰のドッケビ　40
　　2．民芸のドッケビ　43
まとめ………………………………………………………………47

第 2 章　ドッケビ表象の出現──植民地時代、描かれ始めるドッケビ……………………………………………53

はじめに……………………………………………………………54
第 1 節　国定教科書『朝鮮語読本』の「瘤取」説話……………55
　　1．初めて現れたドッケビ表象　55
　　2．ドッケビの視覚化への試み　59

3．教科書を通したドッケビとオニの同化　62
  第2節　『朝鮮童話集』と「瘤取」……………………………………66
    1．日本語の「朝鮮童話集」　66
    2．韓国語の「朝鮮童話集」　69
  第3節　「瘤取」の起源……………………………………………………70
    1．児童雑誌のなかの「歌袋」　70
    2．「瘤取」の日韓比較記事　72
    3．教科書の「瘤を除った話」の出典　74
    4．ラング童話集の「ホック・リーと小人たち」　74
    5．キリスト教の書籍　76
  第4節　戦時中のオニ表象の伝播…………………………………78
    1．描かれ始めるオニ　78
    2．オニ表象の伝播　82
    3．朝鮮と桃太郎　85
  まとめ………………………………………………………………………87

第3章　文化鎖国と停滞する視覚文化
　　　──解放後〜1980年代、オニのキャラクターの定着…97

  はじめに……………………………………………………………………98
  第1節　反共とドッケビ……………………………………………… 100
    1．敵としてのドッケビ　100
    2．プロパガンダアニメの敵表象　104
    3．北朝鮮の視覚文化　106
  第2節　国家の対日二重文化政策と裏のドッケビ………………… 108
    1．軍事政権下の反日　108
    2．政府主導の対日二重文化交流　109
    3．産業技術輸入と文化交流　110
    4．子供向けのメディア　111

5．海賊版で創られるドッケビ像　116
　第3節　抵抗する民衆としてのドッケビ……………………………… 119
　　　1．強化される検閲　119
　　　2．一括化・単純化される文化　120
　　　3．増加する視覚イメージ　122
　　　4．韓国人の象徴としてのドッケビ　128
　まとめ…………………………………………………………………… 130

第4章　悪の象徴から民族の象徴に
——1990年代、ドッケビの視覚イメージ論争… 137

　はじめに………………………………………………………………… 138
　第1節　日本文化開放と大衆文化……………………………………… 139
　　　1．日本文化開放に対する反対世論　139
　　　2．海賊版と創作　143
　第2節　ドッケビ論争…………………………………………………… 147
　　　1．角のないドッケビ　147
　　　2．教科書の挿絵論争　152
　　　3．ドッケビ論争の影響　156
　第3節　文化原型としてのドッケビ…………………………………… 159
　　　1．ウリ民族文化原型コンテンツ事業　159
　　　2．SBSドラマ『ドッケビが行く』　164
　　　3．金ソバン・ドッケビ　165
　まとめ…………………………………………………………………… 168

第5章　大衆文化と文化政策
——2000年以降、多様化するドッケビ………… 175

　はじめに………………………………………………………………… 176

第1節　商品化される民俗……………………………………… 178
　1．観光に用いられるドッケビ　178
　2．ドッケビ関連フェスティバル　183
　3．キャラクター化されるドッケビ　187
第2節　パフォーマンスのなかのドッケビ……………………… 192
　1．日本文化開放以後のグローバリゼーション　192
　2．国家文化商品の開発　195
　3．サブカルチャーに見られるドッケビ　197
第3節　プルグン・アンマと時代変化……………………………… 205
　1．ブルグン・アンマを巡る議論　205
　2．文化運動としてのプルグン・アンマ　208
　3．スポーツとナショナリズム　210
まとめ………………………………………………………………… 213

終　章……………………………………………… 221

図版一覧……………………………………………………………… 229
参考文献……………………………………………………………… 237
あとがき……………………………………………………………… 257
ハングル要約………………………………………………………… 261
索　引………………………………………………………………… 271

序　章

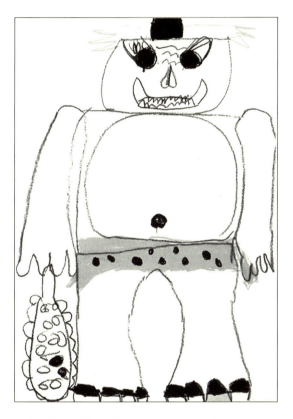

9歳の男子が描いた韓国のドッケビ ── 角が1つで、つり目で牙をむき出している怖い顔で、体格が大きく、ヒョウ柄のような黄色いパンツを履いている。ソウル市恩平区の慶熙児童美術研究所提供（本文5ページ）

本書の目的は、韓国の妖怪である「ドッケビ」の視覚イメージの歴史——その形成過程、定着過程、そしてその視覚イメージをめぐって韓国国内で提起された論争など——について年代を追って検討すること、そしてそれを通して20世紀初頭から現在までの韓国視覚文化史の一端を明らかにすることである。

　同時に、本書は日本と韓国の文化交流史としての側面も有する。と言うのも、韓国の「ドッケビ」の視覚イメージは日本の「オニ」の視覚イメージから非常に大きな影響を受けてきたからである。そして、その影響のありようは日韓関係の歴史に対応して複雑なものとなっており、ドッケビの視覚イメージの変遷を辿ることによって同時に日韓文化交流の歴史も概観することができるのである。

　以下では本論（ドッケビの視覚イメージ論）に入る前に、日韓文化交流の歴史の複雑性とそれを理解することの意義について簡単に触れておきたい。

日韓文化交流史の複雑性

　今日、韓国の街中では容易に日本語の看板を見つけることができ、店には日本原作のアニメ作品やキャラクター商品が並べられている。また、普段は意識していなくても実は日本語に由来する物の名前や日常表現が無数に存在するなど、韓国社会には日本文化の影響が至る所に見られる。日本の側から見ても、日本文化が朝鮮半島を含めた大陸由来の文化から大きな影響を受けていることはもちろん、最近では2000年以降のいわゆる韓流ブームを通して韓国大衆文化が広く紹介されるなど、隣国である日韓の間には密接な文化交流が見られる。

　しかし、日韓関係の歴史は（隣国であるだけに）複雑であり、それに対応して日韓文化交流の歴史もまた複雑である。本書で検討対象とする20世紀以降に限定しても、植民地時代（1910〜1945年）と解放後を分けて考えな

序章

ければならないのはもちろん、解放後についても日韓基本条約（1965年）や韓国における（解放後禁止されていた）日本の大衆文化の開放（1998〜2004年）など、節目となる出来事の以前と以後では社会状況が大きく異なることにも留意しなければならない。さらに面倒なことに、日本の大衆文化が禁止されていた時期には何も交流がなかったと考えるのは大きな誤りで、現実には日本原作のマンガやアニメなどは非公式な翻訳・流通によって韓国国内に大量に流入し、多くの人々がそれらの海賊版を日本原作とは知らないまま消費していたのであり、事態はより複雑なのである（参考までに、筆者の個人的な体験を「あとがき」で簡単に紹介している）。その他、韓国国内における様々な政治的・経済的・文化的な変化——軍事政権による検閲や表現規制、民衆による反政府運動、ソウル・オリンピック開催、アジア通貨危機、貿易自由化や情報技術革命といったグローバリゼーションの進展など——も、日本や日本文化に対する政府の政策や人々の認識に影響を与えてきたのであり、日韓文化交流史を読み解くうえで重要な転換点となっているのである。

　要するに、現在韓国に定着している物や作品やキャラクターが日本由来のものであると一口に言っても、それらは植民地時代に流入したものであったり、軍事政権下で海賊版として流入したものであったり、90年代末の日本文化開放後に入ってきたものであったりするのであり、それぞれに異なる文脈を抱えているのである。そして、日韓文化交流史のそうした複雑な文脈を客観的に理解することは、両国のより良い相互理解のために不可欠であると同時に、韓国における反日や日本における嫌韓といった最近の過剰なナショナリズムの高まりから距離を置いて物事を考えるためにも有益なのである。

　そして、本書で示す通り、韓国の妖怪「ドッケビ」の視覚イメージは、日本の「オニ」の視覚イメージから大きな影響を受けてきたという意味で、まさに日韓文化交流の所産であると言える。また、そうした日本からの影響ゆえに90年代末に韓国国内でナショナリズム的な観点から批判の対象となり、いわゆる「ドッケビ論争」（後述）として社会問題化したとい

う意味で、ドッケビの視覚イメージの歴史は冷静かつ客観的な観点から検討されるべきテーマなのである。

　韓国の「ドッケビ」と日本の「オニ」
　ドッケビ[1]とは、悪魔を含む妖怪全般を指して用いられる非常に意味範囲の広い韓国語である。ドッケビは日常の比喩表現のなかで広く用いられるだけでなく、アニメやマンガ、ドラマ、映画のキャラクターとしても登場し、個人のIDや店舗名、商品名として用いられるなど、現代韓国文化を代表するアイコンになっている。
　ここではまず、現在の韓国人が一般的・典型的に抱いているドッケビの視覚イメージについて紹介しておきたい。
　【図序-1】は、筆者が調査のために2015年9月に韓国の子供向け美術教室に依頼して「ドッケビを描いて下さい」という課題を出してもらい、それに対して7歳から10歳までの生徒が提出したドッケビの絵である（韓国では年齢を数え年で数えるため、日本での数え方よりも1～2歳高くなる点に注意）。課題の提示に際してはドッケビの視覚イメージについて何らの予断も与えないように配慮してもらったため、子供たちがそれぞれ韓国で生活するなかで目にしたドッケビ像が素直に表現されているものと思われる。一見して明らかなように、多くの絵のなかに「頭から生えた角」「口から飛び出た牙」「トゲのある金棒」「半裸に動物柄のパンツ（腰巻）」といった要素が含まれており、これは日本のオニと極めて類似した視覚イメージである。
　参考までに、日本人が一般的に抱くオニの視覚イメージについても提示しておこう。【図序-2】は、筆者が2014年に京都大学で行った「妖怪と視覚文化」の初回講義において出した「オニ（鬼）と聞いて思い浮かぶイメージを描いて下さい」という課題に対して学生たちが提出したオニの絵である。
　なお、韓国の美術教室の子供たちに対しては、「どのような場面でドッケビを目にしたか教えてください」、そして「ドッケビのイメージを教えてください」という2つの質問も併せて行った。前者の質問に対しては、

序章

7歳男子　　　　8歳男子
　　　　　　　　　　　　　　8歳男子
7歳女子　　　　8歳女子　　　　8歳男子
8歳女子　　　　8歳女子　　　　8歳男子
9歳女子　　　　9歳女子　　　　10歳女子

図序-1　韓国の子供たちが描いたドッケビ（ソウル市恩平区の慶熙児童美術研究所提供）

図序-2　日本の学生が描いたオニ

多くの子供が絵本やアニメで見たと回答し、その他には国語教科書、ドッケビ博物館、美術展示などが多く、日本原作で韓国でも放映されているアニメ『妖怪ウォッチ』で見たという子供も2人（共に8歳男子）いた。後者の質問については、優しい、面白い、間抜けなイメージという回答が多かったが、同時に怖い、悪いといった回答もあった。

「プルグン・アンマ」のロゴ
　さらに具体例として、韓国で最も有名なドッケビの視覚イメージの1つと思われる「プルグン・アンマ」のロゴを紹介する。「プルグン・アンマ（붉은 악마）」――日本語では「赤い悪魔」――とは、韓国のサッカー・ナショナル・チームの応援団の名前であり、1999年に作成された応援団のロゴの姿形を韓国国民の多くはドッケビと受けとめている。【図序-3】からも分かる通り、角と牙のあるその姿は多くの日本人が典型的にオニと呼ぶものである。
　ところで、オニと類似しているという点とは別に、筆者はこのプルグン・アンマのロゴを最初に目にした時には少なからず違和感を覚えた。と言うのも、冷戦終結まで反共を国家理念としていた韓国において赤色は共産主義の色とされてきたのであり、そしてつい最近まで赤いドッケビは北朝鮮の共産主義者を描くときによく用いられるイメージだったからである。また、日常表現のなかでもドッケビは腐敗した政治家や悪徳企業家な

どを描く際によく用いられるネガティブなものであった。にもかかわらず1990年代末に突然、2002年の日韓ワールドカップを控えて大きな関心を集めるサッカー・ナショナル・チームの応援団のロゴとしてドッケビのイメージが採用され、一部でそれを問題視する声があり実際に訴訟が提起されたりはしたものの、大多数の国民にはそのまま受け入れられていったの

図序-3　プルグン・アンマのロゴ

である。筆者には、韓国のサッカー応援団がロゴ入りの赤一色の服を着て街を赤く染めている光景は驚きであった。

　いずれにせよ、この応援団のロゴは角や牙のあるドッケビ、つまり日本のオニと類似の視覚イメージで描かれており、その起源をめぐって議論が提起されている。応援団の公式ホームページによれば、このロゴは、アン・グラフィック社の『韓国伝統模様集』の「ドッケビ」編の鬼瓦の図案[2]を参考にしてデザインされたことになっている。しかし、民俗学者の任晳宰（イム・ソクジェ）は「鬼瓦や仮面をドッケビの姿と考える人もいるが、現在の鬼瓦は日本の鬼面を借用したものである」[3]と述べ、鬼面に見られる図像は韓国のドッケビではないと主張している。そして、美術史学者の姜友邦（カン・ウバン）は、「ドッケビ・キワ」とも呼ばれる鬼瓦はオニではなく、龍を形象化したものであると主張している[4]。また、民族学者の金宗大（キム・チョンデ）は、真正なドッケビは伝統美術や伝統建築で見られる鬼瓦などの視覚イメージとは異なり、さらに児童文学で登場する可愛らしいオニとも異なると主張している[5]。

　また、応援団の公式ホームページでは、プルグン・アンマのロゴは「蚩尤天王」[6]を視覚化したものともされている。蚩尤は古代中国神話に登場する戦争の神で、蚩尤天王が統治した九黎族（＝句麗、九夷、九麗）を高句

麗の前身と見る観点から、一部の研究者は蚩尤を韓国のドッケビの起源と見ている[7]。しかし他方で、蚩尤は中国辺境の少数民族である「ミャオ族」の神であるため韓国とは関連がなく、蚩尤は国家の象徴とするには真正性に欠けるという批判もある[8]。

「ドッケビ論争」

　こうしたドッケビの視覚イメージのオリジナリティーをめぐる論争は、アカデミックな水準での論争に留まらず、1990年代末からは新聞紙上でも取り上げられるなど、より広く人々の関心を集めて社会問題化した（本書では、この論争を「ドッケビ論争」と呼ぶ）。そのように論争が過熱したのは、ドッケビの視覚イメージが日本のオニの視覚イメージと類似しているという事実が韓国のアイデンティティーを重視する人々によって問題視されたからである。「ドッケビ論争」の詳細は本論で改めて紹介するが、以下では論争の出発点となった代表的な主張を紹介しておく。

　金宗大（キム・チョンデ）は1993年の「韓国ドッケビ譚研究」において、現在韓国で流通しているドッケビの視覚イメージは日本のオニに起源があり、植民地時代の朝鮮総督府が発行していた教科書に由来するため、至急見直す必要があると主張した[9]。さらに、2006年の「『瘤取り爺さん』の形成過程に関する考察」で、媒介となった説話『瘤取り爺さん』[10]の起源も日本にあると主張した。金によれば、真正性のある「正しい」ドッケビの視覚イメージは、普通の人と変わらない一般の成人男性で、体格が大きく毛深い特徴があるものなのである[11]。

　金容儀（キム・ヨンイ）は1999年の「韓日昔話の比較研究──近代の教科書で語られた『瘤取り爺』譚を中心に」において、『瘤取り爺さん』の内包する植民地同化（内鮮一体）イデオロギーを中心に取り上げ、そこに登場するドッケビの図像が日本から意図的に移植されたものであると主張しつつ、それに代わる新たなドッケビイメージの構築のために韓国の幅広い伝統文化（朝鮮時代など）からよりふさわしい視覚イメージを発掘することを提案している[12]。

序　章

　このように論争のポイントは、ドッケビがオニと類似した視覚イメージで描かれた「起源」はどこに求められるかという歴史学的な問題と、韓国文化の「固有性」という観点からより適切なドッケビの視覚イメージを探求すべきではないかという文化論的な問題の2つに分けられる（実際の論争においては、両者が明確に区別されることなく混合したまま議論されることも多々見られるため、そうした場合には「オリジナリティー」という言葉を広い意味で用いることとする）。前者の「起源」の問題については、植民地時代の教科書『朝鮮語読本』中の「瘤のある翁」の挿絵によってオニの視覚イメージが伝播したとの主張が一般的であり、そこでは植民地同化イデオロギーのもとでの文化侵略的な文脈が強調されることが多い。後者の「固有性」の問題については、歴史学者以外にも民俗学者、美術史学者、児童文学者など多様な人々がそれぞれ韓国文化を象徴する「正しい」ドッケビ像の探求を主張している。

　ドッケビの語源
　さらに本論に先立ち、ドッケビについての基本的な情報を整理しておきたい。
　ドッケビは「도（ド）」+「깨비（ケビ）」の合成語で、元々は「도（ド）」+「아비（アビ）」である。「アビ」が成人男性を意味するという点では学者たちの意見が一致しているが、「도（ド）」の意味解釈に関しては様々な説が提起されている。「騒がしいもの」や「気まぐれもの」を意味するという説[13]、「大きい」の意味である一般男性として説明する説[14]、「耳が長い」、「火」、「特別」を意味し、耳が長い男性、火を扱う男性、多少変わったところが見られる特別な人を表すという説もある[15]。また鬼火のような火としても見られており、火の神、鍛冶屋の神として神話に登場するという属性も見られる。
　「ドッケビ」は韓国の固有語であるために、当て字で表記する時は独甲、独脚、独角と書かれていた[16]。独脚鬼、独角鬼（いずれもドッカッキ、독각귀とハングルで表記される）と表記したことで一本脚および一角の妖怪

と解釈されることもある。

　ドッケビが登場する説話や伝承は全国に存在しているが、地方ごとに呼び名が少しずつ異なる。「독갑이（ドッカビ）」の他に、「도차비（ドチャビ）」（全羅南道・全羅北道）、「도까비（ドカビ）」（慶尚南道・慶尚北道）、「도채비（ドチェビ）」（済州島、南海地域）など様々である[17]。

　1915年の韓国初の漢字辞典である『新字典』では、漢字の説明として魑、魎、魈が山ドッケビとされ、魅および魍がドッケビとされている[18]。また、1940年の『朝鮮語辞典』では、ドッケビは「人の姿をして非常の力と奇異な技を持っている鬼神」と説明されている[19]。植民地解放以後の1947年のハングル学会（元朝鮮語学会）が発刊した『大辞典』においても、ドッケビは「雑鬼の1つ、人の形像をして人を惑わす。恐ろしいことや酷いいたずらをする」[20]と書かれており、日本のオニの姿のようであるとは言及されておらず、人のような姿であるとしか言及されていない。2001年の斗山東亜出版社の国語辞典でも同様の説明がなされている[21]。

　ドッケビの視覚イメージ
　前述の通り、現在の韓国における一般的なドッケビの視覚イメージは、「頭から生えた角」「口から飛び出た牙」「トゲのある金棒」「半裸に動物柄のパンツ（腰巻）」といった日本のオニと類似した要素を持ったものである。以下では、プルグン・アンマのロゴ以外にもドッケビが視覚化されている具体例をいくつか紹介しておく。
　まず、韓国の文化観光部の支援を受けてソウル市が（株）ドッケビ・コリアと共同で2013年に製作した韓国の観光大使キャラクター「守護ケビ」が挙げられる。【図序-4】は公式ホームページで紹介された守護ケビとその仲間たち[22]であり、角が生えて棒を持ったシンプルで可愛らしいドッケビとしてデザインされている。さらにドッケビは、商品【図序-5】、広告【図序-6】、店舗【図序-7】などに使用されている。その他、地域振興の一環として設立されたドッケビをテーマにした公園【図序-8】などに使用されたり、ミュージカル公演【図序-9】などに素材として取り入

序章

図序-4　キャラクター「守護ケビ」。最近のドッケビは可愛らしく親しみがあり、また韓国・韓国人を象徴するものとしてキャラクター化されている。(2013)

図序-5　芳香剤「山ドッケビ」。ロゴには黄色い角が1本あり、全身は緑色で棒を持った姿で描かれている。(1986)

図序-6　(株)農心のセウカン(えびせん)広告に使われたドッケビ。「ドッケビとハシバミ」という有名な説話があり、その説話にちなんでハシバミの代わりにセウカンを噛んでいる。ドッケビたちはその音に驚いて逃げ出している。(2009)

図序-7　ソウルの新大方駅の近くにある粉物屋「ドッケビ・トクポキ」。驚きの味という意味でドッケビを店舗名に用いた。ロゴには鬼面の模様が用いられている。(2013)

図序-8　済州島のドッケビ公園の造形物。様々な姿のドッケビが作られている。2000個を超えるドッケビ造形物があり、多様な姿が見られる。(2005)

図序-9　韓国国立国楽院の子供向け公演『ケビケビドッケビ』。ドッケビたちは角があり、魔法の棒を持って人を助ける優しい存在で、踊って歌う楽しい姿で描かれている。(2015)

れられたりもしている。

　このように現在のドッケビはオニと類似した描かれ方をしているが、実は日本による植民地化以前には具体的に視覚化されておらず抽象的な存在に留まっていた。伝統的にドッケビの視覚イメージが描かれなかった理由としては、偶像崇拝禁止のように神聖なものを描くことを忌避するという韓国の民間信仰上の影響と、非合理的で怪しいものについては語らないという儒教的な影響の２つが挙げられる。現在でも、韓国ではドッケビの視覚化を好ましく思わないキリスト教徒（特にプロテスタント）の比率が高いため、ドッケビ関連の事業がある度に一定の反対意見が見られる。しかし、産業化や文化交流が進み社会全体に視覚イメージが急増していくなかで、1990年以降の段階ではドッケビは韓国文化を象徴するアイコンの１つとして選ばれ、現在ではアニメやマンガ、ドラマ、映画のキャラクターとして広く使われるようになったのである。

　ちなみに、超能力を持つドッケビの噺では、日本のオニと異なり頭巾や木棒が描かれる場合が多い。ドッケビは頭巾を被ると姿が見えなくなると言われており、姿を隠して犯人を捕まえるような、悪人を懲らしめる噺が多く見られる。そして、ドッケビの棒は魔法の棒であり、振ると欲しいものが何でも出てくると言われている。この棒は日本のオニの棒とは少し異なり、金棒というよりは木の棒で描かれる場合が多いが、金銀財宝が出る「金銀の棒」か、日本のオニの影響で「金棒」として描かれる場合もある。

ドッケビの性格

　いずれにせよ、ドッケビの視覚イメージを説明するには、「ドッケビ」を文字で表現するときに用いられた「鬼」という漢字の意味範囲を明確にする必要がある。「鬼」イメージは古くから伝わる表象で、「鬼」の文字には中国の漢文学者の観点が溶け込んでいる（本書では、日本の鬼は「オニ」、東アジア全般に共通する鬼（クィ）という概念で用いる場合は「鬼」と表記する）。

　鬼瓦と鬼面は東アジア各国に共通して表れるもので、宮廷や寺院をはじめとする建築の装飾などに使われてきた。また、退治されるものとして恐

れる「鬼」は儒教と仏教に共通した概念であり、高麗時代にも朝鮮時代にも見られる。韓国において「鬼」は、多くの場合ドッケビと訳されている。

しかし、韓国固有の存在であるドッケビは、福を与えることも災いをもたらすこともあり、神でもあり厄病神でもある両義性を持つ存在とされていた。人間と神の中間の存在として既存の秩序を脅かすものである一方で、庶民にとっては共に生きており助けてくれることもあるような近しい存在でもあった。ドッケビの性格に関しては、まず、相撲が好きで、豚肉や犬肉、キビ餅、メミルムク（そば粉こんにゃく）のような庶民的な食べ物が好きで、賭け事と女性が好きな男性のように描かれる場合がある。また、間抜けでいたずら好きの、親しみのある存在としても描かれる。

飯倉義之は、日本の河童が韓国のドッケビと同類の妖怪であると述べている。

> 韓国の「ドッケビ」は山野を徘徊する小鬼で、その正体は多く血がついたことにより化けるようになった箒やヒョウタンなどの日常の器物である。ドッケビは人間を化かしたり、道に迷わせたり、野山に火を灯したり、怪音を出して驚かせたり、夜に人家に忍び込んだり、格闘を挑んで負けたりと、ほとんどの怪しいことを1人でまかなう「万能妖怪」として大活躍をみせる。そのユーモラスな風貌と多彩な行動は、よく河童と比較される[23]。

確かに、ドッケビはオニの姿をしているが、性格においてはむしろ河童に似ている。飯倉は、小柄でザンバラ髪の童形、好物や嫌いなものがはっきりとしており、ユーモラスで、人間に関わりからかったりする点からも、河童とドッケビの性格や行動における共通性を指摘している。

本書の構成

前述の通り、本書は20世紀から現代までの韓国におけるドッケビの視覚イメージの歴史――その形成過程と定着過程、そしてそのなかで提起され

た「ドッケビ論争」など――を考察し、韓国視覚文化史の一端を明らかにすることを目的とする。そして、ドッケビの視覚イメージは日本のオニから大きな影響を受けてきたため、検討に際しては日韓の文化交流が中心的な位置を占めることとなる。

本論は、第1章での先行研究の紹介と、第2章から第5章までの時系列に従う[24]検討で構成されている。以下では、各章ごとの検討時期、検討内容、注目すべき課題などを提示しておく。

第1章では、ドッケビの視覚イメージが形成される近代以前、すなわち20世紀以前の韓国（朝鮮半島）におけるドッケビのありようについて、当時の資料・文献やドッケビに関する先行研究を参照しつつ検討する。併せて、長期間に渡ってドッケビが視覚化されなかった社会的・文化的要因についても考察する。

第2章では、オニの視覚イメージと類似したドッケビの視覚イメージが形成されたと言われている植民地時代（1910～1945年）を扱う。当時の国定教科書『朝鮮語読本』に登場する「瘤を除った話」の挿絵をはじめとした童話に描かれたドッケビ像を分析し、さらに、教科書以外にも植民地時代の雑誌、新聞、児童雑誌、絵本などに登場するドッケビの視覚イメージも総合的に検討する。

第3章では、ドッケビの視覚イメージがオニの視覚イメージとして同化し定着していった時期であると筆者が考えている植民地解放後の軍事政権期（1945～1993年）を扱う。最も厳しい検閲が行われ表現の自由が抑圧された時期であり、その反動で民主化運動が激化した。こうした社会状況のもとで、ドッケビの視覚イメージとしては、海賊版の文化的コンテンツの影響で作られたドッケビ像と、民主化運動の一環として民衆文化の象徴として取り上げられたドッケビ像の2つが現れることとなった。

第4章では、大きな社会変化のなかでナショナリズムが高揚した1990年代におけるドッケビの視覚イメージについて検討する。90年代の韓国では、冷戦の終結や通貨危機などの大きな混乱のなかでナショナリズムや国家のアイデンティティーが強く意識されるようになり、文化面でも日本の

文化コンテンツの海賊版問題や日本文化開放問題が激しく議論された。そうした流れのなかで提起された前述の「ドッケビ論争」について取り上げ、論争の内容やそれがドッケビの視覚イメージに与えた影響を考察する。

　第5章では、グローバリゼーションの進展を背景として韓国大衆文化が大きく変化した2000年以降の時期を扱う。貿易自由化による市場の拡大やインターネットの普及に代表される情報技術革命による文化交流の活発化など、韓国の文化産業をとりまく環境は大きく変化した。そうした変化への対応として、李明博（第10代の大統領、2008〜2013年在任）、朴槿惠（第11代の大統領、2013年2月25日から現在まで在任）政権は国家事業として文化産業に積極的に介入し、文化全般に大きな影響を与えている。そのなかで民俗としてのドッケビはどのような姿で描こうとされているのか、そして実際にはどのように描かれているのかを分析することで、ドッケビに対する認識の変化を考察する。

1）韓国語の「도깨비」の日本語表記はトッケビ、ドッケビ、トケビ、ドケビなど様々であるが、国立国語院が韓国語ローマ字表記法で「Dokkaebi」と表記していることから、本書での表記は「ドッケビ」に統一することとする。
2）アン・グラフィックス編「도깨비편（ドッケビ編）」『한국전통문양집（韓国伝統模様集）』3巻、안그라픽스、1988年、16ページ。
3）イム・ソクジェ（任晳宰）「설화속의 도깨비（説話のなかのドッケビ）」『한국의 도깨비（韓国のドッケビ）』、열화당、1981年、57ページ。
4）カン・ウバン（姜友邦）「귀면와인가 용면와인가：생명력넘치는 근원자의 얼굴（鬼面瓦か龍面瓦か：生命力溢れる根源者の顔）」『문화와 나（文化と私）』65、サンソン文化財団、2002年、20-25ページ。
5）キム・チョンデ（金宗大、김종대）「민속학에서 본 도깨비 - 삶에 풍요를 안겨준 해학적 존재（民俗学から見たドッケビ――富をもたらすユーモラスな存在）」『문화와 나（文化と私）』65、サンソン文化財団、2002年、5ページ。
6）古代中国神話の三皇五帝のうちの1人、炎帝神農氏の子孫とされている。兵器の発明者とされ、霧をあやつる力があったとも言われている。『述異記』巻上「銅の頭に鉄の額、鉄石を食し、……人の身体、牛の蹄、4つの目、6つの手を持つ。……秦漢の時代の説によれば、蚩尤氏の耳鬢（頰の髪、もみあげのあたり）は剣や戟のようで、頭には角を持つ」獣身で銅の頭に鉄の額を持ち、また四目六臂で人の身体に牛の頭と蹄を持つとか、頭に角があるなどとされる。

蚩尤天皇が支配した「九黎族」は中国の少数民族「ミャオ族」の祖先といわれる。『桓檀古記』などから九黎族を高句麗の前身と見る観点から韓国の初祖という説もあるが、学界では認められていない。『桓檀古記』は『三聖記』、『檀君世紀』、『北夫餘紀』、『迦葉原夫餘紀』、『太白逸史』の5つの古書を集めたものだが、『桓檀古記』自体も学界では20世紀に作られた偽書とされている。超古代からの朝鮮半島の歴史を李沂が1911年に印刷したもので、現行版は1979年に出版されたものである。

7) イ・イファ（이이화）『역사 할아버지가 들려주는 도깨비 이야기（歴史お爺さんが聞かせてくれるドッケビ噺）』、파랑새、2010、42ページ。
8) キム・テシク「송호정 교수 단군은 만들어진 신화（宋鎬晸教授、檀君は創られた神話）」『連合ニュース』、2004年10月7日。
9) キム・チョンデ「한국 도깨비담 연구（韓国のドッケビ譚研究）」中央大學校大學院國語國文學科博士論文、1993年12月、100-106ページ。
10) 頬に瘤がある翁が山で薪とりをしていたが、日が暮れ仕方なく山のなかの荒屋で一晩過ごすことにした。寂しいので歌を歌い始めた。妖怪共が集まり、歌を聞いていた。翁は驚いたが、歌い続けた。頭(かしら)と思われる妖怪が、どこからその美しい声が出るのかと聞いた。翁は瘤であると答えた。妖怪の頭(かしら)は翁に財宝を渡して瘤を買った。翁は財宝を持ち帰り、長年の悩みであった瘤も取ってもらった。同じ町に瘤ある翁がもう1人いた。瘤が取れた話を聞いたこの翁も山中の荒屋に行き、歌を歌った。妖怪共がまた集まった。いろんな歌を頼んだ末、妖怪の頭(かしら)はどこから声が出るのか聞いた。この翁も瘤であると答えた。妖怪の頭(かしら)は前買った瘤も使えなかったのでこれも持っていけ、と翁に瘤をもう1個付けた。人間の愚かさに妖怪共が笑った。
11) イ・クヮンピョ（이광표）「韓国のドッケビは頭に角もなく、金棒も持っていない（한국의 도깨비는 머리에 뿔없고 쇠방망이도 안갖고 다녀）」『東亜日報』、1998年8月26日、29面。
12) キム・ヨンイ（金容儀）「韓日昔話の比較研究──近代の教科書に語られた「瘤取り爺」譚を中心に」、大阪大学日本学科博士論文、1999年、90-100ページ。
13) 東亜出版社編集部『韓国文化象徴辞典』、東亜出版社、1992年、210-214ページ。
14) クォン・ジェソン（권재선）「한국어 도깨비와 일본어 오니의 어원과 그 설화의 연구（韓国語のドッケビと日本のオニの語源と説話の研究）」『東亜人文学』創刊号、東亜人文学会、2002年6月、209ページ。
15) キム・チョンデ『トケビ──韓国妖怪考』、歴史民俗博物館振興会、2003年、9ページ。
16) 朝鮮における表記は漢字と郷札（향찰、ヒャンチャル）、吏読（이두、イドゥ）、口訣（구결、クギョル）という当て字がある。
17) 村山智順『朝鮮の鬼神』、朝鮮総督府、1929年、192ページ。
18) チェ・ナムソン（崔南善、최남선）『新字典』、新文館、1915年、46-47ページ。

19) ムン・セヨン（文世榮、문세영）『朝鮮語辞典』、朝鮮語辞典刊行会、1940年、411ページ。
20) ハングル学会『大辞典』、乙酉文化社、1947年、818ページ。
21) イ・ギムン（이기문）『東亜メイト国語辞典』、斗山東亜、2001年、375ページ。
22) ドッケビコリア公式ホームページ〈http://www.dokkebikorea.com/default/00/01.php〉最終更新日2015年6月30日。
23) 飯倉義之『日本の河童の正体』、新人物ブックス、2010年、63ページ。
24) 韓国の歴代大統領は以下の通りである。

	姓名	就任	退任	備考
1	李承晩 (1875-1965)	1948年7月24日	1952年8月14日	保守 一貫して反日政策
		1952年8月15日	1956年8月14日	
		1956年8月15日	1960年4月26日	
	許政（1896-1988）	1960年4月27日	1960年6月16日	保守
	郭尚勳（1896-1979）	1960年6月17日	1960年6月22日	保守
	許政（1896-1988）	1960年6月22日	1960年8月12日	保守
2	尹潽善 (1897-1990)	1960年8月12日	1962年3月22日	リベラル
	国家再建最高会議	1962年3月23日	1963年12月16日	軍人（代理人：朴正熙）
3	朴正熙 (1917-1979)	1963年12月17日	1967年6月30日	軍事クーデター 保守 日韓基本条約を批准、日本との国交開始
		1967年7月1日	1971年6月30日	
		1971年7月1日	1972年12月26日	
3	朴正熙 (1917-1979)	1972年12月27日	1978年12月26日	保守 （暗殺）
		1978年12月27日	1979年10月26日	
4	崔圭夏 (1919-2006)	1979年12月21日	1980年8月16日	保守
	朴忠根（1919-2001）	1980年8月16日	1980年9月1日	保守
5	全斗煥（1931-）	1980年9月1日	1981年3月2日	軍事クーデター 保守
5	全斗煥（1931-）	1981年3月3日	1988年2月24日	保守
6	盧泰愚（1932-）	1988年2月25日	1993年2月24日	保守
7	金泳三（1927-）	1993年2月25日	1998年2月24日	保守
8	金大中 (1924-2009)	1998年2月25日	2003年2月24日	リベラル 日本大衆文化開放
9	盧武鉉 (1946-2009)	2003年2月25日	2004年3月12日	リベラル

	高建（1938-）	2004年3月12日	2004年5月14日	大統領の職務停止中の代理
9	盧武鉉 （1946-2009）	2004年5月14日	2008年2月24日	リベラル
10	李明博（1941-）	2008年2月25日	2013年2月24日	保守
11	朴槿惠（1952-）	2013年2月25日	2018年2月24日	保守

第1章

ドッケビとは何か
—— 前近代、描かれる以前のドッケビ

石チャンスン（時代不詳）── 慶南泗川市杻東面駕山里の村の入口にある石造のチャンスン（長丞）。男女ペアで位牌を持ち、前掛けをし、角のようなものが付いている（本文46ページ）。

はじめに

　20世紀までの韓国におけるドッケビ研究は、1970年代から80年代にかけては説話と民間信仰に関する研究があったものの、全体的にその数は少なかった。90年代に入ると民俗研究が増加し、ドッケビと日本のオニに関する日韓比較研究も出てきたが、ドッケビの「視覚イメージ」に関する研究はいまだ蓄積の浅い領域である。

　確かに、21世紀に入るとデザイン、工芸、建築、美術史、さらには児童文学の分野で、鬼面やドッケビ模様などの視覚イメージに関する研究が増えてきた。しかし、分野ごとにドッケビの定義が異なるため、提起されるドッケビの視覚イメージは様々であり、そのイメージの起源についてもまた様々に主張されている。

　インターネットやゲームなど現代の大衆文化に表れるドッケビの視覚イメージは、前近代、特に朝鮮時代（1392～1897年）の文献に現れるドッケビの外見に基づいて描かれるものが多い。従って本章では、朝鮮時代を中心に、ドッケビが登場する文献や、ドッケビの視覚イメージの元としてよく挙げられる説話や民芸などを紹介する。

　まず、第1節では、朝鮮社会の儒教と仏教のなかに見られるドッケビ像を検討し、朝鮮時代におけるドッケビに対する認識を考察する。

　第2節では、農村、山村、漁村など朝鮮半島全土に伝わっている説話を素材としてドッケビの性格を検討する。記録されて今に伝わっている説話類は少ないが、ここでは『韓国口碑文学大系』（1979～1989年）に収録された説話を中心に検討する。

　第3節では、民俗学の研究でみられる民間信仰としての海の神、山の神、木の神、火の神に分けて、ドッケビ像（外見と性格）を検討する。併せて、朝鮮時代の民間信仰と関わりが深い民芸にも目を向け、現代において

ドッケビとは何か──前近代、描かれる以前のドッケビ | 第1章

ドッケビの視覚イメージとしてよく用いられる仮面やチャンスン（村の前に建てられた木の柱のような造形物）などを分析する。

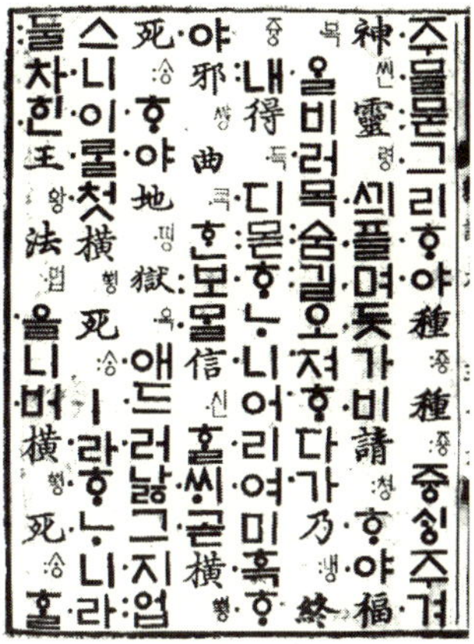

第1節　朝鮮社会とドッケビ

1．儒教とドッケビ

初めてハングルで記録されたドッケビ
朝鮮固有の文字であるハングルは15世紀（1443年）に創設された。当時、書く文字としての漢文と、話し言葉としての朝鮮語が異なっていたことを背景として、ハングルは識字率の低かった一般庶民のために作られ、主に女性と子供によって使われた。

図1-1　『釋譜詳節』（1447）初めてハングルのドッケビ記録が見られる文献

ハングルでドッケビの表記が初めて登場する文献は15世紀の『釋譜詳節』である。そこでは「ドッカビに福を請い、命乞いをするが、最終的には得られない（돗가비 請하야 福을 비러 목숨길오져 하다가 乃終내得디몯하니）」と記されており、「ドッカビ（돗가비）」という言葉が登場している[1)]。この記述は、民間でドッケビ信仰が存在した根拠とされる【図1-1】。ドッケビに祈っても救われなかったと書かれており、儒教ではドッケビ関連の民間信仰を認めていないという内容である。

ドッケビの表記はその他、同じく15世紀の文献である『月印千江之曲』（1449年[2)]）と『月印釋譜』（1459年[3)]）にも登場しており、ドッケビは共通して超人的能力を持つ存在として描かれている。

文字中心主義とイメージ化の忌避
ハングルが創られたにもかかわらず、当時の人々は立身出世のために漢

文を勉強し、漢文で書かれた古典を読むことに人生を賭けるなど、漢文のテクストを絶対視していた。朝鮮における文字中心主義[4]のエリート社会は、偶像禁止のように神でも物怪でも目に見えないものを描かないという、イメージを忌避する傾向があったのである。

儒教は統一新羅（676〜918年）に輸入されて以来、社会統治のための思想として活用された。朝鮮は易姓革命によって創設された国であり、クーデターで得た政権は儒学者が統治する理想の社会、すなわち「徳治主義」を目指した[5]。朝鮮王朝は儒教を極端に神聖視し、教条化することになった。論語に「怪力乱神を語らず（子不語怪力乱神）」という文言があり、怪異、暴力、反社会的な反乱、不可思議なことを語らないため、朝鮮の人々は、存在を証明できないものは描かなかった。朝鮮時代の代表的儒学である性理学では「たった1つの正統な道があるのみ」と考えられており、経典の解釈や理解も柔軟ではなく思想統制的なものであった。

　漢字で記述されたドッケビ
　朝鮮時代の文化については、支配階級である両班[6]の文化と庶民の文化との間に大きく隔たりがあるため、分けて考察しなければならない。ドッケビ（돗가비）は説話伝承の素材であったため、庶民によって書かれた文献から読み取ることが望ましいが、朝鮮末期までは庶民の手で書かれた記録は非常に少ないため、支配階層である両班によって書かれた漢文資料に依拠せざるを得ない。ハングルでドッケビと書かれたものは現在のドッケビと一致するものと考えられるが、漢文で記述された様々なものをドッケビと理解して良いか否かは議論の余地がある。

　現代になってハングル訳された漢文資料にはドッケビと訳されているものが多く見られるが、その当時の人々がそれらをドッケビと捉えていたと断言することはできない。以下で紹介する『朝鮮王朝実録』、『浮休子談論』、『金鰲新話』には、現在のハングル訳においてドッケビと訳されている存在が登場しており、ドッケビという用語の汎用性を示すために紹介するということを断っておきたい。

第1章 | ドッケビとは何か──前近代、描かれる以前のドッケビ

『朝鮮王朝実録』のドッケビ

　まず、朝鮮時代の民間信仰と儒教の関係やドッケビを含む妖怪に関する価値観を支配者の立場から見せてくれる重要な資料として『朝鮮王朝実録』を検討したい。『朝鮮王朝実録』は朝鮮時代の王、初代太祖から純宗に至るまで27代、519年間の歴史を編年体で編纂した1967巻948冊の王室の記録である。『朝鮮王朝実録』は民俗文化推進委員会が政府の支援を得て1972年からハングル訳が始められた。1993年に完了し、1994年に全413巻が刊行された。今回著者が使った資料は、1995年にデジタル化してCD-ROM版も制作され、2005年からネット公開されたものである[7]。

　以下は中宗13年（1518年）の記録のハングル訳を日本語に訳し直したものであり、ドッケビと表記されている部分の漢語原文には魑魅と書かれている。臣下たちと中宗の会話のなかの、中宗の発言である。この文から、民間信仰を「邪道」と扱い禁じていた当時の状況と、弾圧したにもかかわらず巫覡（シャーマニズム）が盛んで社会問題となっていた状況が読み取れる。

> 正しい人には物怪が近づけない。それはドッケビが太陽を避けるのと同じ理である。巫覡と仏家は全て怪しい物怪で、仏教は衰退しているが、巫覡はまだ盛んである。朝廷が正道を守り、怪しい物怪を退治すれば「邪道」などが行われることはないだろう[8]。

　また、以下は顕宗9年（1664年）からの抜粋で、許積という臣下が王に助言をする場面である。

> 世間でいうには王様のいる宮廷にドッケビの変怪があり、そのなかでも通明殿の方が酷いと言われております。泊まるところを宮廷のなかの別のところに変えるのはいかがでしょうか[9]。

　この文章から、朝鮮時代の支配階級であった儒学者たちが、仏教や民間信仰に関わる祭事などを禁じて抑圧する一方で、迷信とされていた風水や民間信仰のなかに登場するドッケビを意識していた様子も窺える。

成俔の『浮休子談論』

　『朝鮮王朝実録』のような国家の記録だけではなく、個人の儒学者が書いた文献から当時の宗教観と鬼のイメージに関する考えを検討するため、朝鮮時代に鬼神論を論じた代表的学者である成俔（ソン・ヒョン、1439～1504年）の『浮休子談論』を検討したい。この本で彼は鬼神を以下のように大きく7つに分類している。まず、一般的鬼神と考えられているものとして、①目に見えないが人のように話す鬼神、②怪異な形で現れ人を驚かせる鬼神、③深夜に炬火を持って現れる鬼神を挙げている。加えて、④人の姿で現れ声をかける鬼神、⑤民家に掛ける人物絵で巫俗に使われる人物画、⑥季節毎に祭る自然神、⑦祖先神を挙げている[10]。

　興味深い点は、⑥⑦は儒教でも祭事の対象になるものであるが、彼は祭事を挙げるときに重要なのは鬼神の実在ではなく祖先を弔う気持ちであることを強調し、霊の存在は否定していることである。性理学の立場から、人間の精気は死とともになくなって体は草と木とともに腐っていくだけという、鬼神の人格を認めない様子が窺える。鬼神論の展開は祖先信仰の理論的基盤を整理するために必要であったのである。

金時習の『金鰲新話』

　同時代の鬼神論を代表する学者として金時習（キム・シスブ、1435～1493年）が挙げられる。彼は儒学者でありながら仏教に帰依し、著書『金鰲新話』では仏教と関わる儒生の噺が度々出てくる。金時習は「南炎浮洲志」編で主人公の朴生を「早くから仏教や巫俗に反感を抱いていたが、『中庸』と『易経』を読んでからはますます儒教熱が昂じた。しかし、持ち前の器量は仏教信者も魅了した[11]」と描写し、自身の悩みを投射している。

　『金鰲新話』は朝鮮半島で最初の漢文小説として知られており、幽霊と人間が夫婦生活を営む話など伝奇的要素が強い物語である。完本は失われているが、日本に「万福寺樗蒲記」、「李生窺牆伝」、「酔遊浮碧亭記」、「南炎浮洲志」、「竜宮赴宴録」の5編が伝わっており、1660年から数回にわたって刊行された。その存在が朝鮮で知られるようになったのは、1884年

に崔南善が雑誌『啓明』で紹介してからのことである。

この資料から、朝鮮時代の儒教と仏教の関係と、それを背景とした鬼神に対するイメージについて考察したい。『金鰲新話』は一般向けの小説として書かれているために『朝鮮王朝実録』や『浮休子談論』よりも分かりやすく鬼について説明している。「南炎浮洲志」編では王の言葉を借りて「鬼とは陰の霊よ。神は陽の霊じゃしな。だから鬼は調和の痕跡で気の働きじゃ。生きているときは人と呼び、死ぬと鬼と呼ぶが同じもんじゃな[12]」と、陰陽説で鬼を説明している。「鬼というのは形も声もなく、天地に祈るのは陰陽の調和を尊ぶことである[13]」とも言及している。

以下は儒教と仏教の教えに関して閻魔大王が話す部分であり、この言葉が儒教と仏教に対する金時習の価値観を代弁していると考えられる。

> 周公は中華文明の聖人じゃ。悉達多は西域のなかの聖人じゃな。文明が栄えた時代とはいっても人には素直とへそ曲がりの２種類がおる。だから周公の教えは正道でもって邪道を蹴散らすものじゃから、知恵のないものでもわかりやすい。一方、釈迦の方は邪道でもって邪道を攻めるやり方じゃから、ちと難しい。ま、両方とも結局、正道に向かわせるのが目的じゃから、間違いとはいえんがな[14]。

以上の仏教の教えに対する記述を見ると、前述した儒学者の成俔と同様に、金時習も儒学者として仏教や民間信仰を邪道であると断言している。

『蔡氏孝行図』の「鬼火前導」

18世紀以降の挿絵がある本も、儒教的内容で、中国の故事を描いた子供向けのものが多かった。例えば、子供に基本的な礼儀を教えるための『五倫行実図』には理解を助けるために挿絵が入っていた。しかし、そうした子供向けの本のなかにも、ドッケビに関する記述や視覚イメージは見られない。

ただし、最近になって朝鮮時代のドッケビの絵であると主張されている資料が１点存在する。個人所蔵のこの画帳は、国立光州博物館の許錬（朝

図1-2 『蔡氏孝行図』(1882) 部分。蔡弘念が母親の病気の知らせを聞いて夜中に家に帰る途中で道に迷ってしまうと、ドッケビが現れて道を案内した。

鮮末期の画家、1808～1893年)誕生200年記念企画特別展(2008年)の準備過程で初めて見つかり、展示された。『蔡氏孝行図』(1882年)は『五倫行実図』のように子供に倫理を教えるためのもので、画家の許錬が手がけたものである。この本は蔡氏家系に伝わるもので、先祖である蔡弘念の孝行の伝統を記録したものである。

　木版本ではなく筆写本であり、出版物ではなく個人製作の一点ものであったため、他の書籍よりも自由に書かれたと思われるが、この絵においてもドッケビの姿形はやはりあいまいなものに留まっている【図1-2[15)]】。

　また、この絵のタイトルは「鬼火前導」と書かれており、漢文で「鬼火」と書かれているものを現在の研究者がドッケビとして解釈しているに過ぎないため、韓国のドッケビの初めての視覚イメージと断言して良いか否かについては議論の余地がある[16)]。

鄭道傳の「謝魑魅文」

 高麗末から朝鮮初期の儒学者である鄭道傳は、彼の著書『三峯集』の「謝魑魅文」において魑魅に関する詩文を書いており、そこでは魑魅を「非人非鬼。非幽非明。亦一物也。」、すなわち、人間でもなく、鬼でもなく、幽でもなく、明らかでなく、ただ存在しているものと表現している。魑魅を自然に潜むものとして考えている点から、韓国の民間の妖怪であるドッケビに相当する存在と解釈できる。その視覚イメージに関しては、騒ぐ音は聞こえるが姿が見えないものと表現している。「謝魑魅文」(現代ハングル訳では「ドッケビに謝る文」)は、鄭道傳が当初は避けていたドッケビたちに謝罪し感謝を伝える文章であり、孤独な流刑地で共に暮らし共に遊ぶ友人としてドッケビを表現している[17]。

 以上のように、朝鮮の儒教社会は朱子学の影響が強く、正当性にこだわり、経典の解釈にも柔軟性がなかった。儒教の秩序においてドッケビは邪道であり、退治すべきものとされ、認められない存在であったが、多くの儒学者が、目に見えない存在で現在はドッケビと訳されるものについて書いている。

 そして、概ねドッケビは鬼、魑魅魍魎と書かれ、姿形のないものであると表現されたのである。

2．仏教とドッケビ

 仏教の影響下ではドッケビはどのように現れていたのだろうか。それを明らかにするためには、朝鮮時代だけではなく、それ以前の時代の遺産も検討する必要がある。

 本節では、高麗時代(918〜1391年)および、新羅(紀元前57〜935年)、高句麗(紀元前37〜668年)、百済(紀元前18〜660年)において、ドッケビがどのように現れていたのかを検討する。

 朝鮮時代、朝鮮半島における仏教は排斥の対象とされたが、それ以前に

は長期間に渡って盛んであり、多くの仏教経典も刊行されていた。この仏教経典も前述した儒教の文献と同様に漢文で刊行されており、ドッケビも漢字を借りて表記されていた。ここでもやはり、当時の人々が固有語として用いていたドッケビと、現在ハングルに訳されている仏教経典で見られるドッケビとが同じものであるとは断言できない。

「鬼」という字が近代化以後にドッケビの訳語として多くの出版物に使われた歴史があるため、固有のドッケビと漢字のドッケビの意味範囲を区別することは難しい。特に近代的学問の整備において、美術史では日本で使われた美術用語である鬼面や鬼瓦などの言葉が韓国の文献に取り入れられたことを考えると、説話に登場する固有のドッケビとの関係はさらに複雑な問題になる。ちなみに、序章で挙げたプルグン・アンマのロゴの鬼瓦がドッケビか否かについての論争も、この問題と無関係ではない。

また、儒教と異なり仏教は多くの建築と装飾、仏画などの芸術工芸と関わっており、そうした影響から漢文のなかでは鬼と書かれたものが多く、それがイメージの認識にも影響した可能性がある。以下では、経典だけではなく仏画や彫刻などに見られる、ドッケビの形象化であると考えられる視覚イメージを検討する。

『大蔵経』のドッケビ

『高麗大蔵経』（1236～1251年）は仏教経典の総集版で、漢字で書かれ、木版から刷られた経典である。全部で80,000枚を越えるため「八萬大蔵経」ともいう。

2012年から、東國大学電子仏典文化コンテンツ研究所のハングル大蔵経検索システムから大蔵経の内容をハングル訳で検索することが可能になった。以下は『陀羅尼集経』のなかの、ドッケビの姿を描写している部分である。また、この文章は密教部の『蘇悉地羯羅経』と『蘇婆呼童子請問経』においても、『陀羅尼集経』からと断って引用されている。

全身が青くて黒赤の毛が逆立ち、上の牙が下まで出ている、ドッケビの

ドッケビとは何か──前近代、描かれる以前のドッケビ | 第1章

図1-3　甘露帳（国立中央博物館、18世紀）部分

図1-4　十王帳（大願寺、1766）部分

ような形象をしている[18]。

　仏教でのドッケビは、神の使いとして獄卒と羅刹で表されている。その外見の説明がある部分を挙げると、以下のようである。

　　体を夜叉鬼に変え、体格が大きくて、頭の上には炎が燃えているようで、目は血のように赤く、4つの牙は長くて鋭い。口と目から火を吐き出しながら走ってきた[19]。

29

経典解釈にこだわるエリート層中心の儒教と異なって、仏教は死後の世界、審判する神々、神の使いなどの存在を認めている。仏教は庶民の生活に深く浸透しており、庶民の教化のために死後世界の具体化と視覚化が進んでいた。

　仏画のなかのドッケビ
　18世紀は特に地獄を描いた仏画が多くなり、「甘露帳（現実と地獄を対比して描いた朝鮮特有の地獄図）」と「十王帳（仏教や道教において亡者を審判する十人の地獄の王の図）」には地獄の表現がよく見られる。仏教経典と同じように、仏画のなかのドッケビは獄卒や羅刹として描かれている。獄卒は、逆立ちした炎のような髪型をして角があるものや、牙をむき出しているもの、あるいは目が多いものなど、怪物のような姿をしている[20]。
　前ページの仏画は国立中央博物館に所蔵されている甘露帳[21]【図1-3】と大願寺の十王帳の獄卒【図1-4】である。甘露帳に描かれる獄卒や羅刹の多くは角ないし角のようなものを持っている。また、目が多いものも見られる。そして、大願寺の十王帳の獄卒も2つの角を持っている[22]。

　仏教建築のなかのドッケビ
　鬼面は、仏教が輸入された百済、高句麗、新羅の各国の寺院建築に現れ、レンガ、瓦、門の飾りに用いられている。
　代表的なものには、国立扶餘博物館と国立中央博物館（ソウル）に所蔵されている百済の饕餮文煉瓦（ドッケビ・レンガと呼ばれている）があり、そこにはドッケビの全身が現れている。このレンガのなかのドッケビは、蓮の花の上に立っている。蓮の花の上は仏教では釈迦が座る場所であり、ドッケビは崇拝の対象となる神的存在であったと考えられる。
　細かく観察してみると、指が3本ずつある。仏教において鬼は手足の指が3本であるが、これは人間にはある「知恵」と「慈悲」がないので2本少ないということである。口を大きく開いており、牙が出ている。目は大きく、つり上がっている。背に炎のような毛が生え、髭がまた炎のように

ドッケビとは何か──前近代、描かれる以前のドッケビ | 第1章

図1-5　蓮臺鬼文塼　図1-6　鬼面棟瓦（高　図1-7　緑釉鬼面　図1-8　引き手
（百済時代）　　　　　句麗時代）　　　　　（統一新羅時代）　（新羅時代）

図1-9　法住寺（17世紀中期）　　　　　　　図1-10　傳燈寺（17世紀初期）

大きい。角は見られない[23]【図1-5】。

　また、【図1-6】の鬼面棟瓦の装飾は高句麗のもので[24]、この瓦のドッケビは大きな目で牙をむき出している。国立慶州博物館に所蔵されている緑釉鬼面瓦[25]は統一新羅のもので、ここに見られるドッケビは2つの角と牙を持ち般若のような顔をしている【図1-7】。

　国立中央博物館に所蔵されている門の飾りは慶州の仏国寺の門に使われていたドッケビ装飾で、牙のある口元、大きくて怖い目のイメージなどがオニのようである[26]【図1-8】。

　最後に2つのドッケビ装飾を見てみよう。法住寺の軒下の装飾【図1-9】と傳燈寺の仏堂の装飾【図1-10】である[27]。姜友邦（カン・ウバン）は「ドッケビ・キワ（鬼瓦）は日本のようにオニを描いたものではなく、龍を表したものだ」と主張している[28]。確かに、この寺院装飾に見られるドッケビは、オニよりは龍に近い。朝鮮の儒教中心の政策によって抑圧され、仏教が密教化していき、ドッケビは民間信仰と混ざって怖いイメージよりは親近感のある可愛らしいイメージに変化していく傾向があったと考

31

えられる。

第2節　説話のなかのドッケビ

1．口伝説話のドッケビ

　ドッケビとは何かという問いに対する答えは研究分野によって異なるが、本節では、説話に見られるドッケビの性格を検討する。特に、『韓国口碑文学大系』に出てくるドッケビ噺を参考に代表的な説話を紹介する。
　『韓国口碑文学大系』は、全国を60カ所に分けて現地の説話を人々から聞き取って記録したもので、1979年から1988年にかけて本編82巻が発刊された。そして、2008年からは録音資料を含めてインターネットで直接利用することが可能になり、このデータベースは現在も更新され続けている[29]。しかし、『韓国口碑文学大系』の説話の収集作業は1980年代に行われたので、テレビや出版物を通して既に一般に広まっていたドッケビの印象がインタビュイーにも影響していた可能性もある。
　このデータベース上で検索すると、ドッケビにまつわる説話は約770件ある。このなかから類似した噺を多い順にまとめると、概ね以下の5つである。
　まず、最も多いのは、①ドッケビに惑わされた噺である。特に、ドッケビ火を見たことで一時的に放心したように山中などをさ迷う経験談が多い。また、ドッケビと相撲する噺、ドッケビが箒に変わった噺、いたずらするドッケビの噺などもある。次に多いのが、②人に福を与える神としての噺であり、なかにはドッケビのおかげで金持ちになった人の噺、ドッケビから魔法の棒をもらう噺などがある。また、③魚場を造るドッケビや、堰を造るドッケビなどの、漁村の神としての噺がある。そして、④ドッケビを退治する噺、あるいはドッケビを騙して金持ちになる噺である。その他、⑤民間の神として、風水をよく知っているドッケビの噺がある。

以下では、代表的なドッケビ噺を紹介する。

人を惑わすドッケビの噺
ドッケビが道を通る人を相撲に誘う噺が全国で広く見られる。以下は全羅南道康津郡で2014年に収録された噺である。

> ある男が酔っ払って帰宅するところにドッケビが現れ、相撲しないと通さないと脅す。夜明けまでずっと相撲をした末、ドッケビを倒して腰紐で木に縛り付け帰ってきた。翌朝に山に行ってみたら箒が木に縛られていた[30]。

ドッケビであると思い腰紐で縛っておいたのが、翌日に行って見ると箒であった。この噺と類似した噺で、木片であったとか、あるいは臼であったという噺もある。

その他、こうしたドッケビのいたずらとしては、台所に行ってみると蓋が鉄の釜のなかに入れられていたり[31]、そうめんが梨の木にひっかけられていたり[32]、人が出てくるまで門を開け閉めしたり[33]、稲の品種を変えて植えたり[34]、カニ取りをする人の籠にカニの代わりに牛の糞をたくさん入れておいたり[35] する噺もある。

ドッケビのおかげで金持ちになる噺
ドッケビから棒をもらうなどすることで金持ちになる噺が、朝鮮半島全域で多く見られる。以下は京畿道江華郡で1981年に収録された説話「金棒銀棒」である。

> ある男がお父さん、お母さんと3人で暮らしていた。朝から山に登って芝刈りをしていると、ハシバミが1個転がって来た。「これはお父さんにあげよう」と拾った。またハシバミが転がって来た。「これはお母さんにあげよう」と拾った。また次に、ハシバミが転がって来て男は自分の分だと思いハシバミを拾った。日が暮れ近くの廃家で寝ようとしていたら、

真夜中にドッケビたちが集まってきた。男はこっそり屋根裏に隠れて様子を見ていた。ドッケビの頭(かしら)が棒を叩きながら「金出せ、銀出せ」と言っていた。すると、金銀が次々出てきた。男はびっくりしてハシバミを噛んでしまった。ドッケビたちはその音に驚き「柱が倒れるぞ」と言い合いながら逃げた。男はドッケビの棒を持って帰り、大金持ちになった。
同じ村に住む欲張りの男がこの話を聞いて同じ様に山に登ると、同じ様にハシバミが落ちて来た。男は「先に私、そして、お母さん、最後はお父さんに……」と思いながら拾った。彼は山奥に廃家を見つけ、なかに隠れた。すると、ドッケビたちが来て遊び始めた。欲張りの男はハシバミを噛み、大きい音を出した。ドッケビたちは「前日の泥棒がまた来た」と言いながら、家のなかを探して彼を見つけだした。欲張りの男はドッケビたちに棒で殴られ、命だけ助かって村に戻った[36]。

この噺のドッケビも、間抜けで親近感のあるものとして描かれている。児童向けの童話にも多い「ハシバミの実を噛んだお爺さん」および「瘤のある翁」は類似した構造を持っており、いずれの噺でも共通して、良い人と欲張りな人の2人を登場させ、良い人に福を与え、欲張りな人には罰を与えている。

同様に、ドッケビのおかげで金持ちになる噺として、「ドッケビに貸したお金」を紹介したい。ドッケビは借りたお金を返したことを忘れ、毎日返しに来て主人公を金持ちにする。以下は1981年に江原道麟蹄郡北面で採取された噺である。

ドッケビがある男に3ニャン（銭）を借りた。その後、毎日ドッケビがお金を返しに来るので、男は金持ちになった。ある日、男が奥さんとドッケビに貸したお金の話をしているのをドッケビが聞いてしまった。ドッケビは怒って、自分の返し続けた金で男が買ったという田んぼの角に釘を刺し、田んぼを持ち帰ろうとした[37]。

釣りとドッケビの噺

魚場を造って釣りを手伝ったり、堰を造ったりするドッケビの噺が多く見られる。以下は一例として、慶尚南道普陽郡で1980年に収録された「ドッケビの堰」である。

> 慶南地方にドッケビが造ったと言われる立派な堰がある。昔この地方で堰を造るとき、いくら石で止めてもすぐ破れてしまい困っていた。その時ドッケビたちが現れ、我々にぜんざいをくれたら堰を造ってやると言った。町の人々はドッケビたちにぜんざいを造った。しかし、1人のドッケビのぜんざいにいつも入っていた栗がその日は入っていなかった。それで、栗を食べられなかったドッケビが小さい石1つを抜いてしまった。この堰は、いくら大雨になっても大風が吹いても大丈夫であったが、1箇所だけ水が漏れてしまう場所があった[38]。

ドッケビが堰を造ったり魚場を造ったりするのが得意という噺は、全国の説話でよく見られ、ドッケビ関連の説話は漁村の方に多く、海の神や釣の神として祭られる例もある。ドッケビに好物を供えて礼をしないと、海で命を落としたり魚が釣れなくなったりするのである。

また、類似した噺のなかで、ぜんざい以外によく登場する食べ物として豚肉[39]やメミルムク（そば粉こんにゃく[40]）などがある。いずれも庶民的な食べ物である。

ドッケビを退治する噺

ドッケビを利用して金持ちになる噺には、ドッケビが人間に騙される噺もあり、例えば人間が欲しいものを嫌いなものだと勘違いして人間に与える噺である。以下は1981年に慶尚南道密陽郡で収録された「何が一番怖い」という説話であり、ドッケビは間抜けで騙されやすく、超自然的な力を持っているものとして描かれる。

> ある女がドッケビと仲良くしていた。ある日、女がドッケビに「世の中

で一番怖いものは何か」と聞くと、ドッケビは「白馬の血だよ」と答えた。ドッケビも女に「世の中で一番怖いものは何か」と聞くと、女は「金銀とお金だ」と答えた。その後、女は白馬の血をもらってきて、門や塀にかけておいた。ドッケビは驚いて逃げ出し、悔しがった。怒ったドッケビは金銀とお金をたくさん集めて、女の家のなかに次々に投げつけた。こうして女は大金持ちになった[41]。

風水とドッケビの噺

最後に、風水に詳しいドッケビの噺を挙げたい。先祖の墓を良いところに建てると子孫が成功するという風水思想に基づいた、ドッケビに良い墓地を教えてもらい成功する噺である。以下の噺は1980年、慶尚南道居昌郡で収録された。

ある男が風水思想において一番良い場所はドッケビたちが集まる場所であるという噺を聞いた。男は夕方になると山に登り、ドッケビたちを待っていた。ある日、ついにドッケビたちが集まってきて、大臣が亡くなったので墓をどこにするかと会議を始めた。ドッケビたちは今自分たちが会議している場所が一番良いと話をまとめた。男が出てきて「お前ら！　何を言っている！　大臣はまだ死んでないぞ！」とドッケビたちに怒った。ドッケビたちは驚いて逃げた。その後、男は自分の祖父の墓をドッケビたちが会議をしていた場所に移した。後に男は出世して大臣にまで登りつめ、彼の子孫は代々金持ちになった[42]。

以上を総合すると、ドッケビは福を与える超能力を持つと同時に禍をもたらす存在でもある。ここで紹介した噺を大きく2つに分けると、ドッケビを利用して金持ちになる噺やドッケビから棒をもらう噺、風水をよく知っているドッケビが福を与える噺であり、他方で、相撲が好きなドッケビやドッケビが堰を造る噺からは、気に入らない人には悪さをするドッケビ像が浮かびあがる。ドッケビは両義性を持つ、神と人間の中間の存在と

して描かれているのである。

2．古文献の説話

鼻荊郎説話

　口伝説話以外の、古文献に現れる神話に近い説話も検討しておきたい。代表的なドッケビ関連の説話としては鼻荊郎説話と處容説話、志鬼説話があり、共通して新羅時代の説話だと考えられている。

　『三国遺事』の紀異編には鼻荊郎説話が紹介されている[43]。

　金鼻荊（581年～？）は、桃花女と新羅25代目の王である眞智王との間に生まれた庶子であった。眞智王は桃花女に求愛したが、桃花女は結婚している身だとして断った。眞智王も桃花女の夫も死んだ後のこと、死んだ眞智王が桃花女のもとに現れ7日間を共に過ごし、桃花女は妊娠して子供を産むことになる。この子が鼻荊である[44]。記録された初めてのドッケビ説話として挙げられるもので、簡単に内容を紹介すると以下のようである。

　　眞平王は鼻荊を宮廷で育て、彼が15歳になると執事という官職を与えた。しかし、鼻荊は夜になると遊びに出かけ朝になって帰ってきた。王が50人の兵士に守らせても無駄であった。鼻荊の後をついていくと、ドッケビたちと遊んで帰ることが分かった。王が鼻荊に「お前はドッケビが使えるらしいな。明日までに1日で神元寺の北の川に橋を建てなさい」と言うと、鼻荊は本当にドッケビたちを集め一晩で大きな橋を完成させた。この橋を「鬼橋」という。（中略）王が鼻荊にドッケビのなかで推薦できるものはないかと聞くと、鼻荊は吉達を紹介する。吉達は優秀で王の深い信頼を得て王の養子に迎えられた。吉達は吉達門という門を建て、その門の上で寝泊まりしていた。ある日、吉達が狐に化けて逃げると、鼻荊がドッケビたちを使い捕まえ殺した。以後ドッケビたちは、鼻荊の名前を聞くだけでも怖がるようになった[45]。

鼻荊がドッケビを使い橋を建てた噺は、『三国遺事』以外にも『東国輿地勝覽』の「鬼橋」編に登場する。

處容説話

また、『三国遺事』に登場する處容説話もよく挙げられるドッケビ関連の説話である。『三国遺事』第2巻の「處容郎望海寺」に伝わる。處容（チョヨン、처용）は誕生説話自体が神話的要素を持っている。

> 新羅49代目の憲康王（？～886年）5年のことである。王がある海辺に出かけた。帰りに、急に空が曇り暗くなった。王が驚き周りに聞いてみると、東の龍王の仕業なので、龍王に機嫌を直してもらうしかないと言われた。王はそこに寺を建てることを命じた。間もなく、雲が遠ざかり、ふたたび明るくなった。それ以来、この場所を開雲浦と云う。龍王は7人の息子を連れて出て来て、踊りだした。そのなかの1人、處容が残って憲康王に付き従った[46]。

處容はドッケビを使ったり追い払う事ができることで神として祭られる。有名な噺を紹介すると以下のようである。

> 龍王の息子である處容は、夜出かけて歌舞を楽しんだ。王は彼を美しい嫁と結婚させ、役人としての地位を与えた。ある日、處容が出かけて戻って来たところ、疫神（ドッケビ）が部屋のなかで彼の妻を襲おうとしていた。部屋の前で處容は歌を作って歌った。「ソラバル月の明るい夜／夜明けまで遊んで／帰ってきて寝室を覗くと／足が4本／2つは私のものだが／2つは誰のものだろう／本来私のものだが／奪われたものはしかたない[47]」という歌である。歌を聞いた疫神はすぐ出て来て、土下座して謝った。疫神は、大門に處容の顔を描いて貼っておけば疫神が近づかないようにすると約束した[48]。

それ以来、民間では魔除けのため處容の顔を大門に貼るようになった。ちなみに、このとき處容が歌ったとされる歌は「處容歌」で、處容が踊っ

たとされる踊りは「處容舞」として伝わっている。『楽学軌範』は1493年（成宗24年）に王命によって聖賢などが編んだ楽規集であり、そこには處容の顔絵と處容舞、處容の服式、處容の面の製造に関する記録が残っている。

志鬼説話

　もう1つ『三国遺事』に記録されて伝わる有名なドッケビの説話として、志鬼説話が挙げられる。『三国遺事』紀異編の「善徳王知幾三事」にも多少紹介されるが、具体的な内容は成任（1421〜1484年）の『太平通載』に「志鬼」として、さらに權文海（1534〜1591年）の『大東韻府群玉』に「心火繞塔」として伝わっている。本来この説話は「心火繞塔」というタイトルで朴寅亮（？〜1096年）の『殊異伝[49]』にも載っていたと言われるが現在は残っていない。善徳女王（？〜647年）という新羅の第27代の女王（在位：632〜647年）に恋をした男が火のドッケビになる物語で、概ねその内容は以下のようである。

> 活里駅の人である志鬼はソラバル（新羅の首都）に出かけ女王の行列を見た。志鬼はこの時女王に一目惚れした。志鬼は近づこうとしたが兵士たちに止められる騒ぎを起こした。女王が兵士にどういうことか聞くと、兵士は、ある男が女王に恋していたと伝える。女王は「ありがたいことだ」と言い行列についてくるように命じた。お寺に行き参拝して帰ろうとしたところ、塔の下で眠っている志鬼を見つけた。女王は持っていた腕輪を彼の胸に置いて去った。後で起きた志鬼は驚き、嬉しい気持ちと、会えなかった悲しさで、志鬼の胸から火が燃え始め、火の化神になって燃え続けた。彼が動くと火は塔から寺に、さらにソラバル全域に広がった。女王が詩文を書き、彼の魂を慰めると、火が収まった。呪文の内容は「志鬼心中火／燒身變火神／流移滄海外／不見不相親」で、以後新羅の人々はこの呪文を各家の大門に貼り、火災神を追い払うようになった[50]。

　この噺には、火の神を収める儀式が含まれており、火事予防の風俗が見

られる。同時に、志鬼説話は志鬼神話とも言い、火を収める能力、つまりドッケビたちを使う女王の能力を誇示し、王権を強くするために使われたとも考えられる。

第3節　祭られるドッケビ

1．民間信仰のドッケビ

　文学者の任東權（イム・ドンクォン）はドッケビを、神や鬼神ではなく、祭堂も祭儀もないことから、信仰の対象とは異なるものだと解釈している[51]。他方で、金宗大などの民俗学者たちはドッケビを民間信仰の神であると主張し[52]、ドッケビ噺としては、信仰の対象になるドッケビ噺と、自然物と精霊が1つになって作られる自然神としてのドッケビ噺の2種類に分けられると述べている。

　ここで言う自然神は雑神のようなもので神聖さを伴う神とは異なり、神と人間の中間の存在である。高麗時代までは、自然神としてのドッケビの地位が高かったため祭られることもあったが、朝鮮時代に入るとただの雑神となった。しかし、神の座を譲り渡してもなお、ドッケビは神奇な能力を有していたとも言われる。

　本節では、前節でも検討した海の神だけではなく、山の神、木の神、火の神に分けて検討する。

　海の神
　富の神（富魚神）としてのドッケビは気まぐれであり、気に入らないことがあると意地悪をするので、きちんと祭事を行う必要があるという噺になっている。祭事の際に供えられるドッケビの好物はメミルムクや豚肉、犬肉であり、非常に庶民的である。「神」でありながら、ドッケビは決して威厳のある恐ろしい神とはされていない。特に富の神としてのドッケビ

は、人間味あふれる存在として説話や民話などに登場する。

　ドッケビはまた、火や灯として描写されることが多い。例えば、ドッケビ火が光っている場所に向けて祭事を行い富魚を祈る風習がある。祭事を行うとドッケビにより海の水面が光り、そこに網を投げると魚がよく取れるとされている（もちろん現実的には、プランクトンが集まる所に魚がたくさん集まるために水面が光ったように見え、そこに網を投げるから魚が沢山取れるという解釈がなされる）。

　済州島や全羅北道の蝟島などでは、今もドッケビ祭事の儀式が残っている。豊魚を願いドッケビを祭る儀式は済州島では「令監（ヨンガン）ノリ」といい、無形文化財に指定された伝統芸能でもある。蝟島のドッケビ祭事では、島という地域的特徴もあり、ドッケビが絶対的な力を持った、間違いなく神としての性格をもったものとして祭られる。

　民間には、海でドッケビと出会った人が逃げようとしたが捕まる、取り憑かれて死ぬ、あるいはドッケビを騙そうとしたら逆に罰を受ける説話が伝わっている[53]。

山の神

　韓国では「ドッケビも藪があってこそ集まる」という諺があるが、この意味は、いくら才能がある人でも環境が揃わないとその才能を発揮することはできないということである。こうした表現から、ドッケビは山や森と近しい存在と考えられていることが推測される。金宗大は、韓国人にとって森は神聖な場所であることからも、ドッケビは人里離れた聖なる場所で暮らすものとされていたことが窺えるとする。しかし、山の頂上ではなく中腹に住んでいたとも言われていることから、上位の神というよりは、中位あるいは零落した神として考えられていたことが分かる[54]。

　山神として登場するドッケビ噺としては「ドッケビ峠」を挙げることができる。本章第2節の口伝説話で紹介した噺と同じ類型で、山奥に住むドッケビが峠を通る人になぞなぞを出し、それを解くことができた人だけが福を与えられ、峠を越えることを許されるという噺である。その内容は

以下のようである。

> 夜遅くこの峠を通るとドッケビに襲われるが、ドッケビが出した句に対して句を返すことができれば通してもらえる。しかし、ほとんどの場合、出された句の意味も分からない。ある日、ある男が母親の急病で急いで山を通ろうとした。人々が止めるのも聞かずに山に登ってドッケビにばったり会った。ドッケビは「魑魅魍魎四大鬼」（鬼が4つ入る句）と句を詠み、意気揚々として返し句を待つ。これに対し男は、「琵琶琴瑟八大王」（王が8つ入る句）と返した。ドッケビは「私がここに300年いる間、返句を求めていたが、やっとそれを得た」と言いながら、「明薬」というものを彼の母のために渡した。

木の神

ドッケビを韓国の象徴、つまり「文化原型」として扱う研究が、1980年末から1990年代にかけて活発に行われた（第4章参照）。姜恩海（カン・ウンヘ）はドッケビ噺の形成・変化に関する論文[55]（2004年）のなかで、「豆豆里（ドドリ、樹木）」として神性を持っている「木郎」がドッケビの原型であると主張している[56]。ドッケビを木の棒のような形と解釈している点では朴恩用（パク・ウンヨン）も同様であり、ドッケビの語源を「豆豆里」から解明し、家の道具である杵（韓国の杵は麺棒のような形）と関連があると述べている[57]。特に「ドドリダ（打つ）」という動詞の語根「ドドリ」がこの木の神の名前と一致する点から、叩く属性をドッケビに重ねて説明し、打楽器を中心とした韓国の民俗音楽「四物ノリ（サムルノリ、4つの伝統打楽器で遊ぶという意味の伝統音楽パフォーマンス）」と現代文化である「ナンタ[58]」につなげて説明した。

火の神

叩くという行為からドッケビを火と金につなげて考えることも多く、火の神、鍛冶屋の神として解釈する場合もある[59]。そして、現代に生きる韓国人にドッケビの原型的想像力が生きていると主張される。現在も製鉄所

のある慶尚北道蔚山では「Do Dream（「ドドリ」と「ドゥ・ドリーム」との音の類似性を利用したネーミング）文化祭」が開かれる。元々この地域には豆豆里を祭る民間信仰があり、地域新聞には以下のような記事も見られる。

> 蔚山はドッケビだ。鉄を叩いて生きてきた我々は皆ドッケビだ。…豆豆里（ドドリ）は「叩く」という動詞で、鉄を叩く動作から、ドッケビは皆金さんと言われると振り向くことから金の神と言われる。ドッケビは製錬所のあるこの地域のキャラクターとして適切だ[60]。

2．民芸のドッケビ

形のないドッケビ

1980年代に民芸のなかのドッケビ研究が進んだが、それはその時期に民俗と民族の象徴としてドッケビが注目されたことと関係している。韓国の伝統文化が注目され、比較的多くの文献が残されている朝鮮時代の両班層の文化を中心に研究が行われた。そのため、初期の民俗研究においては、ドッケビは姿形が記録されておらず形を与える必要がない、という主張もあった。

例えば、崔仁鶴（チェ・インハク）はドッケビを、箒、火かき棒、杵（木の棒）、火のかたまりのような可視的なものと、家を壊す音、雹（ひょう）が降りつける音、門を叩く音、犬の鳴き声、口笛、馬の足音、石を投げる音のような不可視的なものとに分けて考えている[61]。

民俗からドッケビの視覚イメージに新たな可能性を示す研究として、金學善（キム・ハクソン）の「韓国の説話に現れたドッケビ」（1982年）が挙げられる。彼はドッケビの姿は1つに規定されておらず、人の姿（子供、娘、老人など）で現れる場合もあれば物の姿（器、盆、槌、鎌など）や楽器の姿（ケンガリ[62]、銅鑼など）で現れる場合もあると述べ[63]、日本の「付喪神」のような性質を持つ視覚イメージを提示している[64]。

金容儀（キム・ヨンイ）も同様に、ドッケビが「器物から生まれる」と

図1-11　昌慶宮内の玉川橋(朝鮮時代)　図1-12　喪輿装飾(朝鮮時代)　図1-13　鬼馬鈴(朝鮮時代)

いう点に着目して、ドッケビ伝承における器物を分類している。ちなみに、伝承に登場する器物は、多く現れる順に、箒、パンアコンイ（韓国の水車の杵）、パガジ（瓢）、チョリ（笊籬）、トリケ（殻竿）とされている[65]。

このように、ドッケビは自然やものから出発し、その原型であったもののイメージを持つことが多い。

以下では、民芸と呼ばれる庶民文化のなかから図像化されたものを探して考察する。その例として、民家の鬼瓦、木人、仮面、チャンスンなどを検討したい。

鬼面装飾

建築、工芸においても、ドッケビは、魔除けや縁起物として用いられることが多い。玉川橋は宝物386号に指定されている文化財であり、【図1-11】は玉川橋に彫刻されている鬼面である。朝鮮時代後期の建築における鬼面は怖いイメージよりはむしろ親近感のある可愛らしいイメージに変化していく傾向が見られる。

また、葬儀に用いられる輿装飾で使われていた木工芸品にも鬼面がよく見られる。例えば嘉会民画博物館の龍首板、コットゥ博物館の龍首板、文化財保護財団のドッケビの木像人形「木人」などが挙げられる。【図1-12】のドッケビの形をした人形は木人博物館の所蔵品で、宮廷や寺院の建築に見られる鬼瓦の怖いイメージとは異なる、素朴で面白い形をしている。特に、喪輿（ひつぎを乗せる輿）の頭を飾るものは、遺族や集まった

第1章 ドッケビとは何か──前近代、描かれる以前のドッケビ

図1-14 處容タル　　図1-15 バンサンタル　　図1-16 ビビタル
（植民地解放以後）　（年代不詳）　　　　　（植民地解放以後）

人々を慰める役割を果たすため、優しくて面白い顔をしている。

　古代から鈴は魔よけの象徴であった。そして、雑鬼を追い払うため、それに恐ろしい鬼面を刻むこともあった。例えば、【図1-13】の鬼馬鈴[66]は、高い身分の人が乗る馬のために朝鮮時代に作られたもので、馬事博物館に所蔵されている。

仮面

　仮面劇や祭りのなかで使われる「面」などに現れる鬼には、「厄払い」や「守り神」として、建築に使われる鬼と同じような役割をするものがあり、その起源は民間信仰や説話・民話にある。
　韓国語で仮面は「タル」というが、「タル」には元来「厄」の意味がある。本来タルは厄を防ぐために作られ、これを家に飾ることで厄払いになると考えられた。代表的なタルとしては、處容タルが挙げられる【図1-14】。面を被っての踊りや芝居も、最初は厄払いの儀式であったものが次第に変化して芸能の1つになったのである。
　タルはまた、クワンデ（広大）とも言うが、このクワンデは道化師（clown、トリックスター）を意味する韓国語である。西洋のコボルトのように家の守り神でもあり、道化師のような性格を持っているのが特徴であり、これは、日本のオニとも区別できる点であると思われる。

45

図1-17　慶南泗川市柩東面駕山里の村の入口にある石造チャンスン　　図1-18　慶南南海郡雪川面のモクチョン里の村の入口の木造チャンスン

　バンサン（方相）タルは、葬列の先頭を歩く人が厄払いのために被る仮面である【図1-15】。「ドッケビのいたずらに苦しんでいた人に、その姿を教えてくれと言って絵を描いてもらったが（中略）、その姿は頭が2つ、目が4つ、高い角に口も目も真っ赤だった」との記録が『於于野談』に見られるが、この姿はバンサンタルと似ている。
　ビビ[67]は「固城五廣大」という仮面劇に登場する想像上の動物である【図1-16[68]】。ビビタルは角が2つ、目が大きくて牙があり、ドッケビの図像に近い。元々は「ヨンノ」とも呼ばれる妖怪で、顔と体は龍に似ていて、髪はなく、短くて鋭くない角がある。腕と足がなく、龍と大蛇の中間の姿であり、龍の特徴を「貴族的」と言うなら、ヨンノは「庶民的」な霊物であると言える。

チャンスン（長丞）
　儒教社会ではシャーマニズムが厳しく禁じられていたにもかかわらず、その反動のようにそれらは庶民文化のなかに根付いていた。鬼面の伝統を受け継ぐ代表例には、道標（行政区域の境界の目印）であり、かつ魔除けの役割もあるチャンスンがある。
　チャンスンは村のランドマークであり、守護神であり、シャーマニズムの文化に深く根ざした長い歴史を持つ。永遠の命を意味する「長生不死」

ドッケビとは何か——前近代、描かれる以前のドッケビ | 第1章

に由来した名前だと考えられており、その役割、機能、外観、場所によってハルバン、天下大将軍、ドルミルク、神将、またはスサリなどと呼び分けられている。多くの場合、男女ペアで造られて村の入口を守っている。

　チャンスンの顔は鬼面と類似していると言われる怖いものと、面白く優しい風貌に描かれているものの2種類に大別される。鬼瓦や寺院の金剛力士と同様に「守り神」の役割もあるので、顔が似ていても不思議ではない。他方、大衆の自画像ともいえる素朴なチャンスンもあり、大きい目、ジャガイモのような鼻、口からはみ出した歯、帽子などが特徴的である。

　このように民芸のなかでドッケビは、怖い神というよりは、親しい付喪神、守り神として多くの装飾に使われていた。

　しかし、ドッケビは妖怪全般の総称であり、はっきりと定義された形での記録が残っているわけではない。守り神としても使われ、多くの民間信仰の神につながっており、その視覚イメージはまとまっていない。いずれにせよ、民衆全体に共有され確立したドッケビの視覚イメージは確認できないのである。

まとめ

　本章ではドッケビの視覚イメージの可能性を今までの研究がどのように考えてきたのかを考察し、ドッケビの視覚イメージ論争で参照される近代以前の資料を分野別に検討した。

　まず、第1節では儒教と仏教に分けて、古文献と伝統芸術に現れるドッケビの外見に関する資料を検討した。漢文で書かれた資料が大多数であり、はっきりとドッケビを描写したものとは断言できないが、現在のハングルで「ドッケビ」と訳されるものを中心に、そのイメージを検討した。

　朝鮮時代は民間信仰も仏教も抑圧されており、妖怪のようなものを視覚化することがとても難しい社会であったが、密教化された仏教の装飾や朝鮮以前の仏教遺産には、獄卒や羅刹としてのドッケビの姿が見られる。

第 2 節では、『韓国口碑文学大系』と『三国遺事』からの説話を分析した。ドッケビは概ね人間よりは力を持っていて、いたずらが好きな妖怪であり、人間に親しい存在であることが確認できる。ドッケビは、退治される悪の象徴とは異なるものである。

　第 3 節では、民俗学からみるドッケビ像を検討した。ドッケビは山の神、木の神、海の神、火の神として祭られる。また、民芸から、ドッケビの視覚イメージとしてよく用いられるものを検討した。装飾、彫刻などが含まれるが、寺院建築や宮殿建築とは異なり、可愛らしくて、面白く描かれているものが多い。

　第 2 章以降では、このような先行研究を踏まえたうえで、ドッケビの視覚イメージが韓国に定着していた過程を年代を追って検討し、20世紀の韓国視覚文化の歴史を考察していきたい。

1）『釋譜詳節』、1447年、9、36ページ裏面。
　デジタル・ハングル博物館ホームページ〈http://www.hangeulmuseum.org〉原文検索。（2015年 6 月 3 日更新）
2）世宗『月印千江之曲』、1449年、163ページ。
3）世宗『月印釋譜』、1459年、21巻105ページ。
4）チョ・ヘジョン（趙惠貞、조혜정）『탈식민지 시대 지식인의 글읽기와 삶읽기（脱植民地時代の知識人の物書きと生き方）』2、もう一つの文化、1994年、46ページ。
5）チョン・ゼシク（鄭載植、정재식）「유교전통과 가치（儒教の伝統と価値）」『延世社会学』6、延世大学社発展研究所、1985年、7 ページ。
6）両班層とは概ね士大夫を示す。朝鮮時代の知識人、上流階級である。
7）朝鮮王朝実録内容検索。〈http://sillok.history.go.kr/intro/intro_info.jsp〉
8）正人則物怪自不能犯、如魑魅之遁於大陽也。如巫覡、佛家之類、皆是神奸物怪也。　今則釋教衰、而巫覡則尚多有之。　朝廷士大夫、自行正道、知其神奸而斥之、則邪類自不得行矣。〈『影印本朝鮮王朝実録』15巻、韓國國史編纂委員会、1981年、386ページ。〉
9）竊聞閭巷之言、慈殿時御宮中、有鬼魅之變、而通明殿尤甚云。若移御闕內他處何如。上曰、久欲移御、而慈殿不從矣。〈同上、36巻、443ページ。〉
10）成俔『浮休子談論』、召命出版、2012年、65－72ページ。

11) 鴻農映二「金鰲新話」『韓国古典文学選』、第三文明社、1990年、78ページ。
12) 同上、85ページ。
13) 同上、85ページ。
原文参考：生又問曰「鬼神之説、乃何？」王曰「鬼者、陰之靈、神者、陽之靈、蓋造化之迹、而二氣之良能也。生則曰人物、死則曰鬼神、而其理則未嘗異也。」
〈金時習『金鰲新話』、飯田忠兵衛、1660年、30ページ。〉
14) 鴻農映二、前掲書、84ページ。
15) 国立光州博物館『小癡許錬200年』、国立光州博物館、2013年、320ページ。
16) キム・サンヨブ（金相燁、김상엽）「小癡 許錬의《蔡氏孝行図》삽화（小癡許錬の『蔡氏孝行図』の挿絵）」『美術史論壇』26、韓国美術史研究会、2008年6月、79ページ。
17) 會津多大山茂林。僻近於海。曠無人居。嵐蒸瘴池。易陰以雨。其山海陰虛之氣。草木土石之精。薰染融結。化而爲魑魅魍魎。非人非鬼。非幽非明。亦一物也。鄭　先生獨坐一室。晝永無人。或時投策出門。負手遐觀。則山川糾紛。草木相接。天陰野暝。滿目蕭然。陰氣中　人。支體沈困。於是還入其室。煩鬱憒眊。倦極就睡。低　頭瞑目。若寐非寐。向之所謂魑魅魍魎之屬。（中略）山之阿兮海之陬。天氣霧陰兮草木以幽。曠無人以　獨居兮。舍爾吾誰與遊。朝出從夕共處。或歌以和　兮春秋。既違時而棄世兮。曷又何求。蹠躅草莽兮。聊與爾優遊。鄭道傳「謝魑魅文」『三峯集』、1397年。出典：韓国学総合データベース〈http://db.mkstudy.com/search/core/text/?q= 정도전 &page=57〉
18) 『陀羅尼集経』、49ページ10行。
東國大学電子仏典文化コンテンツ研究所ハングル大蔵経検索。（2015年6月3日更新）
〈http://abc.dongguk.edu/ebti/〉
19) 『經律異相』49ページ6行。（2015年6月3日更新）〈http://abc.dongguk.edu/ebti/c2/sub1.jsp〉
20) カン・スヨン（강수영）「十王幀・甘露幀을 통한 死後世界 이미지 研究」弘益大學校大學院修士論文、2013年、48ページ。
21) 東京国立博物館、大阪歴史博物館『韓国の名宝』、NHK プロモーション・NHK、2002年、75ページ。
22) 成宝文化財研究院『韓国仏画名品選集』、成宝文化財研究院、2007年、214ページ。
23) チェ・ギョングク（崔京国、최경국）「일본오니의 도상학Ⅰ——귀면와에서 에마키까지（日本のオニの図像学Ⅰ——鬼面瓦から絵巻まで）」『日本学研究』16、2005年4月、187-188ページ。
24) 国立中央博物館ホームページ遺物検索システム（2015年6月7日更新）
〈http://211.252.141.1/program/relic/relicDetail.jsp?menuID=001005002001&relicID=3026&relicDetailID=12101&keyWord= 수막새 &searchSelect=NAME&currentPage= 8 &pageSize=10&back=relicSearchList〉

25) 『國立慶州博物館』図録、國立慶州博物館、1997年、355ページ。
26) 同上、310ページ。
27) ユン・ヨルス（尹烈秀、윤열수）『청도깨비의 익살（青鬼の滑稽）』、嘉会民画博物館、2005年、10ページ。
28) カン・ウバン（姜友邦、강우방）「귀면와인가 용면와인가：생명력넘치는 근원자의 얼굴（鬼面瓦か龍面瓦か——生命力溢れる根源者の顔）」『문화와 나』65、サムソン文化財団、2002年、20-25ページ。
29) 『韓国口碑文学大系』、韓国学中央研究院、2008年。（2015年6月14日更新）〈http://gubi.aks.ac.kr/web/Default.asp〉
30) 同上、イ・ヨンハク（이영학、1939年生）インタビュー、全羅南道康津郡薪田面、2014年3月21日。
31) 同上、キム・キヨン（김기영、1938年生）インタビュー、京畿道抱川市一東面、2010年2月6日。
32) 同上、イ・ギソク（이기석、1932年生）インタビュー、江原道華川郡華川邑、2014年6月5日。
33) 同上、ジョン・ヨンジャ（정영자、1935年生）インタビュー、京畿道光明市、2013年1月24日。
34) 同上、シン・スクジャ（신숙자、1926年生）インタビュー、京畿道光明市、2013年2月1日。
35) 同上、キム・ジュンクォン（김준권）インタビュー、京畿道金浦市月串面、2009年1月22日。
36) 同上、パク・オクスン（박옥순）インタビュー、京畿道江華郡、1981年8月11日。
37) 同上、キム・スンイ（김순이）インタビュー、江原道麟蹄郡北面、1981年7月17日。
38) 同上、パク・シウォン（박시원）インタビュー、慶尚南道普陽郡、1980年8月4日。
39) 同上、カン・テスン（강대순）インタビュー、全羅南道光陽市鳳岡面、2010年4月10日。
40) 同上、パク・ヨンジュ（박영주）インタビュー、京畿道江華郡、1981年5月3日。
41) 同上、イ・クィジョ（이귀조）インタビュー、慶尚南道密陽郡、1981年7月28日。
42) 同上、パク・ギョンムン（박견문）インタビュー、慶尚南道居昌郡渭川面、1980年11月18日。
43) イ・ボムギョ（이범교）『삼국유사의 종합적 해석（三国遺事の総合的解釈）』上、民族史、2005年、252-261ページ。
44) 第二十五 舍輪王 諡眞智大王 姓金氏 妃起烏公之女 知刀夫人 大建八年丙申卽位［古本云 十一年己亥 誤矣］御國四年 政亂荒婬 國人廢之，此沙梁部之庶女 姿容 艷美 時號桃花娘 王聞而召致宮中 欲幸之 女曰 女之所守 不事二夫 有夫而適他 雖 萬乘之威 終不奪也 王曰 殺之何 女曰 寧斬于市 有願靡他 王戯曰 無夫

則可乎 曰可 王放而遣之 是年 王見廢而崩 後二年其夫亦死 浹旬忽夜中 王如平昔 來於女房 曰 汝昔有諾 今無汝夫 可乎 女不輕諾 告於父母 父母曰 君王之敎 何而避之 以其 女入於房 留御七日 常有五色雲覆屋 香氣滿室 七日後 忽然無蹤 女因而有娠 月滿 將産 天地振動 産得一男 名曰鼻荊〈『三國遺事』卷第一、紀異編、第一「桃花女 鼻荊郞」〉

45) 留御七日 常有五色雲覆屋 香氣滿室 七日後 忽然無蹤 女因而有娠 月滿將産 天地振動 産得一男 名曰鼻荊 眞平大王 聞其殊異 收養宮中 年至十五 授差執事 每夜逃去遠遊 王使勇士五十人守之 每飛過月城 西去荒川岸上［在京城西］率鬼衆遊 勇 士伏林中窺伺 鬼衆聞諸寺曉鐘各散 郞亦歸矣 軍士以事奏 王召鼻荊曰 汝領鬼遊 信乎 郞曰 然 王曰 然則汝使鬼衆 成橋於神元寺北渠［一作神衆寺 誤 一云荒川東深 渠］荊奉勅 使其徒鍊石 成大橋於一夜 故名鬼橋 王又問 鬼衆之中 有出現人間 輔 朝政者乎 曰 有吉達者 可輔國政 王曰 與來 翌日荊與俱見 賜爵執事 果忠直無雙 時角干林宗無子 王勅爲嗣子 林宗命吉達 創樓門於興輪寺南 每夜去宿其門上 故名 吉達門 一日吉達變狐而遁去 荊使鬼捉而殺之 故其衆聞鼻荊之名 怖畏而走 時人作 詞曰 聖帝魂生子 鼻荊郞室亭 飛馳諸鬼衆 此處莫留停 鄕俗帖此詞而辟鬼

46) 第四十九憲康大王之代、自京師至於海内、比屋連墻無一草屋、笙歌不絶道路、風雨調於四時。於是、大王遊開雲浦（在鶴城西南今蔚州）、王將還駕、晝歇於汀邊、忽雲霧冥瞠、迷失道路。怪問左右、日官奏云、此東海龍所變也、宜行勝事以解之。於是、勅有司、爲龍刱佛寺近境、施令已出、雲開霧散。因名開雲浦。東海龍喜、乃率七子現於駕前、讚德獻舞奏楽。其一子隨駕入京、輔佐王政、名曰處容。王以美女妻之、欲留其意、又賜級干職。其妻甚美、疫神欽慕之、變爲人、夜至其家、竊與之宿。處容自外至其家、見寢有二人、乃唱歌作舞而退。歌曰、東京明期月良、夜入伊遊行如可。入良沙寢矣見昆、脚烏伊四是良羅。二肹隱吾下於古、二肹隱誰支下焉古。本矣吾下是如馬於隱、奪叱良乙何如爲理古。時、神現形、隱誰支下焉古。本矣吾下是如馬於隱、奪叱良乙何如爲理古。時、神現形、跪於前曰、吾羨公之妻、今犯之矣。 公不見怒、感而美之、誓今已後、見畫公之形容、不入其門矣。〈『三國遺事』紀異編、第2巻、處容郞望海寺〉

47) ハングル原文：서라벌 밝은 달밤에 / 밤늦게 노닐다가 / 들어와 자리를 보니 / 다리가 넷이로구나 / 둘은 내것이지만 / 둘은 누구의 것인고 / 본디 내것이다만 / 빼앗긴 것을 어이하리．

48) イ・ボムギョ（이범교）、前掲書、424－433ページ。

49) 新羅時代の説話を集めた本。

50) チョ・ヨンホ（조용호）「志鬼説話考」、『古典文学研究』、1997年、12ページ。

51) イム・ドンクォン（任東權、임동권）『한국의 민담（韓国の民譚）』、瑞文堂、1972年、48ページ。

52) キム・チョンデ（金宗大、김종대）「한국의 도깨비와 일본의 요괴의 비교연구에 관한 시론（韓国のドッケビと日本の妖怪の比較研究に関する試論）」『民俗

学研究』、民俗博物館、2003年、34ページ。
53) キム・チョンデ「위도의 도깨비 이야기（蝟島のドッケビ話）」『韓国民俗学』21、韓国民俗学会、1988年9月、3-4ページ。
54) キム・チョンデ『トケビ——韓国妖怪考』、歴史民族博物館振興会、2003年、30ページ。
55) カン・ウンヘ（姜恩海、강은해）「대장장이 신화와 야장체험（鍛冶屋神話と冶匠体験）」『韓中人文学研究』12、2004年、170-171ページ。
56) 『三国遺事』や『高麗史』に登場する、新羅・高麗時代の慶州地方の木神。
57) パク・ウンヨン（朴恩用、박은용）「木郎考」『한국 전통 문화 연구（韓国伝統文化研究）』2、暁星女子大学韓国伝統文化研究所、1986年、53-64ページ。
58) ナンタは1997年から上演している韓国のミュージカルでセリフなしの音だけで伝えるもので、韓国の伝統音楽の1つ。ホテル厨房で行われるエピソードを厨房の道具で音楽化して表現している。「四物ノリ（伝統的音楽農楽に使われる4つの打楽器を使った公演）」の伝統を用いた作品として人気を得て現在はソウルに専用の劇場もある。
59) カン・ウンヘ（姜恩海、강은해）「대장장이 신화와 야장체험（鍛冶屋神話と冶匠体験）」『韓中人文学研究』12、2004年、170ページ。
60) 『蔚山毎日新聞』2013年5月8日。
61) チェ・インハク（崔仁鶴、최인학）『韓国民俗学』、새문사、1988年、368ページ。
62) 韓国の伝統楽器の1つであり、農楽などに使われる。
63) キム・ハクソン（金學善、김학선）「한국 설화 속에 나타난 도깨비（韓国の説話に現れたドッケビ）」『国際語文』第3集（国際大学国語国文学科、1982年）86ページ。
64) キム・ハクソン、前掲論文、69-93ページ。
65) キム・ヨンイ「韓国のドッケビと日本の付喪神」『妖怪文化の伝統と創造』、せりか書房、2010年、347-348ページ。
66) パク・ヨンス（박영수）『유물 속의 동물 상징 이야기（遺物のなかの動物の噺）』、明朝、2005年、125ページ。
67) 仮面劇のなかでは人間を食う悪鬼であるが、実は悪いことをした貴族や両班を食べる。100人食べると龍になり、昇天できるので悪い両班を探している。仮面劇「固城五廣大」でも「両班」と「ヨンノ」の会話のなかで身分社会を風刺している。
68) パク・ジンテ（朴鎭泰、박진태）『統營五廣大』、華山文化、2001年、140-142ページ。

第 2 章
ドッケビ表象の出現
―― 植民地時代、描かれ始めるドッケビ

「瘤を除った話」の挿絵（1933）―― ハングルの書籍で初めて描かれた「ドッケビ」。植民地時代の教科書『朝鮮語読本』の「瘤を除った話」の説話の挿絵。ドッケビは韓国の伝統的な仮面劇に用いられる仮面を被ったような顔で、半裸で腰巻を巻いている（本文61ページ）。

はじめに

　植民地時代にドッケビの視覚イメージが形成されたということについては、多くの研究者の意見が一致している。近代的出版物とは言えない朝鮮時代の『蔡氏孝行図』を例外として、ドッケビの具体的な視覚イメージが初めて現れた時期であり、その影響は今日にまで及んでいる。本章では、教科書、童話集、雑誌、外国語出版物など、当時の視覚文化が窺える資料のなかに登場するドッケビを検討する。

　第1節ではまず、現在のドッケビ論争の焦点となった、朝鮮総督府が発行の国定教科書『朝鮮語読本』（1923年版と1933年版）所収の「瘤を除った話」（「瘤のある翁」説話）の挿絵を分析する。そして、オニの視覚イメージが日本の同化政策によって意図的にドッケビに移植されたという説の根拠としてよく挙げられる「瘤を除った話」の挿絵と、1939年の『初等国語読本』の「コブトリ」の挿絵を比較する。1923年の『朝鮮語読本』と1933年の『朝鮮語読本』は、日本植民地統治におけるいわゆる「文化統治期[1]」のもので、この時期は、普通学校や朝鮮語書籍の出版が増えるなかで教科書制作にも力が入れられていた。1939年の「コブトリ」は、植民地統治後期である「皇国臣民化統治期」時期のものである。

　第2節では、朝鮮童話集を中心に「瘤取」噺と挿絵を検討する。1920年代は植民地政策の第2期で、検閲下ではあったもののハングルの新聞が発行されるようになり、会社令によって朝鮮人による会社設立や出版活動を認めるなどの融和政策が行われた。朝鮮童話集には日本語のものと朝鮮語のものがあり、本節では特に訳語としてのドッケビとオニの比較に焦点を当てる。

　第3節では、瘤のある翁の説話が韓国の説話ではなく日本のものであり植民地時代に同化イデオロギーのもとで韓国の説話として普及された、と

いう説に対する反論（「瘤取」が韓国の物語にも存在していた可能性）を提示する。反例として挙げられるのは、様々な雑誌の日本語記事と、朝鮮語の児童向け出版物、そして海外の朝鮮童話である。

第4節では、日本はもちろん日本の植民地であったアジア諸国での日本の「桃太郎」説話の伝播、それによる敵の象徴としてのオニイメージの伝播について検討する。この時期の視覚文化や、アジア諸国と日本の近代教育のなかでのオニ表象の関係を検討することも、ドッケビと日本のオニとの影響関係を分析するために重要である。

第1節　国定教科書『朝鮮語読本』の「瘤取」説話

1．初めて現れたドッケビ表象

ドッケビの顔

植民地時代の小学校教科書に、「瘤取」と類似した噺は4回登場する。1915年の『朝鮮語読本』の「瘤のある老人（혹있는 노인）」、1923年の『朝鮮語読本』の「瘤を除った話（혹 뗀 이야기）」、1933年の『朝鮮語読本』の「瘤を除った話」、1939年の『初等国語読本』の「コブトリ」であり、挿絵が付けられているものもある。

1915年の『朝鮮語読本』は、「瘤ある老人」が掲載された最初の教科書であるが、まだドッケビの絵は見られない。第1章では、朝鮮時代の漢文で書かれた個人出版の『蔡氏孝行図』、仏画の羅利、民芸の仮面などをドッケビのイメージの可能性のあるものとして挙げたが、それらはあくまで現在ドッケビと解釈される前近代のもので、ハングルで書かれたドッケビに対応したものとは断言できない事例である。初めてドッケビと明記されたものの視覚イメージが登場したのは、1923年の『朝鮮語読本』に掲載された「瘤を除った話」においてである【図2-1】。ここでのドッケビは、般若の面を被った体格の良い成人男子の姿であり、半裸で腰巻を巻い

図2-1 『朝鮮語読本』(1923)の「瘤を除った話」の般若の面を被ったような顔をして、腰巻を穿いているドッケビ

ていて原始人のようでもある。ただ、「般若」は日本を代表する「女の鬼」であるので、そのイメージを用いて男であるドッケビを描いていることには違和感を禁じ得ない。

しかし、このように般若のような図像が見出せるのは1923年の『朝鮮語読本』においてのみである。金宗大は「この絵のドッケビは、韓国の伝統的な草履ではなく日本の足袋を履いており、また腰巻を巻いていることからも、韓国のものとして考えることはできない」と述べているが[2]、しかしこれを日本伝統のものとして見ることにもいささか無理がある。ここでのドッケビは、韓国固有のドッケビの視覚イメージが存在していなかったために、日本のオニを参考にして作られたものではないかと推測される。いずれにせよ、これが近代的出版物として韓国初のドッケビの視覚イメージであることは確かである。

また、『朝鮮語読本巻四読解』[3]は『朝鮮語読本巻四』[4]の解説版であ

り、その読解内容と単語の意味が日本語で説明されている本であるが、ドッケビはこのなかでは「化物」であると説明されている。【図2-1】のドッケビが日本の足袋を履いているという金宗大の指摘に関しても納得し難く、むしろ【図2-4】で見られるように手首や足首の飾りとするほうが妥当であろう。このような飾りは日韓ともに固有の伝統のなかには見られない装飾であり、他の文化圏の視覚イメージを参考にした可能性も考えられる。

ドッケビの服装

　顔の表現以外でもう1つ興味深い点は、服装である。オニの表象ではほとんど見られない腰巻が、なぜドッケビ表象に用いられたか。原始人のような姿で描かれたことに関しては、ドッケビや民間信仰を未開なものとして扱う意図が見出されるとの指摘もあるが、挿絵を模倣する過程で起きた勘違いではないかとも思われる。

　日本のオニは、オニが現れる方角とされる「丑寅」の表象を用いて描かれる場合が多いが、韓国のドッケビの服装は、虎の皮ではなくヒョウ柄やただの動物の毛皮で描かれ、必ずしも虎の皮ではない。オニ表象の記号的意味とは関係なく表面的模倣が行われていたためにそのような変容が起きた可能性も十分にある。日本童話集の挿絵のオニは虎の皮だけではなく多様な毛皮を巻いている。当時出版されていた絵本として、1908年の『教育とお伽噺』に収録された「瘤取り」の挿絵[5]【図2-2】や1927年の『日本お伽噺集』の「瘤取り」の挿絵[6]【図2-3】に見られるオニの姿は、「桃太郎」に見られるような典型的なものだけでなく多様なものである。般若のような図像が見出せるのは、1923年の『朝鮮語読本』においてのみである。

　特に1923年の『朝鮮語読本』の挿絵は、ドッケビが着ている服は虎の皮にも腰巻にも見えるし、ただ皮を巻いているのではなくズボンをはいているようにも見える。この服装はオニを参考にして描くときに（意図しているかどうかは分からないが）挿絵作家が自分なりに解釈したものであるよう

図2-2 「瘤取り」(1908)の怪獣のようなドッケビたち

図2-3 「瘤取り」(1927)の化け物たちのようなドッケビ

に見える。木版も銅版も同様であるが、まず紙に描いた元の絵があって、それを移していく作業が必要となる。児童向けの安価な本では技術が低い絵師が参加することも多く、元の絵を真似て描いていてもかけ離れたものになってしまったり単純化されてしまった可能性も考えられる。こうしたことは、特に韓国の児童文学の挿絵においてはよく見られることである。

　つまり、1923年のこの挿絵は日本のオニを参考にして描いたものの、絵師の独自の解釈や技術不足などによって、虎のズボンが微妙にストライプ柄のズボンになったのではないか。1923年の『朝鮮語読本』【図2-1】には虎の皮か腰巻か分からないように描かれていたものが1933年の『朝鮮語読本』【図2-4】の絵にも影響し、その服装が腰巻と解釈され、より明確に腰巻として描かれてしまったのではないかと考えられる。つまり絵の模倣の段階で起きた勘違いあるいは変容であると思われるのである。

　しかし興味深いことに、この腰巻モチーフはその後の韓国のドッケビの視覚イメージにも続けて影響することになる。1960年代から80年代の絵本

にはもちろん、90年代と2000年代の絵本にも腰巻表現は見られる。参考にできるドッケビのイメージが存在しないなかで、植民地時代の教科書は重要な資料となったと考えられる。

2．ドッケビの視覚化への試み

衰退した子供向けの産業

1928年当時、公立普通学校は1,510校存在し、生徒の数は439,840名であった。私立各種学校は549校で生徒は54,118名であった。合わせて494,058名の朝鮮人が普通学校に通っていたことになるが、儒教の書籍（四書三経など）の学習が中心である書堂（日本の寺子屋に相当する）の数は14,957校で生徒数は191,672名であり、全体的に就学率はまだ低かった[7]。

朝鮮時代は士農工商の身分に基づく厳しい階級社会であって、職人や芸人は身分が低く軽んじられていた。当時の大衆文化においては絵はあまり見られず、特に子供向けの視覚文化は非常に乏しかった。日本の紙芝居業者が1937年にソウルに入ったものの、あまり流行せず間もなく消えてしまった[8]ことからも、単純に視覚イメージがさほど求められていなかったとも考えられる。

朝鮮の学校には、日本語の子供向け雑誌が多数流入していた。また、京城（現在のソウル）では『普通学校児童読本』（1928～1930年）という日本語の教育雑誌が出版されていたが、このなかには日本の昔話より韓国の伝来童話の方が多く収録されていた。読者は46万人程度であったと推定されていることからも、非常に大きな影響力があったと考えられる[9]。この雑誌には挿絵も多く入れられていたが、ドッケビの絵は見られなかった。

朝鮮において出版は庶民文化としては普及しておらず、視覚イメージの非常に乏しい文化であった。江戸時代から庶民文化のなかで視覚イメージを多く持っていた日本とは大きく異なり、妖怪を描く文化は皆無であったために、ひとたび日本のものが輸入されるとそれに全面的に依拠することしかできなかったのである。

改訂版のドッケビ

　1931年の改訂の際には、以前の『朝鮮語読本』の挿絵における不備として、韓国の風習が活かされていないことが問題とされた。東亜日報の記事を見ると、以下のように挿絵に関連する反感が見られる。韓国のなかの挿絵環境に関しても、日本と比べ予算が少なく良い絵を入れることは難しい[10]という意見も見られる。「朝鮮の風俗を（日本人が）見たものしか分からないこともあるだろうが、一般学生に却って反感を買い易いため全て描き直す必要がある」[11]とも指摘されている。

> 挿絵においても、見る人に不快な感情を抱かせると様々な分野から批判を受けていたが、今回の改訂が近づいてこのような事情が非難されると、教材に関しては総督府が意図してそうしているのではなく挿絵画家が好奇心でそのように描いたということで、総督府は今度改訂される教科書には人々に不快感を抱かせるような絵は採用しない方針に変更したようである[12]。

　1931年の改訂後、多少改善しているように見えると評価する記事も見られるが、他方で、相変わらず朝鮮の風俗を正確に表現していないうえに未開のものとして描かれているとの指摘も多く見られた。
　改訂された『朝鮮語読本』では、このような一般の意見がある程度反映されたように見える。『朝鮮語読本』の編纂は朝鮮総督府の学務局の仕事であったが、そこで教科書編成に参加した人員構成を見ると朝鮮人の数が増えており、特に朝鮮語読本はその成り行きが注視されていたので朝鮮人の意見を無視して作られたとは考え難い。1928年9月、玄櫶は李源圭と田島泰秀とともに『普通学校朝鮮語読本』改訂のための初案を作り、沈宜麟、朴永斌、朴勝斗、李世楨などを集めて改訂された文章を再検討させて原案を作り、審議委員会や執筆者には各界の名士を集め審議して確定した。審議委員会には朝鮮人9名も含まれていた[13]。
　こうした教科書作りは、以前の教科書が朝鮮の風習を反映していないという批判を前提にしていた。挿絵を描いた人物は分かっていないが、初案

第2章 | ドッケビ表象の出現——植民地時代、描かれ始めるドッケビ

図2-4 「瘤を除った話」『朝鮮語読本』(1933)の韓国の仮面を被って腰巻を穿いているドッケビたち

を作成した編集官も編集書記も朝鮮人が務めていたことを考えると、朝鮮人の挿絵作家が描いたか、そうではないとしても朝鮮人の意見がかなり反映されていたと考えられる。改訂版の挿絵のドッケビは半裸で腰巻を巻いており、角は見られず、耳が大きく足首や手首に飾りをつけている。ドッケビの顔は、日本の般若の面から、韓国の伝統的仮面劇の面に変わっている【図2-4】。

本来、タル（仮面）は厄を防ぐために作られ、これを家に飾ることで厄払いになると考えられていた。ドッケビの視覚イメージに繋げて考えられる韓国の伝統的な面としては、バンサンタルやビビタルが挙げられる。バンサンタルは葬列の先頭を歩く人が厄払いのために被る面である【図2-5】。

しかし、1933年の『朝鮮語読本』に取り上げられた仮面のイメージは、ビビとは距離があり、バンサン、マルトゥギ【図2-6】、チュイバリ【図2-7】の面に近い形をしている。マルトゥギとチュイバリは両方とも民

61

意を代弁し両班層を懲らしめるなど風刺的な仮面劇の中心になるキャラクターであり、笑いをとる面白くて素朴なイメージを持っているために、ドッケビのイメージに使われたのではないかと思われる[14]。

　または、1931年の『朝鮮語読本』のドッケビの顔は、韓国の伝統の仮面以外にチャンスン[15]【図2-8】やブォクス[16]【図2-9】のイメージである可能性も考えられる。前章第2節で述べたように、チャンスンは、村の守り神であり、民間信仰の対象であるが、位置付けとしてドッケビと同じように神と人間の中間者でもある。このような身近な神の両義性はその顔にも現れており、チャンスンやブォクスの顔には怖いイメージと優しいイメージが共存している。韓国全土に多くのチャンスン、ブォクスが残っており、植民地時代でも韓国の民間信仰や民俗の研究において注目されていたことを考えると、ドッケビのイメージに韓国の民間信仰の対象としてのチャンスンが参考にされた可能性もあると考えられる。

　つまり、仮面やチャンスンは朝鮮の視覚文化を代表するものであり、1931年の『朝鮮語読本』の「瘤を除った話」の挿絵はドッケビの庶民的な特徴を韓国の民芸から探そうとした試みであると考えられる。もちろん『朝鮮語読本』のなかで日本の植民地主義や同化イデオロギーに基づく様々な政策は確かに確認されており、それに関する研究も多数存在する。特に最近では挿絵を通した同化政策に関する論文も見られる。しかし、ドッケビの視覚イメージを描くことにおいて『朝鮮語読本』のドッケビを同化政策の一貫として見るのは無理がある。

3．教科書を通したドッケビとオニの同化

　1939年の『初等国語読本』は、日本の教科書であると同時に韓国の教科書でもあった。1937年に日中戦争が始まって以降、韓国に対する植民地統治は以前より規制が強くなった。1938年のいわゆる民族抹殺政策（皇民化政策）により、韓国語は禁止され、氏名を日本風に変える創氏改名が行われた。教科書も日本と同様日本語の「国語」教科書を使うことになったの

ドッケビ表象の出現——植民地時代、描かれ始めるドッケビ│第2章

図2-5　バンサン（年代不詳）　図2-6　マルトゥギ（年代不詳）　図2-7　チュイバリ（年代不詳）

図2-8　チャンスン（年代不詳）　図2-9　ブォクス（1906）

図 2-10　日本の『小学国語読本』(1933) でも朝鮮の『初等国語読本』(1939) でも共通して使われた「コブトリ」の挿絵

である【図 2-10】。つまり、1923年と1933年の『朝鮮語読本』に登場した「瘤を除った話」は、1939年には『初等国語読本』の「コブトリ」と代わり、ドッケビはオニと代わっていた。

　金容儀（キム・ヨンイ）は「オニの図像を参考にして創り出されたドッケビの図像が『朝鮮語読本』に収録された。また、『国語読本』（日本語）には、日本のオニの図像が収録された。そして、もともと相通しているイメージで描かれていた両方の図像が重なり合うようになり、両者の区別がつかないようになっていったのである[17]」と述べている。

　ここで、同時期の就学率について述べておきたい。朝鮮人の普通学校就学率は1912年には2.1パーセントに過ぎなかったが、1940年には41.6パーセントに急上昇している[18]（普通学校就学児童数は、1910年には19,901名、1922年

ドッケビ表象の出現――植民地時代、描かれ始めるドッケビ | 第2章

には226,172名、1941年には1,488,859名であった[19])。このことに鑑みれば、1930年代以降、日本の『小学国語読本』[20]がそのまま朝鮮でも印刷され使われていたと考えられる。また、1939年になると、朝鮮語教育禁止に伴う国語の同化に決定的役割を果たすこととなり、1933年の日本の教科書『小学国語読本』巻2を参考にして朝鮮総督府が制作した『初等国語読本』巻2[21]が使われたが、この本にもほぼ一致する内容と同じ挿絵の「コブトリ」が掲載されている。

　前述の1910年代や20年代の朝鮮語教科書に比べると非常に影響が大きなものであったことは想像に難くない。この時点で、韓国のドッケビと日本のオニとが混同され、同一のものとして受け取られるようになった可能性が高い。金容儀が主張するように、結果として、国語の同化と共に、1939年以降にドッケビの視覚イメージも日本のオニのイメージと同化していった可能性は十分に考えられる。

　『小学国語読本』は日本語で書かれた日本人向けの国語教科書であり、その内容のほとんどが朝鮮で『初等国語読本』に編成され、国語教科書として、朝鮮語教育が禁止された1939年から使われた。この時期は日本語教育のみになり、日本の教科書で日本語を国語として勉強するようになったので、言語の同化によって日本の文化が韓国の文化と混ざって認識されることも多かったと考えられる。

　しかし、その挿絵の元は日本では1933年から使われていた教科書の挿絵であり、日本語で「オニ」と書かれていたものの視覚イメージであったので、あくまで日本のものとして認識されていたと考えるのが自然であろう。つまり、この『初等国語読本』の挿絵は単に日本の昔話に登場するオニを描いたものであって、植民地同化政策の一環としてドッケビをオニとして意図的に描いたものと断定するのは早計であろう。

65

第2節　朝鮮童話集と「瘤取」

1．日本語の朝鮮童話集

訳語のオニ＝ドッケビ

　日本の植民地は東アジアの広い範囲に及んでおり、日本の近代教育や童話はそれらの地域にも伝わったわけであるが、日本のオニの視覚イメージとその地域固有の妖怪の視覚イメージとが同化したケースは韓国のみである。これは、韓国に『瘤取』と類似の物語があったことが大きな要因であると思われる。

　「朝鮮童話集」として最初に出版されたものは日本語であった。すなわち、高橋亨の『朝鮮の物語集』（1910年）である。朝鮮の童話を集め、文献としてまとめた最初のものであり、「瘤取」噺が初めて登場していることからも、重要な文献として認識されている。また同書において「瘤取」が冒頭に掲載されていることからも、この物語が日本のものと類似したものとして注目されていたと考えられる。また、韓国では日本の「瘤取」よりも有名な「ドッケビの棒[22]」という説話と類似した「鬼失金銀棒」を3番目に掲載している。

　同書において、「瘤取」のドッケビは「妖怪」と訳され、「鬼失金銀棒」のドッケビは「鬼」と訳されている。また、読み手のほとんどが日本人であったため、朝鮮の説話や古典小説についての理解を助けるために、脚注において朝鮮固有の民俗や状況を説明している。「瘤取」の脚注では、本文に出てくる「妖怪」という単語の説明が次のようになされている。

> 朝鮮では妖怪を「ドッケビ」と呼び、鬼神や妖魔を皆此中に包含する。「ドッケビ」は何處にも何者にも在らざる所なし。例えば老木には老木の「ドッケビ」あり。厨房にも厨房の神あり。疫病には疫病の神あり。その他山岳江川「ドッケビ」の無き所なし。禍福の権あり。蠱魅の術あり。

愚夫愚婦は尊敬大方ならず[23]。

　つまり、ドッケビは鬼神や妖魔をも包含する妖怪であり、アニミズム的な自然神として民間信仰の対象となっていたことが述べられている[24]。今日、韓国では鬼神を「人の死後肉が土に戻り、霊は天に昇った後、陰気だけが残って生まれるものである」としており、ドッケビと鬼神とは全く異なる性格のものであるというのが通説となっている。しかし、当時は「ドッケビ」という存在についての定義も十分になされていなかった時期でもあり、鬼神とドッケビとの区別は韓国でも不明確であったと思われるため、ここではこのような説明がなされているのであろう。

　1920年代に入ると、日本は朝鮮の統治方針を大きく転換し、文化政策[25]を開始した。その一環として出された新教育令（1922年）によって朝鮮側の出版規制が緩和されたのに伴って童話への関心も高まり、多数の朝鮮童話集が出版されることとなった。朝鮮総督府学務局における編集と管理のもと、小田省吾を中心とする官学者たちが朝鮮の民話を収集して出版したのが『朝鮮民俗資料第二編　朝鮮童話集』（1924年）である。

　同書に掲載された現在の韓国においても著名な伝来童話25編のうち、ドッケビ談は「瘤とられ瘤もらひ」「金棒銀棒」の２つである。この「瘤とられ瘤もらひ」は、高橋が『朝鮮童話集』に掲載した「瘤取」とは異なる物語となっており[26]、翁が出会うのはドッケビではなくチャンスン（長丞[27]）である。このことは、ドッケビを木の神として見ている民間信仰とも関連があると思われる。また、朝鮮童話集には日本語版と韓国語版があるが、日本語版の童話集として出版された際には「鬼」とされており、これは日本人読者を意識したことによると考えられる。

　1924年の『世界童話大系』において、松村武雄は朝鮮の童話について「瘤取」を例として挙げ、「このように類似した物語が日本と朝鮮に存在するのは、１つの民譚の根源が中国から韓国へ、そして日本へ伝わったからである」と述べている[28]。この本には、日本だけではなく朝鮮とアイヌなど様々な地域の童話が集められており、朝鮮の部には27編の童話が掲載さ

図2-11 「瘤取爺さん」(1928) 角があるように、耳が大きいようにも見えるドッケビ

図2-12 「兄弟と鬼屋敷」(1928) 顔は曖昧だが人のように踊っているドッケビ

れているが、ドッケビが登場する2つの物語のうち、「胡桃の音」においては「ドッケビ」は「鬼」とされ、「鬼失金銀棒」においては「妖怪」とされている[29]。

　中村亮平の『朝鮮童話集』(1928年) にはドッケビ談として「瘤取爺さん」と「兄弟と鬼屋敷」が収録されているが、ドッケビはここでも「鬼」と表記されている。挿絵も入れられており、翁の歌を聞きその周りに影のように集まったドッケビたちの姿が描かれているが、その姿は耳が長かったり角の有無もよく分からなかったりと、非常に多様である【図2-11[30]】。「兄弟と鬼屋敷」も、「ドッケビの棒 (도깨비 방망이)」と類似した話であり、兄がドッケビたちの宴会の様子を天井の上から覗いているが、ここでのドッケビの姿は人間とあまり変わらない【図2-12[31]】。同書は、教科書以外でドッケビの視覚イメージが見られる唯一の資料であるが、これらの挿絵からはドッケビの特定のイメージを確認することはできず、こ

の時点ではまだドッケビの視覚イメージは確定していなかったことが窺える。また同書からは、「ドッケビ」の訳語が「鬼」となり定着していく過程も確認できる。このようにして、「ドッケビ」と「鬼」が同一のものとして考えられやすい環境が作られていったと思われる。

2．韓国語の「朝鮮童話集」

1926年の沈宜麟の『朝鮮童話大集』は、ハングル版の朝鮮童話集として出版された最初のものである。同書において掲載されたドッケビ噺は、「ドッカビ金」、「金椎銀椎」、「鰲城のドッカビ制禦」、「瘤ある老翁」の4つであるが[32]、いずれにおいても表記は「ドッカビ（독갑이）」となっている。「ドッカビ金」はドッケビに金を貸したらその後毎日ドッケビが金を返しに来たため金持ちになった話であり、「金椎銀椎」は「ドッケビの棒」と同じ話である。いずれにおいても、ドッケビの間抜けさが面白おかしく描かれている。

朴英晩（パク・ヨンマン）の『朝鮮伝来童話集』（1940年）は、韓国の説話をただ収録しただけでなく、本格的な「童話」としてまとめたものと評価されているが、他方で、本来は多様であったドッケビ像を画一化、単純化させてしまったとも考えられている。同書においては、近代的精神である合理主義に基づき、勧善懲悪の物語を通じて良い子を育てようという教育的意図が垣間見える[33]が、このような傾向は日本・韓国に限られたものではなく、当時の世界に普遍的に存在していたと思われる。ドッケビ噺としては、「鼻が伸びた欲張り[34]」、「瘤を除った話[35]」の2つの話が収録されている。前者は「ドッケビの棒」と類似した話であり、前編が善人の話、後編が悪人の話というように、対比構造で成り立っている。特に悪人に焦点を当てた後編の、鼻を伸ばされる罰を受ける場面が何とも滑稽である。近代童話にまとめられる過程で元の説話に見られた地域的特徴はなくなり単純化されていった[36]。また子供向けの教育的側面もあり、子供を怖がらせたり滑稽であったりする民話的な側面も少なくなり、典型的な形で

まとめられた。このように童話として編纂されていく過程で、韓国の民話も日本の民話も単純化されてお互いに似通ったものになっていった可能性も考えられる。

ちなみに、『朝鮮伝来童話集』のなかに登場するドッケビの姿に関しては文章のなかでは触れられておらず、挿絵を通してもその正確な姿は確認できない。

第3節 「瘤取」の起源

序章で紹介した金宗大や金容儀の研究のように、近年、韓国では「瘤取」は韓国の昔話ではなく植民地時代に日本から文化侵略的な意図で持ち込まれた噺であるという主張がなされている。このような主張が生まれるのは、韓国に植民地以前の瘤取の文献記録がないことによるものである。一般に説話の起源を証明することは困難であるが、以下の4つの点から上記の主張に対して反論したい。

1．児童雑誌のなかの「歌袋」

韓国の児童雑誌の歴史において最も重要な児童雑誌が『オリニ（子供）』（1923〜1934年）である[37]。『オリニ』誌は、児童文化運動の中心となり、最初に挿絵を掲載したことでも知られている[38]。同誌においてはドッケビの視覚イメージは見られないものの、「瘤取」と類似の噺が「歌袋」というタイトルの児童劇として紹介されている。韓国の「歌袋」は「瘤のある翁」と同じ噺で、日本の「瘤取」とは多少異なり翁が踊りではなく歌を披露する噺である[39]。また、タイトルに「学校少年会、誰でもできる童話劇」と書かれていることからも、この童話劇は学校の学芸会で使われることを目的として書かれたことが分かる。

元来ドッケビは目に見えないものと言われ視覚イメージがなかったが、

第2章 | ドッケビ表象の出現——植民地時代、描かれ始めるドッケビ

パフォーマンスをする際には目に見えないものであっても可視化して演じる必要がある。その結果、日本のものを参考にした視覚イメージが使われるようになった可能性が高い。当時は一般演劇と共に児童劇も増え、学芸会も行われるようになった時期であり、日本においても児童劇に関心が高まり関連書籍が多く出版された時期であった。そのなかで「瘤取」話は頻繁に取り上げられており、挿絵も随所に見られた。

『オリニ』誌の創刊者である方正煥は、「外国の童話を取り入れることよりもさらに重要で急を要する問題は、我々の童話の基礎となる古来の韓国童話を発掘することであり、この作業は何よりも難しいことである[40]」との意識を持ち、韓国の伝来童話を集めるための懸賞公募を行うなどの事業に取り組んだ。同誌においては、伝来童話「ホップリ・ヨンガン（瘤のある翁）」を創造的に変容させ童話劇の形にして「歌袋[41]」のタイトルで収録している。

同誌においてこの童話劇は2度登場している。創刊時に方正煥は日本に滞在しており、朝鮮に原稿を送って発行に漕ぎつけたことからも、同誌は日本の文献の影響を受けている可能性が高い。方正煥は「瘤のある翁」について、以下のように朝鮮の物語が日本に伝わった可能性が高いという「文化伝播説」を主張している。

> 『ホッチャンイ（瘤のある人の意味）』は朝鮮から日本に伝えたものである。ある日、ホッチャンイがドッケビに瘤を売りに行き、また別の日に、違うホッチャンイがまた瘤を売りに行ったところ、瘤をもう1つ付けられるという話である。

また、「このホッチャンイ話はドイツ、イタリア、フランスにもあると云われているが、西洋のホッチャンイの瘤は、顔ではなく背中にあると云う」とも主張している[42]。

また方正煥とも交流があった渋沢青花は自分の著書『朝鮮民話集』で、朝鮮の童話を滑稽味があり、単純で素朴であると述べており、朝鮮と日本の民話の類似性に対する関心を表明している。特に「瘤取」の話は朝鮮に

も日本にもそしてチベットにもあると述べ、日本の民話が大陸から、そして朝鮮から日本に入ってきた可能性を示唆している[43]。

2.「瘤取」の日韓比較記事

　では、日本の雑誌に見られるドッケビはどのように定義され、その性格はどのように語られていたのか。朝鮮と日本の童話を比較した志田義秀の『日本の伝説と童話』(1931年)の冒頭では、以下のように述べられている。

> 二つの国の伝来童話の似ていると言うことには、一方から一方へ伝来した場合もあれば、その発生が別で偶然暗合する場合もある。それ故二つの国の伝説童話が似ていると云って直ちにその系統的関係を想像するのは早計である。伝説學や童話學の説く所では、世界伝説童話の發源地は印度であるといふのであるけれども、各地発生のものも頗る多いのであるから、伝説童話の類似關係の系統的研究は頗る困難で最も慎重を要するのである[44]。

　志田はまた、韓国の「瘤取」に関しては、『宇治拾遺物語』の「瘤取」と同工異曲の話であると述べ、『嬉遊笑覽』に引用されている部分は、明の萬暦年中に楊茂謙という人物が編集した『笑林評』に出てくる話と全く同じであると紹介している。また、「鬼失金銀棒」についても触れ、「瘤取」と同じ種類の話であるが、一方は瘤が、もう一方は金銀棒がキーワードになるという点で異なると指摘している。

　雑誌『東洋』において、近藤時司は「朝鮮の伝説について」でドッケビとオニを比較しているが、日本と朝鮮にある全く同じ話の噺として「瘤取」の噺を挙げている。

> 朝鮮の方ではトッケビ（妖物？）となって居り、内地のは鬼になって居る。いつ頃か日本のオニは桃太郎のオニのように、頭には角があり、赤鬼青鬼などと、色こそ違へ同じ容體である筈なのに、宇治拾遺を見ると「鬼

第2章 ドッケビ表象の出現——植民地時代、描かれ始めるドッケビ

ども」と書いてありながら、百種百体で、ちょうど朝鮮のトッケビを思わせる書き振りである、恐らく朝鮮から渡った話であろうが、日本人に趣味に合わない無理なところがないから、そのままの型地で残ったものであろう[45]。

このように、「瘤取」が韓国からの伝来である可能性を示唆している。近藤が述べたかったのはつまり、日韓の鬼とドッケビの根本が同じであるということだと理解できる。一方、洪淳昶は雑誌『旅と伝説』(1940年) において、「朝鮮の瘤取話」という一文のなかで以下のように述べ、韓国のことわざに関連付けつつ韓国の「瘤取」噺を紹介している。

> 朝鮮ではこの話を単に瘤取話と云わずに「瘤取りに行って瘤を付けて帰った話」と言っている。これは普通、何か頼みとか願ひとかをしに行って、却って欺かれて帰るとき、今日は瘤取りに行って瘤を付けて歸つたという。1つのことわざのようなものになっている[46]。

説話伝播の変遷過程を見ると、1つの説話が広まった後、最後の段階でこれに関することわざや歌が定着する傾向が見られる[47]。韓国においてことわざの形としても定着していた「瘤取」噺があることを考えると、「瘤取」が植民地時代に流入したとする説には納得し難い。ちなみに、洪淳昶の文章のなかでドッケビは「鬼」と訳されている。

また、同雑誌には佐々木五郎による「平壌附近の伝説」(1941年) も掲載されており、彼は、地方によって異なるドッケビ談を紹介している。「トッケビは火の形で現れ、二つ三つに離れたりしつつ、消えたり現れたりし、時には火花を散らしたりするもの」と視覚イメージが表現されており、酔っ払いを山のなかに誘って殺すドッケビ噺[48]や、山奥に住むドッケビ婆さんが人を小屋に誘って釜湯で煮殺して食べる、食人鬼としてのドッケビ噺なども紹介されている[49]。ここではトッケビは、朝鮮の「お化け」であると書かれている。彼はトッケビの意味範囲が非常に広いため、日本のお化けと似ていると述べており、瘤取に関しては、その由来が中国から韓

国を通して日本に渡ってきたと瘤取噺の伝播説を示唆している。

3．教科書の「瘤を除った話」の出典

　国定教科書である『朝鮮語読本』にも「瘤取」とその類型に属する話である「瘤を除った話」が掲載されているが、教科書というメディアの特徴を考えると影響力は非常に大きかったと思われる。そして、韓国では初めてのドッケビの視覚イメージが記されている点でも、この教科書は非常に重要な資料である。「瘤を除った話」の出典については、『普通学校朝鮮語読本巻四編纂趣意書』(1933年) において以下のように明らかにされている。

　　本課ハ朝鮮在来ノ童話カラ採シタモノデアル。但教育的見地カラ考ヘテ、在来ノモノニ若干ノ改変ヲ加ヘタ。例ヘバ話ノ後半ヲ省略シタ点、美シイ声ガ瘤カラ出ルト言フノヲ老人ニ言ハセズオ化ニ言ハセタ点、老人ノウタッタ歌トシテ詩調及ビ書込ンダ点ナドガ即チソレデアル。

　このように、朝鮮在来の童話を収録したことが明記されていることからも、「瘤取」と同種の昔話が存在していたと考えられる[50]。

4．ラング童話集の「ホック・リーと小人たち」

　英国の作家であり、民俗学者、人類学者でもあったラングによる「ホック・リーと小人たち[51]」(1892年) は、韓国の「瘤取」説話を記録した最初の文献であると思われる。その内容を簡単に説明すると、ホック・リー (Hok Lee) という人が自分の悪行のために突然頬が大きく膨らんで悩むなか、山奥の小人たちに踊りを披露して頬を治してもらうというものである。

　ここでは特に、タイトルにも入っている主人公の名前「ホック・リー」に注目したい。「ホック (혹)」という言葉は「瘤」を意味する韓国の固有語であり、『韓国語派生語辞典』(2002年) によると「プリ (부리)」は「〜

ドッケビ表象の出現——植民地時代、描かれ始めるドッケビ 第2章

図2-13 ラング童話集の「ホック・リーと小人たち」に描かれたホック・リーの姿（1892）

図2-14 初めてイギリスの雑誌『パンチ』に登場した日本人の姿（1858）

のような特徴を持つ人」を意味すると書かれており、例としてホップリ（흑부리）は顔や首に瘤がある人と説明されている[52]。また『国語辞典』（1999年）によると「ホップリ（흑부리）」は「瘤のある人をからかうような呼び方」とある[53]。この本は1892年に出版されたものであり、少なくとも1892年以前の資料を基にして書かれたと考えられる。【図2-13】は、両頬が膨らんだ翁が小人たちに囲まれて踊っている姿を描いたものである。この姿は中国人の衣装と髪形に見えるが、イギリスで1841年に創刊された週刊漫画雑誌で英国国内のみならず国際関係に広く目を向けた諷刺画を多く収録していた『パンチ』に初めて掲載された日本人の姿【図2-14】（1858年）とも非常に似ている[54]。挿絵から国が特定できないのは著者が西洋人であるため、当時のアジア諸国、日本、中国、韓国を区別していない可能性も十分に考えられる。つまり、この物語は韓国の昔話の口伝であったの

75

にもかかわらず、西洋に伝わった際に瘤取りの韓国版のタイトル「ホップリ・イヤギ（瘤のある人の話）」が人の名前と混同されて記録されることとなった可能性が高いということである。

　同書においては、その出典を「中国の昔話から」としているが、具体的な書誌情報などは示されてない。その内容は、日本と韓国ではお馴染みの物語と言えるが、中国においてはどうであろうか。確かに、類似の物語は明の『笑林評』と清の『笑府』にもある[55]が、現段階では近代中国においてこれらの説話が果たして良く知られていたものであったのかどうか、確認することは困難である。

5．キリスト教の書籍

　朝鮮時代末期は、聖書、キリスト教の小説、キリスト教の雑誌などが流通していたが、なかにはキリスト教を庶民により良く理解させるために挿絵を入れたものがあり、悪魔など想像上の生き物を視覚化したものも多数見られる。これらの悪魔、サタンは、仏画の「鬼」に近いイメージで表現されている。悪魔という言葉はそもそも仏教のなかにも存在した。聖書の翻訳版を通して鬼神の概念も影響を受け、韓国本来の鬼神が神の反対の意味として用いられ、サタンや悪魔の概念とドッケビの概念が混ざっていった可能性も十分に考えられる。今日の韓国においても、キリスト教徒の人々が、ドッケビを町づくりやフェスティバルに活用することに反対することが多い。

　『天路歴程』（1895年）には、朝鮮人の風俗画家である基山（金俊根）の挿絵が収録されている。そこで描かれているのはドッケビではなく西洋の悪魔であるが、この朝鮮人画家の持つ仏画の鬼の視覚イメージがそこに反映されていることが見て取れる[56]。以下に悪魔が登場するいくつかの挿絵を挙げてみよう【図2-15、2-16】。各挿絵には場面に関する簡単な説明がある。【図2-16】の挿絵で、主人公と戦っているのは「アパリュン」という悪鬼で「姿が醜い、そして、恐ろしい。全身が鱗に囲まれ龍のように羽

ドッケビ表象の出現――植民地時代、描かれ始めるドッケビ | 第2章

図2-15 『天路歴程』(1895)で主人公のクリスチャンが悪鬼に会いお祈りをする場面

図2-16 『天路歴程』(1895)で主人公のクリスチャンがアパリュンと戦う場面

があり、熊のような足がある。腹から煙と炎が出る。口は獅子のようだ」と記録されている。絵を見ると、手に矢を持ち下半身全部が龍に近い。顔は仏教の十王図の羅刹と似ていて[57]、悪魔のような羽を持っている。

　このことからも、朝鮮人がドッケビを視覚化する際、そこに仏画の鬼の視覚イメージを反映させた可能性についても（間接的にではあるが）指摘することができると考えられる。基山は海外向けの仕事をよく引き受けた画家で、西洋人の書籍に挿絵を描くことが多かったために、オリエンタリズムを反映する作品であるという解釈もできる[58]。また、これらの視覚イメージは日本のオニの視覚イメージとも類似していると思われるが、しかしこのことから、この時期に既に「日本のオニの視覚イメージが直接的に韓国人に影響を与えた」と解釈するのは誤りであり、単に「日本と朝鮮が、仏教から出発したと思われる鬼についての視覚イメージと、一定の文化的土壌を共有していた」ということを示しているに過ぎない。ただしこれが、後に日本のオニの視覚イメージが韓国に伝播した際に受容されやす

かった要因の1つであると考えることはできる。

第4節　戦時中のオニ表象の伝播

1．描かれ始めるオニ

目に見えないオニ

　オニの表象も最初から現在のように固定されていた訳ではない。韓国のドッケビと同様、オニは民間信仰の対象として目に見えないものであった。この世から隠れたものであるから「隠(オン)」といい、これが「鬼(おに)」、「鬼(き)」の語源であると言われている[59)]。

　オニを「鬼」と書く、この字の初出は平安時代の『倭名類聚抄』(960年)であり、そこにはものに付いている精霊、形は見えない霊として記録されている。それは中国の影響であったと考えられる[60)]。小松和彦は中世の「鬼」という語は「化け物・妖怪」の総称であった[61)]としている。馬場あき子は、オニは反社会的、反秩序的なものであるとし、その種類を祖霊や地霊などの民俗学上の鬼、山伏系の鬼、天狗など山岳宗教上の鬼、邪鬼、夜叉、羅刹などの仏教系の鬼に分類している[62)]。このようなオニは第1章で検討したドッケビの民間信仰の対象であり畏怖の対象である性格とも類似している。

　中世の鬼は仏画の羅刹や獄卒のイメージの影響を受け、角があり、肌色は原色的で、牙をむき出している、概ね男性の姿として描かれる。江戸時代になると絵巻物、黄表紙、赤本などの出版物や歌舞伎、能などのパフォーマンスにもオニが用いられ可視化されるようになる。オニはパロディ化されその原初の宗教的オーラを弱めた。オニはおもちゃ、商品デザイン、看板にも用いられたが、これにはオニが視覚イメージ化されたことが最も重要な要因である。しかし、そのイメージはまだ仏画のオニ像から出発した怖いイメージが強い。

桃太郎のオニ

　現在のようなオニのキャラクターの定着に最も貢献したのは、戦時中、日本のナショナリズムの影響で非常に多く出版された「桃太郎[63]」のオニである[64]。オニの視覚イメージが牛のような角を生やし、虎の皮の腰巻きを巻いているのは、オニが「鬼門」である丑寅（艮・ウシトラ）の方角（北東）からやって来ると考える風水思想によるものであるとの解釈が提示されている[65]。日本では良く知られた噺であるが、桃から生まれた少年「桃太郎」がキジ、猿、犬（「鬼門」である東北の丑寅（艮・ウシトラ）は「陰」であって、「陽」にあたるのが南西（ひつじさる）の方角である）を連れて鬼ヶ島に鬼退治に行き、鬼を退治して金銀財宝をもらって故郷に帰る噺である[66]。「鬼」を悪者と決めて疑わない、つまり悪だから退治するのである。

　「桃太郎」の絵本に登場するオニの変遷から、その表象が1つのイメージに統一されていく過程を知ることができる。1915年の絵本『モモタラウ』のイラスト【図2-17】は紙芝居によく使われる影絵人形劇のような視覚イメージである[67]が、この絵でも、角と虎皮、そして金棒という特徴が記号化されて描かれている。

　1938年の『桃太郎』【図2-18】は最も一般的なオニの絵であり[68]、ここで退治されるオニは、仏画のオニあるいは金剛力士のような恐ろしい姿ではあるものの、子供向けということもあって笑顔で描かれている。特にこの時期は、悪の象徴であるオニの顔を外国人として描いているものが多く見られる。

　1940年の『桃太郎』を見ると、1938年の『桃太郎』の仏画のオニが単純化されキャラクター化していく過程が見て取れる【図2-19[69]】。

　さらに、1942年の『モモタラウ』【図2-20[70]】の絵のように、変化しながらより優しくて面白いキャラクターとして現れるようになる。「桃太郎」は日本で最も多く出版された童話であるため、オニの視覚イメージの記号化にもかなり貢献していると考えられる。

　1940年代初頭は、太平洋戦争の総力戦を背景として、桃太郎の絵本にも戦争プロパガンダの影響が見られる。その大きな特徴として、オニの顔が

図2-17 『モモタラウ』(1915) 影絵のようなオニ

図2-18 『桃太郎』(1938) 仏画の羅刹のようなオニ

図2-19 『モモタラウ』(1940) 単純化された仏画のオニ

図2-20 『モモタラウ』(1942) 単純化された可愛らしいオニ

図2-21 『ムカシバナシモモタラウ』(1944) 外国人の顔をしているオニたち

図2-22 『桃太郎さん』(1948) 外国人の顔をして可愛らしく描かれた怖くないオニ

外国人の顔になっており、1944年の『ムカシバナシモモタラウ』[71]【図2-21】ではオニが白人に黄色い髪でくせ毛の外国人の姿で描かれることが多くなった。さらに桃太郎などの絵本を読む年齢層が低くなり小学生や幼稚園児が読むようになると、それに対応して主人公である桃太郎も青年から少年、少年から幼い子供に変わっていった。オニも強そうなイメージではなく桃太郎に懲らしめられる可哀想な姿で、面白く描かれているものが増えていった[72]。そして、1944年の『ムカシバナシモモタラウ』では体格の良い外国人の男として描かれており、その影響を受けて戦後の1948年の『桃太郎さん』でもとても戦えそうにない太った男として描かれている【図2-22】。

つまり、図像化されたオニの視覚イメージは、異界から来た親しみやすい友達へと生まれ変わっていったのである。児童文化産業の発展とともに「桃太郎」のオニは、縮緬本、赤本、錦本、国定教科書、そして絵本にまで多く描かれた。近代化の一環としてキャラクター化が進んでいったとも言える。

「桃太郎」の消費年齢も徐々に低くなっていった。国定教科書においても、最初は小学4年の教科書である『尋常国語読本』巻4[73]（1900年）に掲載されていたが、3年生用の『小学国語読本』巻3（1900年）と、2年生用の『国語読本尋常小学校用』巻2（1900年）、『小学国語読本』巻2[74]（1933年）に掲載されるようになった。最終的には1年生の『ヨミカタ』1[75]（1941年）に掲載されるに至って、小学校に入学して最初に学ぶ教科書の最初の噺となったのである。さらには、小学校の前段階である幼稚園の教育や、就学以前の児童向けの絵本や教材にも多く取り入れられた[76]。絵本の消費年齢自体が低くなり、小学生向けよりは幼稚園児向けが多くなっていった影響を受けて、少年武士として描かれていた桃太郎は子供武士になり、オニも大柄で筋骨隆々の恐ろしいイメージから小柄で可愛らしく描かれることが多くなった。

図2-23 桃太郎がルーズヴェルトの顔をしたオニを攻めている。

図2-24 劇場版アニメ『桃太郎、海の神兵』、桃太郎の敵に角が描かれている。

2．オニ表象の伝播

悪としてのオニ表象の形成

　オニの視覚イメージの伝播に最も大きな役割を果たしていたと考えられるのは、桃太郎と、近代的印刷出版で大衆文化に革命が起きたことである。アメリカの歴史学者であるジョン・W・ダワーは、太平洋戦争時に日米双方で見られた自己と他者に対する文化的ステレオタイプを分析し、日本側の認識枠組みを特徴づけて「桃太郎パラダイム」と呼んでいる。桃太郎の絵本でのオニの顔の変化については前述したが、以下ではより具体的な例を挙げておきたい。戦時中の風刺漫画のなかで【図2-23】の桃太郎は3匹の家来を連れて鬼と戦っている。桃太郎噺の登場人物たちによって、日本が他のアジアの国々を主導し白人の帝国主義者を追い出すという考えが描かれている[77]。犬は「東亜共栄圏樹立」の旗を掲げ、桃太郎の陣羽織の折襟には「世界一」と書かれている。角が生えた鬼の顔はアメリカ合衆国大統領のルーズヴェルトに似ている。典型的なオニのイメージは、「鬼」＝「悪」の観念から退治することを当然のこととして疑わない時代に発生し、変容過程をたどったと考えられる。敵を「鬼畜米英」と呼んで

ドッケビ表象の出現──植民地時代、描かれ始めるドッケビ｜第2章

いた太平洋戦争の最中にあって、戦意高揚のために「桃太郎噺」が利用されていたのである[78]。

　アニメにおいて桃太郎は1931年、村田安司のアニメ『空の桃太郎』（10分）に登場した[79]。以後、1943年に国策で作られた瀬尾光世監督の日本初の劇場版アニメ『桃太郎の海鷲』が大成功を収め、日本全国はもちろん植民地朝鮮でも上映された[80]。日本海軍がハワイを奇襲した真珠湾攻撃を素材とし、桃太郎を隊長とする機動部隊が「鬼退治（空襲）」を敢行し、成功する内容である[81]。この長編アニメの成功に続き姉妹編である『桃太郎、海の神兵』が1944年に製作され、1945年に上映された。このアニメは海軍の支援を受けて作られた大作であったが、終戦直前に公開されたためほとんど観客はいなかった。桃太郎が鬼ヶ島に鬼退治に行き、桃太郎の落下傘部隊が攻撃に成功して鬼を全面降服させる話である[82]。注目したいところは、鬼ヶ島に住む白人として登場する敵が角のある姿で描かれている点である【図2-24】。桃太郎は部隊を統率する将軍で猿、犬、雉が中心となって森の動物たちを教化し兵士として育てる。日本がアジア諸国を占領し、日本兵として教育し、戦争準備をする過程が細かく表現されていると言える。

　このように、1930年末期になると、オニの視覚イメージはほとんど1つに統一化された。桃太郎パラダイムで記号化された視覚イメージは多様性をなくし、確立したイメージとして他の物語、他のメディアにも影響し、一気に広まった。その例として、最も影響力のある媒体であった教科書を確認したい。

　「桃太郎」は江戸時代中期の赤本に登場するものであり、「瘤取[83]」や「一寸法師[84]」よりは比較的新しい物語である。江戸時代以前の挿絵に登場するオニは、恐ろしく体格の大きい羅刹のようには描かれていなかった。例えば、縮緬本の「コブトリ（The old man and the devils）」に登場するオニは百鬼夜行のそのまま百の形、つまり様々なオニであったのが[85]、1935年に改訂された国定教科書の『小学国語読本』では「桃太郎」と同じように恐ろしいオニの視覚イメージとなっているのである。このように強

図2-25 「モモタラウ」『小学国語読本』(1933)　図2-26 「一寸ボフシ」『小学国語読本』(1933)　図2-27 「コブトリ」『小学国語読本』(1933)

力な媒体である教科書を通してオニの姿はすぐに一般に浸透し、馴染み深いイメージとして定着していったと考えられる。

同時代の1933年の国定国語教科書には「桃太郎」【図2-25】以外にも「一寸法師」【図2-26】、「瘤取」があるが、「瘤取」のオニは「桃太郎」、「一寸法師」のオニとは異なる性格を持っているにもかかわらず、縮緬本の「瘤取」のオニとは異なる典型的なオニに同化していた。「瘤取」は民話の特徴が強く「桃太郎パラダイム」が流行している時期に好まれる英雄物語ではないことは確かであるので、「瘤取」においても桃太郎のオニを登場させたことは意味深い。「瘤取」【図2-27】は戦後になって挿絵とともに出版されるものが多くなるが戦中まではあまり出版されておらず、童話集などには含まれるが挿絵を伴った一冊の絵本として出版されることはほとんどなかった。

国民教育と「桃太郎」

桃太郎は、富士山、桜、日の丸などと同様に、日本及び日本人の表象として用いられ、近代学校教育制度によって日本だけではなく国外でも広く知られるものであった。このような桃太郎の象徴性は、桃太郎が国語教材に掲載されるようになった明治中期以降に形成されたものである。その象徴性のあり方は多義的であると同時に、日清戦争から太平洋戦争終結に至る国家主義、軍国主義が高まりを見せた時代と、戦後から現在に至る民主主義の時代との間で大きな変化が見られる[86]。戦時期の日本で見られたプ

第 2 章　ドッケビ表象の出現──植民地時代、描かれ始めるドッケビ

ロパガンダの多くで、歴史や物語に登場する英雄やスローガンが、国民が共有すべき規範を示すための格好の素材として用いられた。桃太郎は、若さ、活力、積極性、正義、親孝行などの徳目を備えた存在として、新しい日本と日本人の大衆的なシンボルとされた。他方で、鬼は敵国と読み替えられ、老いた醜い姿で描かれた[87]。幕末の開国から太平洋戦争の敗戦に至るまでに、日本は3度の対外戦争を繰り返したが、鬼を退治して宝を持ち帰る桃太郎の話はそうした時代のイデオロギーに適合したために、戦意高揚のための宣伝に度々利用されたのである。

しかし、桃太郎パラダイムが成立する前提として少なくとも、一定の物語内容、それを記述する言語、さらには視覚イメージのステレオタイプが国民の間で広く共有されていることが不可欠であったと考えられる。この時期に、日本のオニが持っていた両義性のある神としての属性がなくなり、敵としてのイメージが定着した。「桃太郎」は教科書、オニは虎の皮のふんどしをしめ、2本の角を持つ丑寅の記号に忠実である。強力なメディアと国家政策を通して日本のオニは「桃太郎」のなかの退治される敵として定着し、その視覚イメージも確立されて一般に広まった。

3．朝鮮と桃太郎

朝鮮では、桃太郎は、教科書を中心に様々な子供向けのメディアで現れた。現在確認されているものは『普通学校日語読本』（1907年）、『普通学校国語読本』（1912〜1915年）、『普通学校国語読本』（1923〜1924年）、『普通学校国語読本』（1930〜1935年）、『初等国語読本』（1939〜1941年）、『ヨミカタ』1（1941年）の国語関連教科書である[88]。このなかで『普通学校国語読本』第2（1913年）と『初等国語読本』巻1（1939年）は朝鮮総督府が再編して発行したものだが、他は文部省が発行したものがそのまま使われた[89]。

翻案小説『朴天男傳』（1912年[90]）は、巌谷小波の『桃太郎』（1894年）が日本人である金島苔水によって翻訳され日本で出版された朝鮮語『漢文日

豪傑桃太郎伝[91]』(1905年)の翻案に他ならず、桃太郎噺は朝鮮語でも流通されていたと考えられる。『朴天男伝』のなかでオニは鬼物、鬼敵、鬼神と書かれており、挿絵は入ってない。1926年6月には少年少女向けの雑誌『新進少年』に「朴天男」という題名で連載されている。当時は貸本屋が盛んで多くは筆写本であったが、一部のよく売れるものは活字本として出版されていた[92]。『朴天男傳』は活字本であり、広く読まれていたと考えられる。

桃太郎のオニのイメージが朝鮮語の本に描かれていた記録はないが、このように教科書を筆頭に、翻案小説、児童雑誌、さらに日本語版の「桃太郎」を通じて、桃太郎噺が多数朝鮮に入っていたことは推測できる。朝鮮の児童文学者である金素雲(キム・ソウン)の以下の言葉からも「桃太郎」の噺はすでに朝鮮の児童にも知られていたことが窺える。

> 古い昔から、絵画や工芸美術、衣の紐や舞の手に現れた柔和な線の持ち味が、何よりもよくこの民俗性を反映している。閑雅なこの伝統を継続する君たちに、殺伐とした武勇の精神が分かる答えはない。「桃太郎」の凱旋が君たちにとってはこの上なく退屈であるように、君たちには君たちだけが知る心情の世界があり、その世界だけで君たちは思うさま翼を広げて君たちの精神の高さを翔けることができるのだ[93]。

金素雲は、殺伐とした武勇の精神の「桃太郎」に対比して、朝鮮の精神は柔和で閑雅なものであると強調している。帝国主義の下の少年としての「桃太郎」は日本を代表するものとして認識されており、朝鮮とは異なると述べている。

以上、日本のなかでオニの図像が「桃太郎」を通して広まり、オニの視覚イメージの定着に寄与したことを検討した。また朝鮮においても同様に桃太郎は広く知られていた噺であることも確認した。本章第1節で検討したように、教科書に登場するオニは図像が一括化され、『国語読本』の「コブトリ」のオニもドッケビとして同化されたという主張を紹介した。

ここからも分かるように、「桃太郎」は日本の物語としてはっきり認識

されており、桃太郎のオニと同じ図像を持つ「コブトリ」のオニが朝鮮の「瘤取られた噺」のドッケビの視覚イメージと同一視されていたとは考えられない。

まとめ

　本章においては、「瘤取」が韓国のものではなく日本から伝わった噺であり、現在の韓国のドッケビの視覚イメージは日本の植民地政策によって意図的に日本のオニと同一化させられたという主張について批判的に検討した。
　第1節では、植民地時代の教科書『朝鮮語読本』の「瘤を除った話」を中心に、初めて現れた韓国のドッケビ挿絵を分析した。多くの学者によって日本のオニの視覚イメージの例として挙げられている1923年と1933年の2つの朝鮮語教科書の挿絵の分析をする限りでは、日本のオニを描いたものというより、韓国のドッケビを視覚化する努力がなされるなかで日本のオニが参考にされたという程度に考える方が適切であると思われる。そして、植民地末期の「民族抹殺政策」の時期の教科書『初等国語読本』(1939年)の影響は確かに大きいと思われるが、日本語で「オニ」と明記された文献でありそれがドッケビと認識されていたとは断定できない。むしろ、日本のオニの視覚イメージは豊かであり、相対的に乏しかったドッケビの視覚イメージの穴を埋めるために参照されたものであると考える方が妥当である。
　第2節では、植民地時代に多数出版され、その後も朝鮮の代表的童話として残った「瘤のある翁」を中心に、『朝鮮童話集』のドッケビがどのように訳されていたのかを確認した。また、挿絵はドッケビをどのように描いているのかを検討した。その結果、朝鮮のドッケビは、最初のうちは妖怪、お化け、鬼など多様な言葉が用いられたが、次第にオニに統一されていったことが確認された。挿絵には教科書のような確たる姿は見られず、

この時点では朝鮮のドッケビがオニと同化されていたとは考え難い。

　第3節では、「瘤のある翁」は韓国の物語ではなく植民地時代に日本の同化イデオロギーによって意図的に利用されたという主張に対する反論を行った。特に、韓国に「瘤取」噺を基にしたことわざがあったことが当時の学術誌で確認できるという事実は、この主張を覆し得る証拠として注目に値する。植民地時期に流入したはずの物語に関することわざが既に一般に広まっていたというのは、一般に説話が伝播していく際の過程を考えるならば順序が逆ということになるからである。

　また、教科書『朝鮮語読本』の『編纂趣意書』において、瘤取り爺さんの出典が韓国の伝来童話であると記録されていることからも、日本の童話を意図的に用いたとは考えられない。韓国の児童文学者として有名な方正煥も瘤取噺が韓国に由来する民話である可能性に関して言及している。さらに、アンドリュー・ラングの「ホック・リーと小人たち」の主人公の名前「ホック・リー」が、韓国の「瘤のある人」を意味する「ホップリ」と、音が非常に似ており、また物語のタイトルも「ホップリ・ヨンガン（瘤ある人の意味）」となっている点を考えると、韓国の昔話を記録したものである可能性が非常に高い。このことからも、当時の日韓には共通の説話として「瘤取」の類型の話が存在していたと考えられる。

　第4節では、アジア全般に影響を与えた日本童話と鬼イメージを確認した。最も大きな要因は『国語』教科書や絵本、歌などで多く伝わっていた桃太郎とそのなかのオニのイメージの影響であると考えられる。桃太郎を代表とする日本の児童文化は国民教育を通して当時の朝鮮、台湾、中国に影響しており、アジアのなかで特に視覚文化が発達していた日本の絵は他の視覚イメージがなかった地域に敵の象徴であるオニのイメージを伝播させる役割を果たした。そして視覚文化が豊かではなかった他の地域に近代出版と大衆視覚文化も伝えていた。日本の印刷物はそのまま用いられるかコピーされることが多かったと推測されるが、その結果として、朝鮮だけではなく台湾、中国でもオニの視覚イメージは敵の象徴として使われるようになった。

第2章　ドッケビ表象の出現——植民地時代、描かれ始めるドッケビ

　植民地時代の朝鮮社会は、宗主国であった日本の文化の影響をあらゆる場面で受けていたと考えられる。オニの視覚イメージがドッケビの視覚イメージとして定着していったこともそうした全般的な流れのなかで理解されるべきであり、植民地同化イデオロギーのもとでの意図的な視覚イメージの操作であると捉えることには根拠がない。そもそも視覚イメージというのは、国家政策などよりも消費者の需要など産業的な影響を大きく受けるものである。宗主国であった日本に対する反感から殊更にオニの視覚イメージによる文化侵略を主張することは、韓国人自らの認識や選択の価値をも貶めるものであると思われる。

　序章でも検討したように、朝鮮時代の視覚文化においては目に見えないものを視覚イメージ化する例が非常に乏しく、そのことは児童向けの産業にも影響していた。庶民文化のなかで印刷・出版は日本と比較するとあまり発達してない環境にあり、そのため植民地時代に日本から商品を通して入ってきた視覚文化に完全に依拠してしまった。

　また植民地という環境もあり、検閲と規制のなかで自立した産業は発達しにくい状況であった。ドッケビの視覚イメージも元々乏しいうえ、妖怪などの絵の例がなかったために日本のオニは朝鮮のドッケビの穴埋めのように使われることになった。朝鮮のドッケビを描こうとする試みはわずかに見られるものの、当時は評価されることもない時期であった。

1）植民地時代は、日本による統治政策の変遷に対応して、概ね1910年の併合から1920年までの第1期、1920年から1930年までの第2期、1930年から1945年までの第3期に区分することができる。第1期（1910年代）は「武断統治期（警察統治期）」と呼ばれ、土地調査事業、会社令、新聞紙法、その他様々な法で経済的、文化的に朝鮮から力を奪い、抑圧姿勢を強化し続けた時期である。1919年の三・一運動[1]を契機として融和的政策へと転換した第2期（1920年代）は「文化統治期」と呼ばれ、検閲下ではあるがハングルの新聞が発行されるようになり、普通学校も増やされるなどした。1929年の世界大恐慌を経て満州事変（1931年）、日中戦争（1937年〜）、太平洋戦争（1941年〜）があった第3期（1930年〜1945年）は「皇国臣民化統治期」あるいは「民族抹殺統治期」と呼

ばれ、特に1930年代後半以降は朝鮮語がすべて禁止され、朝鮮人が日本軍の一員として戦争に徴用された時期である。『한국사（韓国史）巻──総説』、国史編纂委員会、2002年。

2）キム・チョンデ（金宗大、김종대）「혹부리 영감 형성과정에 대한 고찰（瘤取りじいさんの形成過程に関する考察）」『ウリ文学研究』20、ウリ文学研究会、2006年8月、29-60ページ。

3）朝鮮語研究会「瘤を除った話」『普通学校朝鮮語読本巻四読解』、朝鮮語研究会、1935年、38-58ページ。

4）朝鮮総督府「瘤を除った話（혹 뗀 이야기）」『普通学校朝鮮語読本巻四』、朝鮮書籍印刷、1933年、19-29ページ。

5）木村小舟「瘤取り」『教育とお伽噺』、博文館、1908年、191ページ。

6）巌谷小波「瘤取り」『日本お伽噺集』、アルス、1927年、141ページ。

7）パク・ヘジン（박혜진）「1910、1920년대 공립보통학교 교원의 업무와 지위（1910、1920年代公立普通学校教員の業務と地位）」淑明女子大學校 淑明女子大學校、2001年、8ページ。

8）大竹聖美『植民地朝鮮と児童文化』、社会評論社、2008年、317ページ。

9）大竹聖美『근대한일아동문화교육관계사연구1895～1945（近代韓日児童文化教育関係史研究1895～1945）』、延世大学校大学院教育学科、2002年6月、114ページ。

10）「高い教科書改訂後減価」『東亜日報』、1929年8月31日、2面。

11）「朝鮮語読本の改訂来年4月」『東亜日報』、1929年5月13日、3面。

12）「普通学校教科書改訂準備に忙しい──来年の改訂には不快な挿絵は撤廃」『東亜日報』、1928年7月11日、3面。

13）カン・ジンホ（강진호）「朝鮮語読本と日帝の文化政治」『尚虚学報』29、2010年6月、124ページ。

14）パク・ジンテ（박진태）『統營五廣大』、화산문화、2001年、120-142ページ。

15）国立民俗博物館所蔵。

16）国立民俗博物館所蔵。

17）キム・ヨンイ（金容儀）「日韓昔話の比較研究──近代の教科書に語られた「瘤取り爺」譚を中心に」、大阪大学文学部博士論文、1997年、134ページ。

18）イ・ギフン（이기훈）「식민지 학교 공간의 형성과 변화（植民地学校空間の形成と変化）」『歴史問題研究』第17号、歴史批評社、2007年4月、69ページ。

19）イ・スクジャ（李淑子）『教科書に描かれた朝鮮と日本』、ほるぷ出版、1985年、63ページ。

20）文部省「コブトリ」『小学国語読本』巻2、朝鮮書籍印刷、1939年、60-76ページ。

21）朝鮮総督府「コブトリ」『初等国語読本』巻2、朝鮮書籍印刷、1939年、39-48ページ。

22）ドッケビから棒をもらう説話には、「金棒鉄棒」、「瘤のある翁」、「ドッケビと

ハシバミ」、「歌袋」などの噺が含まれる。
23) 高橋亨「瘤取」『朝鮮の物語集』、日韓書房、1910年、5ページ。
24) イ・ウンボン（이은봉）『한국인의 죽음관（韓国人の死観）』、ソウル大学出版部、2000年、182ページ。
25) 駒込武『植民地帝国日本の文化統治』、岩波書店、1997年、195ページ。
26) 朝鮮総督府「瘤とられ瘤もらひ」『朝鮮童話集』、大阪屋号書店、1924年、13ページ。
27) 村の入り口に立てる守り神でもある里程標。本書第1章で詳述。
28) 松村武雄「胡桃の音」『世界童話大系』、名著普及会、1924年、7ページ。
29) 「胡桃の音」は「ドッケビから棒」と類似の話で「足折燕」は「興夫ノル夫」「興夫傳」と同じ話である。
30) 中村亮平「瘤取爺さん」『朝鮮童話集』、富山房、1928年、103ページ。
31) 同上、193ページ。
32) シム・ウィリン（沈宜麟、심의린）「ドッカビ金（독갑이 돈）」、「金椎銀椎（금방망이 은방망이）」、「鷲城のドッカビ制禦（오성의 독갑이 제어）」、「瘤ある老翁（혹 달린 老翁）」『朝鮮童話大集』、漢城図書株式会社、1926年、204ページ。
33) チョン・ジンヒ（정진희）「한국 도깨비 동화의 형성과 변형 양상 연구（韓国ドッケビ童話の形成と変形研究）」、漢陽大学大学院、2009年、111ページ。
34) パク・ヨンマン（朴英晩、박영만）「鼻が伸びた欲張り（코가 길어진 욕심쟁이）」『朝鮮伝来童話集』、学芸社、1940年、99、103ページ。
35) クォン・ヒョクレ（권혁래）「瘤を除った話（혹 뗀 이야기）」『朝鮮童話大集成』、韓国国学振興会、2006年、353ページ。
36) キム・チョンデ「도깨비 방망이 얻기의 구조와 결말처리양상（ドッケビの棒をもらう噺の構造と結末）」『韓国民俗学』24、韓国民俗学会、1991年10月、31–32ページ。
37) 『オリニ（子供、어린이）』誌を主導して創刊した方正煥（バン・チョンファン）らが、「チョルムニ（若者、젊은이）」、「ヌルグンイ（老人、늙은이）」を区別して呼ぶように、幼い人は「オリニ」と呼ぶべきであると主張し、『オリニ』という言葉が一般的に普及するのに大きな役割を果たした。つまり、韓国における「子供」の誕生は、1920年代に入ってからのことになる。「子供」という存在が認識されてから、子供の教育や娯楽が注目されるようになり、子供向けの本、雑誌が数多く出版されることになる。キム・テヨン（김대용）「방정환의「어린이」와「소년」개념에 대한 논의（方正煥の子供と少年の概念に関する論議）」『韓国教育史学』32巻2号、2001年、5ページ。
38) オム・ヒギョン（염희경）「소파（小波）방정환（方定煥）연구（小波方定煥研究）」、仁荷大学大学院国語国文学科博士論文、2007年、52-57ページ。
39) 瘤取り翁の内容については序章注10を参照のこと。任晳宰（イム・ソクジェ）「설화속의 도깨비——한국의 도깨비（説話のなかのドッケビ——韓国のドッ

ケビ)」『兒童文學評論』17、1980年12月、13ページ。
40) バン・チョンファン（方正煥、방정환）「새로 開拓되는〈童話〉에 關하야——特히 少年 以外의 一般큰이에게（新しく開拓される童話に関して——特に少年以外の一般大人へ）」『開闢』、開闢社、1923年1月、19ページ。
41) イ・チョンホ（이정호）『オリニ（子供、어린이）』、開闢社、1923年3月、6ページ。
42) 方正煥、前掲書、20ページ。
43) 渋沢青花、『朝鮮民話集』、社会思想社、1980年、7ページ。
44) 志田義秀『日本の伝説と童話』、大東出版社、1931年、281ページ。
45) 近藤時司「朝鮮の伝説について」『東洋』27巻8号、1924年、68-69ページ。
46) 洪淳昶「朝鮮の瘤取話」『旅と伝説』13巻2号、1940年2月、27ページ。
47) 竹原威滋「説話の一生とジャンル変遷：「世界の瘤取り鬼」（AT503）をめぐって」『説話・伝承の脱領域：説話・伝承学会創立35周年記念論集』、説話・伝承学会、2008年、469ページ。
48) 佐々木五郎「平壌附近の伝説」『旅と伝説』14巻8号、1941年、25ページ。
49) 同上、36ページ。
50) ハン・ギオン（한기언）、イ・ゲハク（이계학）『일제시대의 교과서 정책에 대한 연구（日帝時代の教科書政策に関する研究）』、韓国精神文化研究院、1993年、54ページ。
51) Andrew Lang, The story of Hok Lee and the dwarfs, *Green fairytale*, Dover, 1965（初版:Longmans, Green, and Co., 1892.）, pp.229-233.
52) イ・ヤンヘ（이양해）『韓国語派生名詞辞典』、国学資料院、2002年、457ページ。
53) イ・ギムン（이기문）『国語辞典』、斗山東亜、1999年、1614ページ。
54) No Strangers Admitted, PUNCH. Vol.35（Punch Publications Ltd.1858) p.251
55) 鈴木満「瘤取話——その広がり」『武蔵大学人文学会雑誌』34巻4号、武蔵大学人文学会、2002年、12ページ。
56) ジョン・バニヤン著、ジェイ・エス・ゲイル訳『天路歴程』、The Trilingual Press、1895年、70ページ。
57) 同上、65ページ。
58) チョ・ウンヒ（趙恩希、조은희）「개항장의 풍속화가 기산（基山）김준근（金俊根）연구（開港場での風俗画家基山金俊根研究）」、成均館大学大学院美術学科修士論文、2010年、102ページ。
59) 笹間良彦『鬼ともののけの文化史』、遊子館、2005年、6ページ。
60) 小学館編『日本国語大辞典』2、小学館、1972年、1297ページ。
61) 小松和彦『妖怪文化の伝統と創造』、せりか書房、2010年、27ページ。
62) 馬場あき子『鬼の研究』、ちくま文庫、1971年、14ページ。
63) 桃太郎の物語は、いくつかの場面で出典により異なる。ただし、物語後半にあ

る鬼との戦いの場面では、概ねどの書籍でも桃太郎側の視点での勧善懲悪物語となっている。桃太郎の出生に関しては、桃から生まれたとする場合や、桃を食べた老夫婦が若返って子供を産んだとする場合がある。桃太郎の成長過程については、お爺さんとお婆さんの期待通り働き者に育ったとする場合や、三年寝太郎のように力持ちで大きな体に育つが怠け者で寝てばかりいるとする場合がある。成長した桃太郎は、鬼ヶ島の鬼が人々を苦しめていることを理由に鬼退治に旅立つが、その決意を自発的に行う場合と、村人や殿などに言われて消極的に行う場合とがある。出征時には両親から黍団子を餞別に貰う。道中、遭遇するイヌ、サル、キジにその黍団子を分け与えて家来にする。鬼ヶ島での鬼との戦いで勝利をおさめ、鬼が方々から奪っていった財宝を持って帰り、最終的に郷里のお爺さん・お婆さんの元に帰って幸せに暮らしたとして物語は締めくくられる。

64) Noriko T. Reider, Transformation of the Oni——From the Frightening and Diabolical to the Cute and Sexy, *Asian Folklore Studies*, Volume 62, 2003, p.148.
65) 笹間良彦『鬼ともののけの文化史』、遊子館、2005年、6ページ。
66) 小松和彦『怪異の民俗学4巻、鬼』、河出書房新社、2000年、115ページ。
67) 巌谷小波『モモタラウ』、中西屋書店、1915年。
68) 松村武雄『桃太郎』、講談社、1928年。
69) 林義雄『モモタラウ』、春江堂、1940年。
70) 金井英一『モモタラウ』、金井信生堂、1942年。
71) 世益築都『ムカシバナシモモタラウ』、高和堂書店、1944年。
72) 下田喜代子『桃太郎さん』、講談社、1949年。
73) 金港堂編『尋常国語読本』巻4、東書文庫蔵、1900年。
74) 文部省編『小学国語読本』巻2、東書文庫蔵、1933年。
75) 文部省編『ヨミカタ』1、東書文庫蔵、1941年。
76) 滑川道夫『桃太郎像の変容』東京書籍、1981年、425ページ。
77) ジョン・W・ダワー『容赦なき戦争』、平凡社、2001年、344ページ。(Dower, John W., *War without Mercy: Race & Power in the Pacific War*. New York: Pantheon Books, 1986.)
78) 滑川道夫、前掲書、17ページ。
79) セバスチャン・ロファ『アニメとプロパガンダ』、法政大学出版局、2011年、23ページ。
80) ホン・ヨンチョル（홍영철）『釜山近代映画史』、サンジニ、2009年、710ページ。
81) セバスチャン・ロファ、前掲書、27ページ。
82) 同上、29ページ。
83) 「瘤取」の内容：老人が、鬼に質草として頬の瘤を取られる説話。一般的に2

人の翁（年老いた男性）が連夜で鬼の宴に参加する型が多いが、民話の常として様々な類型があり、ストーリーも様々である。鎌倉時代の説話物語集『宇治拾遺物語』にも「こぶ取り爺（鬼にこぶとらるゝ事）」として収載されており、「ものうらやみはせまじきことなりとか」で結ばれている。あるところに、頬に大きな瘤のある隣どうしの２人の翁がいた。２人とも大きな瘤には困っていたが、片方は無欲で、もう片方は欲張りであった。ある日の晩、無欲な翁が夜更けに鬼の宴会に出くわし、踊りを披露すると鬼は大変に感心して酒とご馳走をすすめ、翌晩も来て踊るように命じ、明日来れば返してやると翁の大きな瘤を傷も残さず取ってしまった。それを聞いた隣の欲張りな翁が、それなら自分の瘤も取ってもらおうと夜更けにその場所に出かけると、同じように鬼が宴会していた。隣の翁も踊りを披露するが鬼が怖くて及び腰、どうにも鬼は気に入らなく、怒ってしまい隣の翁から取り上げた瘤を欲張り翁の頬にくっつけて、去ってしまった。それから無欲な翁は邪魔な瘤がなくなって清々したが、欲張り翁は重い瘤を２つもぶら下げて帰ってきた。

84）「一寸法師」の内容：子供のない老夫婦が子供を恵んでくださるよう住吉の神に祈ると、老婆に子供ができた。しかし、産まれた子供は身長が一寸（現代のメートル法で３cm）しかなく、何年たっても大きくなることはなかった。子供は一寸法師と名づけられた。ある日、一寸法師は武士になるために京へ行きたいと言い、御椀を船に、箸を櫂にし、針を刀の代わりに、麦藁を鞘の代りに持って旅に出た。京で大きな立派な家を見つけ、そこで働かせてもらうことにした。その家の娘と宮参りの旅をしているとき、鬼が娘をさらいに来た。一寸法師が娘を守ろうとすると、鬼は一寸法師を飲み込んだ。一寸法師は鬼の腹のなかを針で刺すと、鬼は痛いから止めてくれと降参し、一寸法師を吐き出すと山へ逃げてしまった。一寸法師は、鬼が落としていった打出の小槌を振って自分の体を大きくし、身長は六尺（メートル法で182cm）になり、娘と結婚した。ご飯と、金銀財宝も打ち出して、末代まで栄えたという。

85）HEPBURN J.C.『The old man and the devils』、弘文社、1884年。
86）加原奈穂子「昔話の主人公から国家の象徴へ――『桃太郎パラダイム』の形成」『東京藝術大学音楽学部紀要』36、東京藝術大学音楽学部、2010年、51ページ。
87）ジョン・W・ダワー、前掲書、420ページ。
88）キム・スンジョン（김순전）『朝鮮総督府第１期初等学校日本語読本』、J＆C、2009年、44ページ。
89）ミン・ビョンチャン（민병찬）、パク・ファリ（박화리）「일제강점기 일본어 교과서 속의 桃太郎（日帝強占期の日本語教科書のなかの桃太郎）」『日語教育』41、2007、6ページ。
90）パク・コンヒィ（朴健會、박건회）『朴天男傳』朝鮮書館、1912年。
91）カン・ヒョンジョ（강현조）「번안소설 박천남전 연구（翻案小説朴天男傳研

究)」『国語国文学』149、2008年9月、503ページ。
92) ユ・チュンドン（유춘동）「20세기초 구활자본 고소설의 세책유통에 대한 연구（20世紀初旧活字本古小説の貸本流通に関する研究）」『蔵書閣』15、2006年6月、173-174ページ。
93) キム・ソウン（金素雲、김소운)『朝鮮童謡集』、岩波書店、1933年、14ページ。

第3章

文化鎖国と停滞する視覚文化
—— 解放後〜1980年代、オニのキャラクターの定着

オリオン社のドッケビ・フーセンガム（1966）—— 韓国の大手製菓会社オリオンの「ドッケビ・フーセンガム」の新聞広告。このドッケビはお化けのQ太郎に角が加えられた姿で描かれている。1965年の日本のお化けのQ太郎が描かれた不二家のフーセンガムの包装や広告の影響を受けていると考えられる（本文111-113ページ）。

はじめに

　ドッケビ関連の口伝説話収集のインタビューでは「多かったドッケビ噺が6・25（朝鮮戦争）以後は聞かれなくなった」という話がよくある[1]。ドッケビのような妖怪は朝鮮時代に儒教思想により抑圧されても、また近代化とともに迷信とされても生き残ったが、朝鮮戦争後の軍事独裁期には韓国人の生活のなかから消えてしまったということである。本章では、大衆文化のなかに現れたドッケビを通して、独裁と検閲が大衆文化に及ぼした影響について考察する。

　本章で扱う時期は解放後から1980年代までとやや長いが、それはその期間中に視覚文化に大きな変化が見られなかったためである。以下では、この期間を3つの時期に分けて検討を進める。まず、李承晩（1948～1960年の大統領）の統治期とほぼ重なる時期を第1期（1945～1960年）とする。この時期には近代国民国家としての韓国建設の過程で反日や民族主義が前面に出され、朝鮮時代の文化の優越性を強調して日本との差別化が図られた。この時期の植民地観は以後も大きく影響することになる。しかし、韓国の近代化が植民地時代の産業化を基盤にしていたために、実際には日常生活にはまだまだ日本の文化が多く残っていた。李政権は1954年3月27日には国内に流通している日本商品を没収するように命じ、1955年には日本商品の特恵輸入を禁じる法律を制定した。国務総理が日本人と会ったことで解任されたこともある[2]。このような日本文化への規制は経済状況を悪化させた側面もある。国がイデオロギーによって南北に分断された特殊な状況もあり、現実には政府戦略は植民地時代の名残の清算より反共に集中していた。そのなかで朝鮮戦争（1950～1953年）が勃発して国の経済状況は最悪であった。そして、終身集権を狙った不正選挙に反対する4・19学生革命（1960年、ソウル大学を中心とした全国27大学の教授団が呼びかけた「李

文化鎖国と停滞する視覚文化——解放後～1980年代、オニのキャラクターの定着 | 第3章

承晩退陣」を要求する大規模デモ）が発生、さらにソウル市民3万人が立ち上がり、李承晩は失脚した。

　そして朴正煕政権が支配していた軍事独裁期を第2期（1960～1979年）とし、そして朴政権以後の新軍部が権力を握っていたおおよそ80年代を第3期（1980～1993年）とする。1972年10月の維新憲法制定以降、独裁に反対する民主化運動は続いていた。第3期の1980年代以後の新軍部のもとで強化された独裁が続き、同時に民衆の抵抗も激しくなる。80年代末、世界情勢の変化もあり、民主化要求はより強くなっていた。

　筆者は軍事政権下の朝鮮戦争から1980年代までの軍事独裁政権の時期こそが日本のオニが韓国に定着した真の時期であると考えている。なぜならば、現在の韓国に定着しているオニは、植民地時代に見られた悪の象徴や退治されるべきものではなく、キャラクター化された可愛らしいオニだからである。補足すると、現在使われている韓国のドッケビの視覚イメージは、第2章で検討した植民地時代のオニというより、序章で紹介した韓国文化大使のキャラクターの方が一般的であり、このような視覚イメージは植民地時代のオニではなく植民地以後、つまり比較的最近のオニに似ている。ドッケビの図像が初めて輸入されたのは植民地時代であるかもしれないが、韓国で受容されたオニは植民地時代の敵としての怖いオニではない。本章ではそのことを確認するとともに、その理由も考察したい。

　1980年代まで、日本文化は公的には禁じられていた。にもかかわらず、なぜ日本大衆文化のオニが韓国のものとして広まったのか。本章では反共教育、対日国家政策、海賊版の分析を通してその理由を考察する。

　第1節では、解放後から軍事政権が終わるまで、プロパガンダに利用されたアニメ・マンガに登場するドッケビを検討する。また、ビラに見られるドッケビの視覚イメージを検討し、植民地時代に輸入された典型的なオニの視覚イメージと比較する。

　第2節では、第2期を中心として、軍事政権期の対日政策と視覚文化を検討する。当時の対日政策と日本の大衆文化が韓国にどのような影響を及ぼしたかを明らかにする。

第3節では、新軍部が統治する第3期である1980年代に民衆の象徴として持ち上げられたドッケビ像を検討する。また、海賊版の流通状況と日本大衆文化の輸入状況を検討し、オニの視覚イメージが韓国のドッケビに与えた影響を考察する。

第1節　反共とドッケビ

1．敵としてのドッケビ

朝鮮戦争期のビラ

　解放後から1960年朴正熙軍事政権が始まる前の第1期における最も大きな事件としては、朝鮮戦争が挙げられる。そして、その朝鮮戦争を通して、韓国では反共が最も大きな国家理念となっていた。

　「ビラ」は、朝鮮戦争期以降の韓国社会において視覚イメージを人々に植え付ける主要な媒体の1つであった。例えば朝鮮戦争期の右のページのビラからは、ドッケビが共産主義や旧ソ連、中国などの敵を描く際の典型的イメージとして用いられ、前章で見た日本のオニとよく似た形で描かれていたことが分かる。これらのビラを見る限り、当時の韓国社会においては悪や敵対者の象徴としてドッケビがオニのイメージを伴って定着していたと思われる。それは、昔話の主人公としてのドッケビとは異なり「退治されるもの」というイメージであった。【図3−1】では、赤鬼が天狗に向かって万歳をしている足元で人民軍が苦しんでおり、さらにその足元には38度線を境界として韓国の軍人が立っている。赤鬼は朝鮮労働党の幹部であり、赤鬼が向いている先にいるのは天狗風に描かれたスターリンの銅像であると思われる。右には「この悲惨な現実を見ろ！　あなたたちの上司は、自分の出世や功名に目が眩み、このようにあなたたちを犠牲にしている！」と書かれている[3]。【図3−2】では、共産主義が角のある鬼として描かれ、良民を絞り上げて取り上げた供出物をソ連に送っている。右側に

文化鎖国と停滞する視覚文化──解放後〜1980年代、オニのキャラクターの定着 | 第３章

図３-１　赤鬼が「スターリン万歳、金日成万歳、共和国万歳、人民軍万歳」と叫んでいる。

図３-２　共産主義者が角のある鬼として描かれ、良民を絞り上げている。

は「共産魔鬼たちはこのように同族の血と汗を搾取した。その証拠としてソ連行きの汽車に乗せられているものを見ろ！　戦友よ！　これ以上迷うな。組織的に義挙を起こし、韓国の旗の下に集まろう！」と書かれている[4]）。

　戦争という特殊な状況もあり、植民地時期の（太平洋戦争時に多くのプロパガンダ用の印刷物に使われていた）日本のオニイメージはそのまま韓国の朝鮮戦争時にも用いられ、「ドッケビ」として流通し始めた。そうして、ドッケビがオニの姿に描かれて印刷物に登場することが定着し、戦後になっても続けて悪者の比喩として印刷物に見られることとなった。共産主義はオニと表象され、韓国語として「オニ＝ドッケビ」となり、反共の理念のもとで、ドッケビは悪の象徴として使われるようになっていった。

大人向けのメディアでのドッケビ

　朝鮮戦争後にもドッケビは、大人向けのメディアにおいては既存の秩序を脅かす敵として描かれた一方で、子供向けのメディアにおいては助けてくれるような近しい存在として描かれた。戦後復興が第一の目標で経済的余裕もなく、児童文化が発達しているとは言えない時代ではあったが、可愛らしいドッケビが一部の児童向けの商品に用いられていた。キャラクターとしてのドッケビは自ずと子供向けの商品に限られていた。

　第2期（1980年代以前）には、大人向けのメディアにおいてはドッケビが民俗の1つとして紹介される時にも挿絵はほとんど見られず、オニの図像はドッケビという字よりもむしろ鬼という字とともに現れることが多かった（概ねドッケビと解釈されていたとは思われるが）。しかし、そこには微妙な境界線が存在しており、同一の表象であっても漢字の鬼と書かれる場合には敵で、固有語のハングルでドッケビと書かれる場合には優しい側面も含まれるといった違いが存在していたように見える。

　新聞記事では、敵対するものの象徴としてドッケビを使った比喩表現がよく見られた。例えば、原因不明の事件の容疑者、凶悪犯罪者、悪徳起業家、腐敗した政治家、あるいは怖い姑など否定的なイメージを表現したい

文化鎖国と停滞する視覚文化——解放後〜1980年代、オニのキャラクターの定着 | 第3章

時の比喩として用いられた。この場合のドッケビは漢字の鬼の訳語のように使われており、殺人鬼、神出鬼没で恐ろしいもの、あるいは恐ろしい能力を表現するときにドッケビという言葉が使われている。また、ドッケビを韓国固有の妖怪に限定しているわけではなく海外の妖怪全般をドッケビと訳し、仏教の地獄絵の獄卒やキリスト教の悪魔までドッケビと書く場合も見られる。

反共教育

　第3期（1980年代）においても韓国で最も影響力の大きな思想は反共であり、ドッケビは共産主義の象徴であったことにも注目したい。朝鮮戦争後30年が経っても変わらず、一般にドッケビは、犯罪者、腐敗した政治家や企業家を指す比喩的表現として、また神出鬼没という特徴からか特殊部隊や奇妙な未解決事件の容疑者を指す際によく使われた[5]。特に朝鮮戦争後、ドッケビは敵の象徴として頻繁に使われ、ほとんどネガティブなイメージであった。その他、輸入品の多いブラックマーケットがドッケビ市場、格安で短期間の旅行がドッケビ旅行と呼ばれたりもしていた。以下の2つの記事は、1980年代韓国のドッケビの一般的なイメージをよく表現している。

> お父さんは、小学生の娘が北朝鮮のことを「角のあるドッケビの国」と考えていることを間違いだ、と言えない複雑な気持ちであったと話している。既に北朝鮮に関する誤った認識がある娘に、混乱をおこすのではないかという心配からである。彼はこのような反共教育が幼稚園の時から行われ、新聞・放送によって続けられている状況に憂慮を示した[6]。

> 私は徹底して冷戦時代の教育を受けた世代である。1946年生まれだから、私が国民学校に入学した1953年には朝鮮戦争の痕が至る所に残っていた時期であった。6・25記念ポスターを描く美術の時間には、当たり前のように角のある化け物として北朝鮮の人を描き、徹底して滅共、勝共の教育を受けた[7]。

著者が小学生であった1980年代、小学校の廊下には北朝鮮の「スパイ打倒」、「ビラを拾おう」というキャッチフレーズとともに赤まみれの絵が壁を飾っていた。当時描写された北朝鮮の人々は頭に角が生えた姿が多く、豚やオオカミとして表現されることもあった。後で北朝鮮の人たちを新聞や放送で見て我々と変わらない人間だということに驚いた、という話は同世代の人から良く聞く話である。

2. プロパガンダアニメの敵表象

　歴史的に上流文化と大衆文化が明確に区別されていた韓国において、庶民的で可愛らしいドッケビが商品のキャラクターとして用いられるのは、自ずと子供向けの商品の場合に限られていた。しかし、国家理念としての反共思想が児童文学や児童産業に大きな影響を与えていたことを忘れてはならない。

　反共アニメの例として1976年の『ロボット太拳V』が挙げられるが、そこでの敵はカーフ（KAPF[8]）博士らの「赤星帝国」で、これは共産国家や共産主義を象徴している。ここでの敵たちは、まるで妖怪のように描かれている。また、80年代に流行した『トリ将軍』シリーズを見ると、『トリ将軍第3土窟』（1978年）では、金日成を赤い服を着た豚として描き、共産主義者たちをオオカミとして描いている。このような反共マンガやアニメは、閉鎖的な軍事政権下の文化的特徴と言えよう。

　1979年、パク・スンチョル監督の子供向け劇場版アニメ『ドッケビの頭巾』が制作され、大々的な新聞広告が行われた【図3-3】。このアニメの主人公は、『トリ将軍』にも登場していたお馴染みのキャラクターの「トリ」である。

　【図3-3】を見ると、トリの味方であるドッケビ王子がトリに頭巾を貸し、最後に餞別としてドッケビの棒を渡す場面が描かれている。ほとんどのドッケビは角があり毛皮をまとっているが、ドッケビ王子は人間のような服装で角がある。その服装も、トリらが朝鮮時代の庶民の服装をしてい

文化鎖国と停滞する視覚文化——解放後〜1980年代、オニのキャラクターの定着 | 第3章

図3-3　『ドッケビの頭巾』(1979)でドッケビ王子から頭巾をもらう主人公のトリ

図3-4　『ドッケビの棒』(1986)で日本人の海賊に捕まっているドッケビ王子

るのと異なり西域風で、王子として派手な装飾のされた服装で描かれている。

　また、1986年には同じ監督によって『ドッケビの棒』が制作された。これらの作品は、主人公や時代設定、村の風景、絵の作風などは同じであるが、1979年のアニメでは被ると姿が見えなくなるドッケビ頭巾を使って腐敗した官僚たちを懲らしめる内容であったものが、86年のアニメではドッケビに扮装して侵入した日本の海賊と戦う内容で、プロパガンダ的な要素が見られる。悪さをするドッケビがいると人々が怖がっていたがそれは日本人の海賊であり、本当のドッケビは優しくて味方であったということが分かる内容になっている。【図3-4】は日本人海賊に捕まったドッケビ王子の場面である。

　両方とも、主人公の少年がドッケビと友達になり力を合せて悪党たちと戦う内容で、日本人に捕まえられてしまったドッケビ王子を主人公が助ける。ドッケビもアニメという児童向けの商品のなかではより子供と近しい存在とされている。この2つの作品は、ドッケビに対する認識の時代ごとの変化を表すと同時に、アニメなどの大衆メディアにおける扱われ方の変化をも示していると言える。

3．北朝鮮の視覚文化

　それでは、ドッケビはいつから韓国民族を代表するものとなったのか。少なくとも朝鮮戦争以前までは、単に敵の象徴、悪の象徴として使われているだけであった。興味深いのは北朝鮮の例であり、そこでのドッケビは現在の韓国のように民族や民衆の象徴、あるいは愛されるキャラクターとしては全く使われていない。北朝鮮の児童文学を見ると、ドッケビは悪の象徴としてしか登場しておらず、日常生活で使われる比喩表現においても同様である。この点は、韓国の80年代に日本の大衆文化が多数入ってくる以前の状況と同じである。このような状況からも現在韓国に流通しているドッケビキャラクターの元は、植民地時代のオニというよりは現代日本の文化産業の産物としてのオニであることが確認できる。韓国と北朝鮮の共同工業団地である開城工団の北朝鮮外交官柳氏とのインタビュー記事を見ると、北朝鮮の人々の韓国に対する認識がよく見られる。

　　私が北朝鮮外交官として仕事をはじめ、北朝鮮の人が韓国の人に直接会うまで、彼らは韓国人が頭に角のある怪物であり、自分らとは完全に違うものだと思っていたらしいです。しかし彼らは韓国の人を近くでみて、話しているうち、やはり同じキムチを良く食べて、同じみそ汁を飲んで、同じ言語と習慣を持つ民族であると思うようになったと話しています[9]。

　ビラに登場するドッケビと同様、80年代までのドッケビのイメージは敵の象徴である。頭に角のあるドッケビのイメージは、韓国でも北朝鮮でも共有していたようである。韓国に植民地時代以前にドッケビの姿が見られないことを考えると、植民地時代に日本のオニから伝わったドッケビのイメージも共通していると考えられる。

　北朝鮮のマンガにはドッケビが登場するものは少ないが、一例としては『角のある悪魔と3人の少年たち』（1984年）が挙げられる【図3-5[10]】。この話は「桃太郎」のような構成を持ち、村に来て悪さをする角のある悪魔たちを退治しに鬼たちの住む島に向かう3人の少年たちの噺で、そのな

文化鎖国と停滞する視覚文化——解放後〜1980年代、オニのキャラクターの定着 | 第3章

図3-5　北朝鮮のマンガ『角のある悪魔と3人の少年たち』(1984)は鬼ヶ島に3人の勇敢な少年たちが鬼退治に行く噺で桃太郎の噺とも似ている。

　かの1人の妹が鬼たちに捕えられ連れて行かれてしまったが、無事に悪魔を退治して妹を救って戻る英雄譚である。ここでの悪魔は現在韓国で使われるドッケビの図像と同じイメージであり、つまり日本のオニのイメージである。角があり、毛深く、金棒を持っている典型的なオニの姿で、退治される悪として表象されている。しかし、桃太郎のようなこの噺において、敵はオニのイメージを持っているが悪魔と書かれており、ドッケビとは書かれていない。つまり、北朝鮮においてドッケビとオニのイメージとの間に具体的な関連は見られない。韓国のドッケビと比較して、北朝鮮のドッケビは植民地解放直後からほとんど変化していない。いずれにせよ、児童文学の視覚文化は、閉ざされた社会の断面を観察するための格好の素材である。
　北朝鮮では、韓国のようにドッケビが親しい友達やファンタジー・キャラクターとして登場するものは見当たらない。つまり、同じように植民地時代を経験した北朝鮮において、現在韓国で多く見られる親しいドッケビが見られないことは、植民地時代のオニの影響というより、韓国の場合、植民地時代以後に日本の児童向けの書籍で見られるオニの影響を受けたと考えられる。具体的には主に戦後に海賊版の形で流通した日本の児童文学

107

やマンガなどの商品から影響を受けたと思われる。

第2節　国家の対日二重文化政策と裏のドッケビ

1．軍事政権下の反日

　現在のドッケビの視覚イメージはオニと類似したものであり、そこには日本との文化交流が大きく関係していると考えられる。本節では、韓国の対日文化交流政策に着目することで、従来の研究においては十分に検討されてこなかった1960年代から80年代の軍事政権期に多様な媒体に現れたドッケビの視覚イメージとその変遷について検討していきたい。

　第1期の大部分を占める李承晩政権時代は、「倭色一消」という国家方針によって日本との文化交流を公式に禁じていた時期であり、日韓交流の空白期であると言える。しかし、当時は朝鮮戦争後に廃墟と化した街の復興や経済成長を最優先課題として掲げており、反共の理念をもとにした政権維持を目標としていたため、政策方針として打ち出されていた「一消」はスローガンだけで実際には行われなかった。つまり、日韓交流の空白期となった原因は、日本の大衆文化に対する特別な規制が加えられていたからではなく、韓国社会において暗黙の了解のうちに日本の大衆文化をタブー視する風潮があったからであると考えられる。

　これは、植民地時代に入ってきた日本の歌謡曲やマンガがそのまま流通しており、喫茶店や各種の娯楽施設などでは日本の音楽が流れていた[11]という事実はあるものの、公的にはあくまで植民地統治に由来する反日感情が常に存在していたことによると思われる[12]。また、植民地統治から解放され独立した後の韓国においては、植民地統治期より以前の朝鮮時代の文化に回帰しようとする傾向があり、伝統的な儒教思想を有する知識人などの上流階級によって維持される文化のみが高級文化とされた結果、大衆文化を「低級なもの」とみなす偏見が存在していたことも影響していたと

考えられる。

2．政府主導の対日二重文化交流

　第2期である朴正煕政権は、前政権の時代以上に経済成長を最優先とした開発独裁を行っていたため、自国文化の育成に力を入れる余裕がなかった。特に大衆文化は蔑まれ、検閲と規制が厳しかったため発展することはなかった。ところで、1965年に同政権のもとで日韓基本条約が締結されて以降、両国の文化交流は本格的に再開される。同条約の締結に伴って、日本の大衆文化に対する規制は表面上強化された。しかし朴正煕は、文化政策を含む様々な政策のモデルとして日本の政策を採用するとともに、「大衆文化以外」という限定のもとで日本文化を積極的に取り入れようとした。そのため、実際のところは「親日文化政策」とも言える政策が採られ、政府の管理のもと大衆文化以外の日本文化が流入することになった。また、「取り入れても良い」とされた文化の基準が曖昧であったことから、結果的に日本の出版物が急増することとなり、一時は日本の書籍が外国書籍の市場シェアの80％を記録することもあった[13]。

> 我々は今も明洞の裏道では日本書籍の貸本屋が続けて繁盛しているのを見る。年平均400万冊の韓国の出版発行数より多い年平均500万冊の日本書籍が輸入されるといわれるが、これは表面上の数字で実際にはこれ以上あると考えられる[14]。

　このようにして、日本の小説の翻訳版、歌謡曲、日用品などが大量に輸入され日本ブームが巻き起こったが、これが社会問題となって大々的な取締りが行われるなど、政策には矛盾が生じていた。また、1964年から始まった日本の海外旅行の自由化以降、韓国を訪れる日本人や在日朝鮮・韓国人との交流が増えたことも、このような日本ブームに影響していたと考えられる。つまり、公式には禁じられていたように見えるが、実際のところは公式・非公式の経路を通じて日本の大衆文化は流入していた。反日感

情は強かったものの、自らの文化的需要を満たすことのできなかった当時の韓国社会において、日本文化の輸入はやむを得ない選択であった。

3．産業技術輸入と文化交流

　当時の韓国政府が力を入れていた「経済開発5ヵ年計画」を立てるに際しては、優秀な海外企業などが参考とされた。韓国初の放送局の設立に際しては日本のNHKを視察し、その後も社員研修を行ったり共同作品を作ったりしながら技術を学んだ[15]。その成果が、初の日韓共同制作アニメ作品である『妖怪人間』（日本ではフジテレビにて1968年に放送された『妖怪人間ベム』）である。この作品は韓国でも大ヒットすることになるが、日本のタイトルは表に出されることはなかった。このアニメを通じて、「妖怪」という言葉やその姿がテレビというメディアを通じて韓国に紹介された。その後、このアニメは『いい妖怪』というタイトルで雑誌『少年中央』に連載され、他の人物の名前で編集され、単行本として出版された。その後、ある2人の韓国人の間で著作権問題が生じ裁判沙汰となるという話もあった[16]。

　当時は、著作権の問題が今日のように取り沙汰された時期ではないが、そうした問題意識が全く存在しなかったわけではない。1957年に日本が万国著作権条約を批准した後の新聞記事には、当時の韓国出版界の置かれた状況について次のような記述も見られる。

> 韓国にも著作権法があるが、実はまだ『万国著作権条約』を批准していない。そのため、韓国人の著作を無断で出版するのは著作権侵害に当たるが、外国人の著作に関しては無断で出版しても著作権侵害を問われない。韓国が『万国著作権条約』に加入しないのは、われわれの文化の後進性を考えた際、外国の書籍に高価な著作権料を払うことになると、外国の文化の受容において問題が生じると考えたからである。ただ、決して堂々とできることではなく、恥ずかしいことであるのはいうまでもない[17]。

文化鎖国と停滞する視覚文化──解放後〜1980年代、オニのキャラクターの定着 | 第3章

　NHKでの技術研修やフジテレビとのアニメ共同制作については先に言及したが、当時は他の業界でも同様に日本の様々な企業からの技術協力を受けていた。日本から入ってきた技術と政策は、その形式だけを借りるつもりであったにもかかわらず、実際にはそのコンテンツも一緒に受容されることとなった[18]。そして、様々なコンテンツのなかで、オニはドッケビと訳され浸透することとなった。ドッケビキャラクターは、マンガやアニメはもちろん、子供向けの商品の広告にも使われるようになった。
　例えば、1966年に韓国の製菓会社であるオリオン社の「ドッケビ・フーセンガム」とキャラメルの広告に使われた商品キャラクター【図3-6】が挙げられる[19]。ここに描かれたキャラクターは、日本において64年から66年まで連載されていた藤子不二雄のマンガ『オバケのQ太郎』のキャラクターであるQ太郎と酷似している。当時、民間レベルでの文化交流は少なかったことからも、このマンガが韓国で流行していたとは考え難い。オリオン社は日本の森永や不二家などの製菓会社を視察し、その技術を積極的に取り入れた。そして、当時の不二家が広告キャラクターとしてオバケのQ太郎を使用していたことから考えても、オリオン社は製菓技術だけでなくそのパッケージデザインや広告までも模倣し、Q太郎の名前を韓国向けに「ドッケビ」と変え、角を描き加えて使用したのではないかと思われる【図3-7[20]】。
　「ドッケビ・フーセンガム」の広告やこの挿絵のドッケビを見ると、角は当時すでにドッケビの重要な特徴と捉えられていたことが分かる。また、これがドッケビキャラクターとして通用していたことから、この時点の韓国においては、現在見られるようなドッケビの視覚イメージはまだ定着していなかったと思われる。

4．子供向けのメディア

　ドッケビの視覚イメージが最も具体的に表れたメディアはマンガである。パク・ヒョンソク作の1965年の『チビ・ドッケビ[21]』【図3-8】と66

図3-6　オリオン・ドッケビ・フーセンガムの新聞広告（1966）

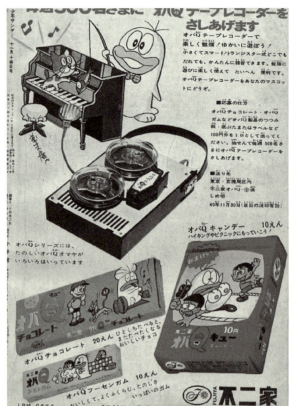

図3-7　不二家のフーセンガムの雑誌広告（1965）

年の『お金ドッケビ[22]』【図3-9】において、典型的なドッケビの視覚イメージを確認することができる。ここでのドッケビは、子供の友達として親しみやすく心やさしいキャラクターに描かれている。

　典型的なオニの姿は、絵本『ドッケビの棒』【図3-10[23]】にも見出すことができる。体の色は、赤、青、緑などの原色であり、虎の皮を巻いている。絵を描いた人物の名前は書かれていないが、植民地時代以降に出版された初めての絵本であり、絵がオニと酷似している点を考えると、日本の絵本の挿絵を真似て描いたか、あるいは海賊版である可能性が高い。表紙を含むこの本のデザインも、講談社の1930年代に出版された絵本全集に似ている。

　絵本『おばあさんとドッケビ棒』【図3-11[24]】でも、ドッケビはオニとして描かれている。内容も、日本の「おむすびころりん」に似ており、絵もセル画のようである。当時、日本でカラーテレビが普及すると、絵本においてもセル画スタイルのイラストが増え、「テレビ絵本」シリーズが様々な出版社から出された。アニメーションの場合は動くものを描かねばならないため、キャラクターが単純化され色も原色に近くなる傾向がある。テレビは全国に同じ番組を一斉に放送できる強力なメディアであり、子供向けのテレビアニメに現れる単純化された視覚イメージが非常に大きな影響力を持っていたことは想像に難くない。韓国でカラーテレビの放送が始まったのは1981年のことであり、当時まだ韓国で製作されたカラー絵本が非常に少なかったこと、またカラーテレビがまだそれほど普及していなかったことを考えると、セル画スタイルの絵本が独自に作られたとは考え難いため、この本も海賊版である可能性が高い。実際、絵本の出版は増加していたものの、絵本は概ね海賊版が多く、これらは韓国のものとして紹介されていた。

　1960年代は韓国の国民国家としての出発の時期[25]であり、子供への関心が高まって子供向けの出版物が増加していた時期であった。しかし、韓国の出版業界においては、韓国で執筆された書籍よりも、植民地時代から比較的よく知られていた「世界名作童話集」などの翻訳書の方が多かっ

図3-8 マンガ『チビ・ドッケビ』の角があり、毛皮を纏っているドッケビ（1965）　　図3-9 マンガ『お金ドッケビ』角があり、原始人のような服装のドッケビ（1966）

図3-10 絵本『ドッケビの棒』の角があり、虎の皮のパンツを穿いて、棒を持っているドッケビ（1968）　　図3-11 絵本『おばあさんとドッケビ棒』の可愛らしいキャラクターのドッケビ（1979）

た。1958年に全集の訪問販売が始まり、1961年の初等学校の学級図書設置運動、1963年の学校図書館設置運動と相まって[26]、数多くの書籍が出版された。当時の全集は挿絵も少なくハードカバー仕立てであり、子供用というよりも大人の蔵書用に近いものであった[27]。このような全集はほとんどが植民地時代の日本のものをモデルにして作られており、また翻訳書であったため（当時は）作品使用料を払う必要がなく、挿絵も模倣したりそ

文化鎖国と停滞する視覚文化——解放後〜1980年代、オニのキャラクターの定着 | 第3章

のまま使ったりしていたため、製作費用が少ない割には質の高い出版物を作ることができた。また日本語が上手な世代層が厚く、安くて良い翻訳ができる人的資源が豊富であったことも指摘できる[28]。日本の子供のための推薦図書を中心に作られた20世紀初期に出版された全集は、60年代から70年代にかけて繰り返し出版された。蔵書用の「世界少年少女文学全集」は「世界名作絵本全集」や「世界名作アニメ絵本」などに形を変えて製作され、小学生用や幼稚園児用など年齢別に細分化されて次々に出版された。内容の面ではほとんど変わることはなく、視覚イメージが少ない点も60年代とはあまり変わらなかった[29]。

またこの頃、子供向けの教育雑誌が多数出版されるようになった。これらの雑誌には、教育用マンガが必ず収録されており、そのうちの1つで古くから伝わる民話をマンガにした「フンブノルブ」には、角が1つ、目が1つで、とがった牙を持ち、耳の大きいドッケビが登場する【図3-12[30]】。当時、子供雑誌の販売が増加していたことを考えると、このようなドッケビのイメージは子供たちの視覚イメージの形成にかなりの影響を及ぼしたと考えられる。1976年のマンガ『チャングとドッケビ棒[31]』と77年の『チン・ドンイルとドッケビたち』【図3-13】においても、ドッケビの視覚イメージは典型的なオニのものであり、また心やさしい友達として描かれていることが分かる[32]。

最も多くドッケビの視覚イメージを確認できる媒体は、マンガであった。それは、マンガが視覚イメージによって成り立っている媒体であることもあるが、マンガは子供に悪影響を及ぼすものと一般に考えられ規制しようとする動きがあったため、却って自由に表現できるサブカルチャーとしての地位を確立し、規制に縛られることなく生産することができたからとも考えられる。従って、マンガは最も日本文化の模倣が顕著な媒体であり、それと同時に、最も創造的な受容や応用が見られる分野でもあったと言えよう。

視覚イメージという点において、1970年代の韓国は、日本からの独立解放を経て60年代の国家主導による交流を通じて流入した日本文化をもとに

図3-12 『フンブノルブ』の目と角が1つのドッケビ（1978）　　図3-13 『チン・ドンイルとドッケビたち』の角が1つあるドッケビ（1977）

した再生産が主流となり、マンガでの一部の努力を除いて独自の創造的生産が非常に乏しい文化的停滞期であったと言える。

4．海賊版で創られるドッケビ像

著作権法と外圧

　1980年代は、日本文化の開放が議論されつつも世論の反対がまだ強い時期であった。それは、韓国の大衆文化が日本と競争するには弱く韓国文化が完全に独占されてしまうのではないかという懸念や、日本の低俗な文化が韓国文化の質を落とすかも知れないという懸念が存在したことによる[33]。

　またこの時期は、著作権協会国際連合に加入していないことに起因する盗作問題についての議論も度々新聞紙上でなされた。1987年には、輸出において米国への依存度が高い韓国もその圧力に屈し、万国著作権条約（UCC）を批准した。これにより、57年に日本の著作権法を参考に制定されて以来30年間施行されてきた韓国の著作権法が改正されることとなった。この改正法では遡及義務は規定されていなかったため、万国著作権条約の発効日以前に発行されたものについては外国人の著作権は保護されていなかった。また、最も多くの著作権問題を抱えることとなる日本とは、積極的な議論は行われなかった。著作権が問題になり始めた1980年から、政府は教科書問題などによる反日感情を利用し、これを外交カードとして

文化鎖国と停滞する視覚文化——解放後〜1980年代、オニのキャラクターの定着 | 第3章

使って国益を追求する政策を採っていた。韓国政府が日本の製品を輸入する際に差別的な措置をとる制度に対しても日本政府が抗議しなかった背景には、こうした事情を受けての外交的配慮が働いていたとも考えられる。

いずれにせよ、法改正はなされたものの、著作権法は十分には遵守されなかった。その理由としては、自らの必要と要求によるものではなく外圧によりやむを得ず行った改正であったこと、また、韓国国内における著作権に対する意識がそれほど高くなかったことなどが挙げられる。

海賊版マンガ・アニメ

日本のマンガやビデオなどが韓国に多く流入していたため、海賊版が作成されたのは日本の作品が特に多かった。1960年代から70年代にかけて生まれテレビアニメを見て育った世代の人々は、成人した後になって、子供のときに楽しんでいたアニメが実は日本のものであったと知ることになる。

78年から87年にかけて『週刊少年サンデー』に連載されていた高橋留美子の『うる星やつら』の主人公ラムは、オニ族の１人であり、角を持ち虎柄の水着を着ている【図3-14】。このマンガに登場するオニ族の特徴は、角と虎柄の服装である。

80年に入ると、このようなアニメは単に子供向けではなく大人も楽しむものへと変わっていく。ラムというキャラクターも、子供だけではなく大人にも人気があった。このように、キャラクター産業は子供向けだけではなくなり、大人までターゲットにすることでその市場を広げていった。

85年以降は、日本の『らんま１/２』の海賊版が、『らんまは止められない』、『うるさい星のやつら』、『フロンティア』などのタイトルが付けられて韓国社会に出回った[34]。『うる星やつら』の海賊版を出版していた会社の１つ「ダイナミック・コンコン・コミックス」は当時、他にも多数の海賊版マンガを出版していた。また、高橋留美子の作品は概ねイ・サンソクという作家によるものとされていた。1974年から1975年頃『新少年（セソ

ニョン)』に連載された時はユン・ギルヨンという名前だったが、単行本になったときはキム・ドンミョンであった。

　以下は、70年代に日本やアメリカ以外にも世界的な名作の海賊版を多数出版していた「クローバー文庫」の思い出を共有している人々が集まるインターネット上のカフェの会員が共同執筆した著書『クローバー文庫の郷愁』からの引用である。

　　キム・ドンミョンは当時『バビル2世』を楽しんでいた子供たちには馴染み深い名前であった。原作が日本のものであるのを知らない私にとって彼は一度は会いたい人であった。彼のインタビューが聞きたいと雑誌の読者コーナーに手紙を書いた。しかし、そのインタビューの記事は結局見られなかった。大人になってからその期待はただ夢であったことが分かった。原作者は日本人の横山光輝であった。その時の悲惨な気持ちは私だけのことではない。キム・ドンミョンはただの幽霊作家だと思っていたが、後で彼が実存していて多くの作品を剽窃した作家であることが分かった。とにかく、彼のおかげ（？）[ママ]で『バビル2世』が見られたことが救いである。さらに、日本原作を忠実に模倣したことに感謝するのみである[35)]。

海賊版のキャラクターグッズ

　その他、塗り絵、連絡帳・練習帳、メンコなどの文具・玩具のデザインにも、「リトルツインスターズ（キキララ）」や「ハローキティ」などの日本のキャラクターがよく取り入れられた。それらのなかでも、サンリオの「ゴロピカドン」は3匹のオニのキャラクターであり、オニの特徴である角を持ち虎の皮のパンツをはいている【図3-15】。

　「ゴロピカドン」(1982年) という名前は雷の光、そして落ちるときの音を表しており、オニと雷神の類似性を示しているとも言える。いずれにせよ、このキャラクターは韓国の子供たちを日本のオニのイメージに馴染ませるのに大いに役立ったと思われる。

　また、このようなキャラクター産業の発展は、子供向けの産業が発達し

文化鎖国と停滞する視覚文化——解放後〜1980年代、オニのキャラクターの定着 | 第3章

図3-14 高橋留美子のマンガ『うる星やつら』のラム（1978）

図3-15 サンリオ社のキャラクター「ゴロピカドン」（1982）

たということだけを意味するのではない。子供向けのジャンルだったものを大人も楽しむようになり、大人たちの消費の手が以前は子供向けのものとしか思ってなかったジャンルにまで伸びるようになったことで、産業構造に広がりが出てきたとも言える。それとともに、大衆文化自体に対する偏見も少しずつ払拭されていくこととなった。

結局のところ、韓国のドッケビにおけるドッケビの視覚イメージは、植民地時代の名残として清算すべき日本の近代化の産物というよりは、その後日本文化交流が禁じられていたなかで非公式に取り入れた日本の現代文化であるという側面が強いのである。

第3節　抵抗する民衆としてのドッケビ

1．強化される検閲

1970年代は「セマウル運動（新しい村づくりのための地域社会開発運動）」により農村や漁村の近代化が図られるなど、国内経済の発展に力が入れられた時期である。この運動によって、農村や漁村の家庭にもテレビが普及

し、全国を1つにするマス・メディア時代が本格的に幕を開けた。しかし、文化面においては依然として鎖国状態であり、停滞していたと考えられる。60年代には一時的に国家主導のもとで日本企業との交流事業が行われていたが、70年代に入ると体制維持のための検閲が強化され鎖国政策も厳しくなっていった。また、韓国図書出版倫理委員会において事前検閲が行われており、出版の自由も保証されていなかった。

　第3期中の1980年から始まった全斗煥政権もまた、排外主義的な文化政策を推進した。しかし、政府によって日本文化の流入は公的には禁じられていたにもかかわらず、実際には様々な裏のルートを通じて流入し、海賊版が多く製作された時期でもあった。同時に、大衆文化を低級なものと捉えるのが一般的だった時期であり、1980年に「図書雑誌倫委」が発足して「マンガ浄化策」を発表した[36]。その内容の一部には以下のような項目がある。

　　第6条　科学的な根拠の弱い空想科学は出来るだけ避ける。
　　第9条　児童には何の役にも立たない低俗、無価値な内容は控える。
　　第13条　射倖心や迷信行為を唆すおそれのある内容は禁じる。
（『京郷新聞』1980年9月11日、5面）

　従って、基本的には70年代の政策がその後も維持されたのであり、迷信を禁じていることからもドッケビのマンガなどは好ましく思われなかったものと思われる。他にも、「海外のマンガ、特に日本マンガをむやみに複製し、先を争って出版し、出版に関わる者としての誇りを傷つけることがないように…」という項目もあり、盗作についての法的な措置は規定されなかったものの自発的に控えるよう要請している[37]。

2．一括化・単純化される文化

　1980年代は世界的不況と脱冷戦という世界的潮流と相まって、日韓間の往来数も増えて大きな変化が見られた時期であった。しかし、韓国国内で

文化鎖国と停滞する視覚文化——解放後〜1980年代、オニのキャラクターの定着 | 第3章

は80年に発足した全斗煥政権による軍事独裁が強まった。政治・経済的に困難を抱えた時期であり、新政権は政権維持のためにさらに文化的鎖国策を強化したのに対して、「民主化運動」と呼ばれる反政府運動が活発に行われるようになった。対外的には、米国による貿易相手国に対する圧迫が強くなった時期であり、「スーパー301条」をめぐる反米デモや、教科書問題などをめぐる反日デモが頻繁に行われていた時期であった。これらのデモの背景には、民衆化運動の矛先を国外に向け、はけ口にしようとする政治的意図もあった。

　このように多様な視座が存在し混乱する最中の88年、ソウル・オリンピックが開催された。オリンピックを成功させるために国民が一丸となって取り組んだことで、ナショナリズムが頂点に達し、この流れのなかで韓国固有の伝統文化や民族文化が改めて注目を浴びることとなった。また、シンボル、ロゴ、キャラクターなどが制作されたり、看板整備事業など都市における環境美化事業が盛んになったりしたことで、視覚イメージは以前よりも増加した。

　出版においては、1980年半ば以降からは、全集よりも単行本が人気を博するようになった。しかし現在、当時の本を調査するのは非常に困難である。なぜなら、88年の韓国語文法改定案（標準語改定法）の発表後、それ以前の本が処分されるという焚書坑儒のような事件が起こったからである。書籍の文化的・歴史的価値を無視した野蛮な行為であるが、当時は平然と行われていた。子供の日の恒例行事として、子供や青少年向けの「不良マンガ」、「不良書籍」とされた物が集められ焼却されることも度々行われていた。これによって、図書館や学校から改定案以前の本が見られなくなり、特に70年から80年代にかけて出版された本のほとんどが失われてしまった。

　もう1つ韓国の出版文化にとって障害になったのは、漢字教育中止を含む「ハングル全用」の問題である。韓国語のなかで漢字を使うことを止めてハングルのみで文書を書くという主張は度々出てきてはいたが、本格的にハングル全用が行われたのは標準語改定と同様、新軍部が就任しオリン

ピックが開催された1988年のことである。新軍部も朴政権と同様クーデターで政権奪守したため、自らの正当性を主張しなければならない立場にあったので、常に民族的価値観が強調された。ハングルはその代表的なものであり、植民地時代の日本文化の清算も再び議論されることとなった。韓国政府にとっては、民族的アイデンティティーと民族の優越性を強調するものとして、ハングル全用は重要な問題であった。ハングル全用の『ハンギョレ新聞』(1988年)が創刊され、80年代後半には新聞雑誌からも漢字が少なくなり、中等教育課程では選択科目としても漢字が選択されることが少なくなった。ハングル全用世代が多くなると出版物も次第にハングルのみを使うようになり、漢字が混ざった本は出版されなくなった。

　このように、軍事独裁下の文化政策として、韓国の文化を一括化、単純化する非常に乱暴な政策が民族・平等の名の下に推進された。検閲が強化され、マンガや娯楽作品、例えばファンタジーなどは非科学的として否定され、視覚文化は総じて停滞していたと言える。

3．増加する視覚イメージ

　訳語としてのドッケビ

　一方、1980年代に入ると、白黒テレビがカラーテレビに変わり、同年代半ばからは家庭用ビデオも普及するようになった[38]。モノクロで写実的な挿絵が入った蔵書用の絵本はカラー絵本にその座を譲り渡した。80年代になってようやく、韓国はモノクロの社会からカラーの社会に移行したのである。そして88年のソウル・オリンピックを皮切りにキャラクターという概念が入ってきて、その需要が増え始める。

　名作童話集ばかりが何度も繰り返し出版されるのではなく、創作童話の出版数が増加することとなり、この頃には『世界少年少女創作童話集』も出版された。そこでは、海外童話に登場する幽霊や悪魔のような存在は概ね「ドッケビ」と訳されていた。啓蒙社、熊進出版社、新久文化社などの出版社から数回出版された少年少女全集のなかには必ず「日本童話集」が

あり、そのなかの「オニ」は「ドッケビ」と訳され、韓国のドッケビと同じ視覚イメージで描かれた。これらに収められていた物語としては、昔話の「桃太郎」、「一寸法師」、「お婆さんと地下の国の怪物（おむすびころりんと類似した話）」の他に、日本の創作童話である「泣いた赤鬼[39]」、「赤いムチ、青いムチ[40]」などがある。1973年に出版された日本童話集のなかで、浜田廣介の「泣いた赤鬼」を含む多数の書籍から鬼、悪魔、幽霊がドッケビと訳され、日本のオニと同じ視覚イメージを持って広まっていった。

『日本童話集』に見られるような典型的なオニの視覚イメージで描かれるのでなく、悪魔、幽霊の姿で描かれていることからも、ドッケビは、オニのイメージで捉えられることが多かったものの、その言葉が非常に幅広い意味で使われているのと同様に他の多様な視覚イメージも共存していたことが分かる。このように曖昧な言葉の使い方をしながら「ドッケビは韓国固有のものでそれにふさわしい視覚イメージは別にある」と主張することには無理がある。もし固有性を主張し真正性のあるドッケビイメージを構築したいならば、訳語としてドッケビという言葉は使わないようにしなければならない。しかし、これまで見てきた通り現実には「ドッケビ」は非常に意味範囲の広い総称的な妖怪の訳語として、例えば、幽霊、オニ、悪魔、ゴブリン、モンスター、お化けの訳語として幅広く用いられていた。例えば、ピエル・グリパリの『優しいちびドッケビ（착한 꼬마 도깨비[41]）』【図3-16】のドッケビは小悪魔のように描かれている。ヨセフ・カール・グルントの『赤い鼻のドッケビ[42]』【図3-17】とメアリ・フランシスの『ふわふわドッケビ[43]』【図3-18】には幽霊の姿で表れている。

児童文学とドッケビ

1980年は専門の絵本作家が登場した年、つまりは韓国の絵本の歴史が始まった年とも言えるが、その量はそれほど多くない。80年代半ば以降は全集よりも単行本が人気を得るようになり、子供向けの本も本格的に出版されるようになった。当時大人向けの媒体である新聞や雑誌で絵を描いていた作家たちが、この流れによって子供向けの本の制作にも携わるように

図3-16 『優しいちびドッケビ』の悪魔のようなドッケビ（1987）
図3-17 『赤い鼻のドッケビ』の幽霊のようなドッケビ（1986）
図3-18 『ふわふわドッケビ』の幽霊のようなドッケビ（1986）

なった。

　これらの本のなかには、外国の絵本を模倣しただけのものも多くあった。韓国出版年鑑を調べると、韓国でドッケビの伝来童話、つまり日本植民地時代からよく韓国童話集に含まれていたドッケビ童話以外の創作童話はほとんど見られず、初めてドッケビの創作童話が登場するのは80年代である。80年代は民主化運動の高揚に対して軍事政権による規制はより厳しくなっていた文化状況にもかかわらず、解放後から70年代までに出版されたドッケビ童話の総数よりも多くの創作ドッケビ童話が出版された。

　韓国の第1世代の挿絵作家と言われる李友慶（イ・ウギョン）や洪性鑽（ホン・ソンチャン）などによると、当時は「イラストレーション」という概念もなく、1枚いくらという形式で売買された絵は著作権という認識もないまま単なる挿絵として消費された時期であった。そのため、挿絵画家に対する世間の認識の低さや報酬の安さ、待遇の悪さと戦わなければならなかった。イ・ウギョンは線を命と生きる三文画家の人生を「旅芸人のなかでも、網渡りをする道化師のようなものであった」と述べている[44]。また、以下に挙げる大竹聖美の言葉は、1980年代の韓国の絵本作家の状況をよく説明している。

　朝鮮時代においては科擧制度に依拠し、官吏や、文字を書き、詩を詠む

文化鎖国と停滞する視覚文化——解放後〜1980年代、オニのキャラクターの定着 | 第3章

図3-19 『漁師とドッケビ』で壺に入ろうとするドッケビ（1984）

図3-20 『ドッケビの棒』で魔法の棒を叩いて財宝を作っているドッケビ（1985）

図3-21 『ドッケビの頭巾』頭巾を持って走っているドッケビ（1987）

　学者が敬われ、職人や芸人は軽んじられていた。このような意識や社会構造は、技術を尊び実学を重視した日本の文化が流入した植民地時代には、ひと時崩壊したかのように見えたのだが、日帝の撤退と民族解放後（1945年以降）には、再び頭をもたげて来た[45]。

　ドッケビの挿絵がある1980年代の絵本に見られるドッケビの視覚イメージについて、いくつか例を挙げて検討していきたい。
　まず、『漁師とドッケビ』では、ドッケビは先住民のような姿で腰巻を巻いており[46]、角が2つある【図3-19】。『ドッケビの棒』は「瘤取り爺さん」と類似のストーリーの絵本である。そのなかのドッケビは、角が1つのものもいれば2つのものもいる。腰巻は巻いているが、鼻が大きく、原色で描かれていて、典型的な敵役のオニの姿として描かれている[47]【図3-20】。『ドッケビの頭巾』にも、腰巻を巻いているドッケビが見られる[48]【図3-21】。
　また、啓蒙社の「少年少女文学全集」の1つである『韓国伝来童話集』のなかの「歌袋」【図3-22】と「興夫ノル夫」の挿絵にも、腰巻姿で角があり、棒を持ったドッケビが登場する[49]。オニが腰巻を巻いている姿は絵本によく登場する視覚イメージではないことからも、このドッケビの姿は

125

図3-22 『歌袋』(1987)の2つの角があり、腰巻を穿いているドッケビ

図3-23 『ハシバミとドッケビ』(1981)の2つの角があり、腰巻を穿いているドッケビ

植民地時代の『朝鮮語読本』の「瘤を除った話」を参考に描かれた可能性も否定できない。そこで見られるドッケビの視覚イメージは、確かに植民地時代の影響を受けているように見える。注目すべきなのは、このような絵が見られるのが1980年代であるということであるが、これは、ドッケビの視覚イメージを具体化するために参考にできる資料がこのときにはまだ乏しかったためであろうと思われる。

1980年代半ばの時点では、ドッケビはまだ一般的には「悪の象徴」としてのイメージが強かったが、民俗学の研究も活発に行われるようになり[50]、新聞などで扱われる回数も増えていった。古くから伝わる民話を紹介する記事【図3-23[51]】、子供向けの創作童話の素材として使われたことを伝える記事などが多く[52]、以前まで子供向けであったメディアでしか現れなかったドッケビのイメージが大人向けのメディアのなかにも入ってきたと言える。

教科書のドッケビ

では、教科書に登場するドッケビはどのような姿だったのであろうか。最も古いドッケビの視覚イメージとされる植民地時代の教科書の挿絵以来、ドッケビが改めて登場するのはいつであったのか。米軍政下（1945〜

文化鎖国と停滞する視覚文化──解放後〜1980年代、オニのキャラクターの定着 | 第3章

図3-24　植民地時代以来初めて教科書に登場したドッケビ（1989）

図3-25　子供が描いた鬼神とドッケビ（1982）

1948年）で使われていた教科書にも一度「瘤のある翁」が登場するが、挿絵はない。1987年の初等学校2年の国語教科書のなかの『読み』と『書き』において、再び「瘤のある翁」が扱われているが、視覚イメージは見られない。このように、ドッケビの物語が植民地時代以降長らく扱われなかったのは、ドッケビは迷信とされ教育的に好ましくないとされた当時の教育的観点を反映したものと考えられる。

　結論を述べれば、ドッケビの視覚イメージが再び教科書に現れるのは、1989年の初等学校の1年生用『生活の手引き1-1』の「ハシバミとドッケビ[53]」においてである。このドッケビには角があり、棒を持っており、典型的なオニの視覚イメージと同じように描かれている【図3-24】。従って、このときには既に、オニとよく似たこの姿がドッケビの視覚イメージとして定着していたと思われる。

127

子供たちのドッケビ認識

　では、実際の視覚イメージはどうであったのかと言うと、角のあるドッケビの姿は既に韓国社会に定着していた。以下は80年代の未就学児童の絵に見られるドッケビである。【図3-25】は鬼神（左）とドッケビ（右）を描いている2人の幼児のもので、ドッケビは概ね角を持ち、棒を持っているように描かれており、こうしたドッケビ表象が安定して認識されていることが分かる。子供たちのほとんどが、角（64％）、棒（42％）、大きな耳（23％）などを描いており、全体の84％がこの3つの特徴のうち2つを同時に描いているという調査結果が示されていることからも、当時の子供たちが角、棒、耳をドッケビの重要な特徴と捉えていたことが分かる[54]。

4．韓国人の象徴としてのドッケビ

　ドッケビが韓国固有のものとして強調され、ドッケビという言葉の意味範囲が限定されるようになったのは第3期（80年代）のことである。それ以前には世界中の多くの妖怪の訳語として用いられ、国内でも大人向けのメディアで見られる悪の象徴、児童向けの書籍に登場する子供の友達を表す言葉としても幅広く使われていたが、民衆の象徴として取り上げられるようになって以降は、他の妖怪やお化けとは区別され始めたのである。

　1980年代にあってほぼ唯一好まれていたファンタジー・キャラクターがドッケビである。ドッケビが持つ神話的属性は他のファンタジー的素材とは異なる韓国・韓国人の象徴であるとして、好んで使われるようになった。1980年代のナショナリズムは、これまでのような「民族」の強調ではなく「民衆」を強調したという点で特徴的であり[55]、その結果としてドッケビも民衆文化を象徴するものとして再発見され注目を集めることになった。ドッケビは古くから伝わる民話の主人公として知られるだけでなく、シンボルマークとして看板や商品などにも使われるようになり、その姿も具体化されたが、特に素朴で親しみやすいキャラクターである点が強調さ

文化鎖国と停滞する視覚文化——解放後〜1980年代、オニのキャラクターの定着 | 第3章

図3-26　呉潤の『ドッケビ』(1985)に登場する音楽、お酒、相撲を楽しむドッケビ

れた。そして、庶民の味方であり韓国人像を表しているとさえ言われるようになった[56]。

　例えば、民衆美術の代表的作家と言われる呉潤（オ・ユン）は、「韓国人」や「韓国的」というテーマにこだわり続けた80年代を代表する画家である。彼は社会的発言を積極的に行い、作品を作る芸術家たちが中心になって作った「現実と発言」というグループに参加して、民衆運動や労働運動の際に使われるコルケ・グリム（大型の掛け絵で、民主化運動の際、大学の壁などによくかけられていたもの）を描いたり、金芝河（キム・ジハ）や朴勞解（パク・ノヘ）などの民主化運動を代表する作家の本の表紙を数多く残している。社会批判的リアリズム作品を描き、民衆とコミュニケートすることを生涯の課題とした作家として知られている[57]。1985年から「ナッドッケビ」シリーズを発表し、韓国の民衆をドッケビの姿に変えて描いている【図3-26】。そこでのドッケビには角があり、また頭には炎のような表現も入っている。朝鮮時代の庶民の服装で強い成人男性として描かれており、恐れるものとしてではないが力強く描かれている。本来ドッケビは夜行性と考えられているため、昼に出会う「昼（ナッ）ドッケビ」というのは驚くべき存在である。「昼ドッケビ」シリーズのなかでは特に民俗学で提示している韓国のドッケビの性格が細かく表現されている。左側のドッケビは右下に魔法の棒と言われるドッケビ棒を置いて楽器を叩いてい

129

る。叩くという行為や農楽器を演奏している点は、幸福の神としての祭りとの関連性を表している。農村、山村、漁村関係なくこの農楽器は豊作を祈る祭りに用いられるものである。左上のドッケビは火を持っており、火の神、鍛冶屋の神としての側面を表している。楽器を演奏しながら踊っているドッケビたちの真ん中には祭事のときのように稲のマットが敷かれ、その上には餅の壺が置かれている。餅はドッケビが好きだと言われるもう1つの食べ物である。中央少し右に相撲をしているドッケビがおり、その後ろに応援をしているのかは分からないが踊っているようなドッケビも見える。右下のドッケビはマッコリを飲んでいる。マッコリは穀物で作った濁り酒のようなものでドッケビの好物として挙げられるものでもある。呉潤は韓国人の自画像としてドッケビを描いており、この時期には既にドッケビは民衆という象徴性を持っていたものと思われる。

　この頃には、一般的なドッケビの視覚イメージに対して疑問を呈する言説も見られるようになる。そこでの議論は、具体的にはドッケビが持ち歩いている棒についてのものである。ドッケビの棒は何でも願いを叶えてくれるものであり、ドッケビの視覚イメージにおいては小道具として欠かせないものであるが、それは日本のオニの金棒とは異なり木の棍棒のようなものである。しかし、韓国の旧盆の祭りで披露された劇に登場するドッケビが持っているのは日本のオニの金棒である、と批判されたのである[58]。このような議論は、ドッケビを韓国文化の象徴として捉え、日本と比較するなかでアイデンティティーを模索しようというナショナリズムの一面を示すものでもあり、大衆文化における視覚イメージ、視覚文化の重要性を認識し始めた当時を象徴する動きであったと言える。

まとめ

　本章では、1960年代から80年代の韓国の社会状況とドッケビ表象を検討した。1960年代から80年代にかけての韓国においては、経済的成長が最優

文化鎖国と停滞する視覚文化——解放後〜1980年代、オニのキャラクターの定着 | 第3章

先課題とされ、経済面での近代化が積極的に図られた一方で、文化的創造は置き去りにされた。また、規制が多く検閲が強化されていく社会状況で、創作活動には厳しい環境であった。大衆文化や視覚文化を軽視する社会的風潮により、自らが生産することには力を入れず、その供給のほとんどを海外のものに依存することとなった。国家的には文化的鎖国政策が採られたのに対し、海賊版などを通じた日本大衆文化の流入は止むことがなく、その乖離はどんどん深まっていった。これは、当時の韓国が変化の時代であったことを象徴するものである。

第1節では、反共プロパガンダに使われたドッケビのイメージを検討した。太平洋戦争時に桃太郎の敵のイメージとして描かれていたオニは、朝鮮戦争中に共産主義のイメージに代わり、韓国で再生産された。朝鮮戦争期以後のビラや新聞の風刺漫画においてドッケビは悪として描かれ、アニメやマンガなど子供向けの産業にもプロパガンダとして使われた。このような事情は北朝鮮も同じであった。しかし、韓国では日本の海賊版を通して、親近感あるキャラクターに変化したオニも受け入れていたが、そうした変化は北朝鮮には見られない。

第2節では、1960年の「経済開発5ヵ年計画」に基づく政府主導の経済開発政策の一環として、放送、製造業など様々な分野において先進国の産業を見習うための見学・研修が行われ、共同制作などを通じての技術提供が行われたことを確認した。同政策において政府が意図したのは、技術（形式）のみの模倣であったが、現実的にはそこで使用されるコンテンツ（中身）の輸入にもつながった。

日本の産業をモデルにしたものが多かった反面、歴史的背景により反日感情が強く、日本のコンテンツの輸入は望ましいものとはされなかったため、それらは日本のものではなくあたかも韓国で製作したものであるかのように見せかけられて流通することが多かった。その結果、韓国では知らず知らずに日本の大衆文化が海賊版として入ってきて、その過程を通して妖怪やオニのような日本の文化的表象も伝わってきた。

第3節では、1980年代の大衆文化と韓国社会における民衆の抵抗につい

て検討した。

　韓国では1980年代に入ってもなお庶民文化や大衆文化として消費される独自の視覚イメージの自給ができず、日本のものを始めとする海外のものに依存した結果、韓国のマンガ・アニメ・大衆音楽など大衆文化の歴史は海賊版の歴史になってしまった。現在のドッケビイメージの形成に与えた影響としては、植民地時代に伝播した日本のオニの視覚イメージよりはむしろ、植民地解放から1980年代まで維持されていた軍事政権下の文化鎖国のもとでの裏ルートでの日本商品の輸入や日本の海賊版による影響がより大きかったと思われる。

　また、独裁政権下の反共国家においてドッケビは好ましくない想像上のものとして排斥されていたが、80年以降の民衆文化のなかで新たに注目され民衆のアイコンとして急浮上した。ドッケビの素朴で自由奔放な性格が時代に立ち向かう民衆を代弁すると考えられ広まり始めた。実際、オニのイメージがドッケビとなってプロパガンダに使われると同時に、国民的に愛される民衆を象徴するキャラクターとしても使われていたのは、非常に意味深いドッケビの特徴であると言えよう。

1）韓国学中央研究院、カン・サンウォン（강상원）インタビュー、全羅南道康津郡七良面、2014年3月15日収録、韓国口碑文学大系ホームページ。〈http://gubi.aks.ac.kr/web/TitleList.asp〉
2）ホ・ジョン（許政、허정）『내일을 위한 증언（明日のための証言）』、セムトゥ社、1979年、242ページ。
3）翰林大学校アジア文化研究所『한국전쟁기 삐라（韓国戦争期のビラ）』、翰林大学出版部、2000年、16ページ。
4）同上、22ページ。
5）シン・ヘスク（申恵淑、신혜숙）「日本の「鬼」にまつわる比喩表現──韓国の「ドッケビ」との対照を中心に」『日語日文学研究』、2009年11月、116-126ページ。
6）チョン・サンモ（정상모）「북한관련보도는 여전히 반공（北朝鮮関連報道はあいかわらず『反共』）」『ハンギョレ新聞』、1988年9月11日、7面。
7）「평양 거리의 평화적 시민（平壌の街には平和な市民）」『ハンギョレ新聞』、

1994年9月12日、2面。
8）1925年結成された社会主義文学団体。KAPFはエスペラント語で朝鮮プロレタリア芸術家同盟（Korea Artista Proleta Federacio）の略。
9）パク・ソンウ（박성우）「개성 공단, 북한노동자의 대남 인식의 변화（開城工団、北の勤労者の対南認識の変化）」『Radio Free Asia』、2014年6月13日。
10）『角のある悪魔と3人の少年たち（뿔악마와 세소년）』、金星青年出版社、1984年。
11）ナリマツ・シノブ（나리마쯔 시노부）「일본 대중문화 정책에 관한 연구（日本大衆文化政策に関する研究）」、慶尚大学大学院修士論文、2003年、48ページ。
12）同上、61ページ。
13）「日本은 들어오고 있다（日本が入ってくる）」『京郷新聞』、1965年2月22日、5面。
14）「開放1世紀、日本と韓国の今日の座標14——出版界」『東亜日報』、1970年7月5日、5面。
15）「省谷言論人視察團日言論界시찰6日歸國예정」『京郷新聞』、1966年4月2日、1面。
16）「告訴당한 표절 만화「요괴」是非（告訴された剽窃マンガ「妖怪」是非）」『中央日報』、1976年4月16日、7面。
17）「餘滴」『京郷新聞』、1959年1月30日、1面。
18）ナリマツ・シノブ、前掲論文、26ページ。
19）オリオン社のフーセンガム広告でドッケビがキャラクターとして使われている。商品名も「ドッケビ」フーセンガムでキャッチコピーとして「ドッケビが一番怖がるフーセンガム」と書かれている。「오리온 도깨비 풍선껌（オリオン・ドッケビ・フーセンガム）」『京郷新聞』、1966年10月17日、3面広告。
20）不二家のイベント広告で、不二家のチョコレート、フーセンガム、キャンデーを買うと、毎週500名に不二家からテープレコーダが当たるという内容。「毎週500名さまにオバQテープレコーダーをさしあげます」『週刊少年サンデー』47号、小学館、1965年11月14日、裏表紙。
21）パク・ヒョンソク（박현석）『아기 도깨비（チビ・ドッケビ）』、三峡文化社、1965年、表紙。
22）パク・ヒョンソク『돈 도깨비（お金ドッケビ）』、三峡文化社、1966年、表紙。
23）キム・ムンソ（김문서）『도깨비 방망이（ドッケビの棒）』、文芸書林、1968年、5-6ページ。
24）チョ・デヒョン（조대현）『할머니와 도깨비 막대기（おばあさんとドッケビ棒）』、韓進出版社、1979年、6ページ。
25）イム・ジヒョン（임지현）、キム・ヨンウ（김용우）『대중독재1——강제와 동의 사이에서（大衆独裁1——強制と同意の間）』、チェクセサン、2004年、514ページ。

26) イ・ジュヨン（이주영）「어린이 문화와 책――미래의 발목을 잡는 17세기 서양동화들（子供の文化と本）」『出版ジャーナル』、出版ジャーナル・メディア、1996年、4-5ページ。
27) イ・サングム（이상금）「아동도서 출판의 현재와 장래（児童図書出版の現在と未来）」『出版文化』、1976年5月、3ページ。
28) チョン・ボクハ（정복화）「해방 이후 한국 아동전집 출판에 관한 역사적 고찰――아동전집, 출판 기획을 중심으로（解放後韓国児童全集出版に関する歴史的考察）」、東国大学言論情報大学院出版雑誌学科修士論文、2000年、18ページ。
29) 同上、52ページ。
30) フワン・チョンヒ（황정희）「단편 전래 동화 연재 1 회『흥부와 놀부（フンブとノルブ）』」『少年芸術』創刊号、1978年12月、201ページ。
31) チェ・ヒョンヒ（최현희）『짱구와 도깨비 방망이（チャングとドッケビの棒）』、少年韓国日報、1976年。
32) イ・ソプン（이소풍）『진동일과 도깨비들（チン・ドンイルとドッケビたち）』、七星文化社、1977年、35ページ。
33) ナリマツ・シノブ、前掲論文、20ページ。
34) 海賊版の多くは出版社・出版年が判然としない。例外的にわかっているものとして「ハム・ウンホ（함운호）『람바1/3（ランバ1/3）』、ヤングパワーコミックス、1997年」がある。
35) クローバー文庫の郷愁カフェ（클로버문고의 향수 카페）『클로버문고의 향수（クローバー文庫の郷愁）』、韓国マンガ映像振興院、2009年、133ページ。
36) 「マンガ浄化方策」
　第1条　77年2月1日以後発行するときは必ず審査を受ける。
　第2条　成人を対象とした漫画でも青少年に悪影響を及ぼす可能性のある内容は控える。
　第3条　子供と大人の関係を戯画的に表現することを控え、大人に対する尊敬の心を忘れないようにする。
　第4条　歴史的な事実を扱うときは常に正当性を維持し、考証を徹底的に行う。
　第5条　反共・セマウル運動（新しい町作り運動、새마을 운동）・独立運動に関する内容は慎重に扱い、暴力・残酷・煽情的内容を避ける。
　第6条　科学的な根拠の弱い空想科学は出来るだけ避ける。
　第7条　殺生・復讐が中心になる武俠・犯罪捜査ものは避ける。
　第8条　海外のマンガ、特に日本マンガを無分別に複製して競争的な出版をすることで出版人としての品と誇りを失わないようにする。
　第9条　児童には何の役にも立たない低俗、無価値な内容は控える。
　第10条　犯罪行為・非道徳的内容を正当化するように見える内容は禁じる。
　第11条　標準語使用を原則とし、方言・卑俗語・流行語は使わない。
　第12条　成人社会の暗い一面や異性間の不健全な愛情関係など社会道徳や美風様

文化鎖国と停滞する視覚文化──解放後～1980年代、オニのキャラクターの定着 | 第3章

　　　式を脅かす表現は使わない。
　　第13条　射倖心や迷信行為を唆すおそれのある内容は禁じる。
　　第14条　マンガの内容に広告的な意味が入っているものを禁じる。
　　第15条　登場人物の描写が下品または醜いもの、服装が不良または贅沢なものは禁じる。
　　第16条　文脈上、必要ではない人名や外来語は禁じる。
37)「만화浄化방안마련 図書雑誌倫委（マンガ浄化策準備──図書雑誌倫委）」『京郷新聞』、1980年9月11日、5面。
38) 韓国でカラーテレビが普及したのは全斗煥政権が始まってからのことである。1980年3月、国産カラーテレビの国内販売が正式に許可され、81年からカラー放送が始まった。
39) 浜田廣介「泣いた赤鬼（붉은 도깨비의 울음）」『日本童話集』、啓蒙社、1973年、41ページ。
40) 同上、216ページ。
41) ピエル・グリパリ（피에르 그리하리）『착한 꼬마 도깨비（優しいちびドッケビ）』、セムトゥ、1987年、表紙。
42) ヨセフ・カール・グルント（요세프 칼 그룬트）『빨간 코 도깨비（赤い鼻のドッケビ）』、新世界、1986年、表紙。
43) メアリ・フランシス（메리 프란시스）『도깨비 헐렁꼭지（ドッケビ・ハランコッチ）』、新世界、1986年、表紙。
44) イ・ウギョン（李友慶、이우경）「선 위의 인생（線の上の人生）」『月刊イラスト』夏、月刊イラスト、1998年、36ページ。
45) 大竹聖美「韓国の子どもの本のイラストレーション第一世代──挿絵から絵本へ、イ・ウギョンとホン・ソンチャン」『韓国と日本の絵本』、財団法人大阪国際児童文学館、2006年、19ページ。
46) イ・ウギョン『어부와 도깨비（漁師とドッケビ）』、東西文化社、1984年、3ページ。
47) シンジン出版社（신진출판사）編『도깨비 방망이（ドッケビの棒）』、デヌン대능、1985年。
48) イ・ウギョン、オ・ヒョソン（이우경、어효선）『도깨비 감투（ドッケビ頭巾）』、教学社、1987年、9ページ。
49) イ・ウォンス（李元壽、이원수）「노래 주머니（歌袋）」『韓国伝来童話集』、啓蒙社、1987年、105ページ。
50)「한국의 도깨비（韓国のドッケビ）」『東亜日報』、1980年7月7日、5面。
51) チェ・シンヘ（崔臣海、최신해）「개암과 도깨비（ハシバミとドッケビ）」『東亜日報』、1981年3月14日、11面。
52) キム・ヨンジャ（김영자）「도깨비 나라（ドッケビの国）」『京郷新聞』、1983年5月7日、8面。

53) 文化教育部「개암과 도깨비（ハシバミとドッケビ）」『생활의 길잡이（生活の手びき）1-1』、文化教育部、1989年、26ページ。
54) キム・ソンミ（金善美、김선미）「학령전기아동의 귀신, 도깨비에 대한 개념（未就学児童の鬼神、ドッケビ概念）」、ソウル大学医科大学、1982年、11ページ。
55) チョ・ヘジョン（趙惠貞、조혜정）『탈식민지 시대의 지식인의 글쓰기와 삶읽기（脱植民地時代の物書き）』、もう一つの文化、1992年、73ページ。
56) キム・ヨルギュ（金烈圭、김열규）『도깨비 본색 뿔난 한국인（ドッケビ本性——角のある韓国人）』、四季、2010年、130ページ。
57) 国立現代美術館「도깨비（ドッケビ）」『작고 20주기 회고전 오윤 낮도깨비 신명마당（20周期記念展示——呉潤「昼ドッケビ広場」）』、カルチャーブックス、2006年、8-9ページ。
58) 「賞타기 치중 傳統계승 소홀（賞に注目しすぎで、伝統継承にはもの足りない）」『東亜日報』、1989年10月2日、8面。

第4章

悪の象徴から民族の象徴に
——1990年代、ドッケビの視覚イメージ論争

ドッケビ・ホームページ（2005）——韓国の文化コンテンツ振興院の支援を受けてドッケビのデジタルコンテンツを製作したネオグラフ社のドッケビ・ホームページのメイン画面。ドッケビ説話を収集し、それぞれのドッケビに視覚イメージを与えて事典化した（本文167ページ）。

はじめに

　1990年代の韓国は、ソウル・オリンピックを経て高まったナショナリズムを背景としつつも、政治的・経済的・文化的に大きな変化を経験することとなった。政治的には、冷戦が終結し金大中大統領が北朝鮮を訪問するなど、それまで韓国社会を支配していたイデオロギー的な抑圧が弱まった。経済的には、1997年のアジア通貨危機によってIMFの管理下に置かれるなど、経済構造を抜本的に改革することが求められた。

　そして文化的にも、金泳三政権（1993～1997年）の時期に日本の文化商品の海賊版問題や日本文化開放問題が激しく議論された。日本による植民地支配下で近代化を経験した韓国にとって、日本文化をどのように扱うかは常にセンシティブな問題であり続けていたのであり、それがナショナリズムや国家のアイデンティティーが強く意識されるようになった1990年代になって顕在化したと思われる。結局、金大中政権の始まる1998年から日本大衆文化が開放されることとなったが、日本文化に対して韓国大衆が抱く感情は現在に至るまで複雑なものであり続けている。そして、本章で検討する「ドッケビ論争」も、こうした文化的に不安定な状況が生み出した事件の1つであると言えよう。

　序章でも述べた通り、ドッケビ論争とはドッケビの視覚イメージのオリジナリティーをめぐって提起された論争であり、アカデミックな水準に留まらず新聞などマスメディアでも取り上げられて社会問題化した。そして、そのように論争が過熱したのは、ドッケビの視覚イメージが日本のオニの視覚イメージと類似しているという事実が韓国のアイデンティティーを重視する人々によって問題視されたからである。

　本章では、1990年代の日本文化開放をめぐる議論、ドッケビ論争の展

開、そしてそこから読み取れる韓国社会における価値観の変化を考察する。併せて、日本文化開放以前から海賊版などを通して韓国に流入していた日本のオニの視覚イメージがドッケビの視覚イメージに与えた影響や、韓国政府が推進した「民族文化原型事業」におけるドッケビの描かれ方についても検討する。

　第1節では、日本文化開放をめぐる議論、実際に開放に至った経緯について紹介し、併せて、開放前から海賊版などを通して韓国に流入していた日本のオニの視覚イメージやその影響を受けて描かれたドッケビが登場する作品について紹介する。

　第2節では、ドッケビ論争の内容および経緯について、新聞記事やテレビ番組などを取り上げつつ紹介し、併せて、そうした論争の影響を受けて意図的にオニの視覚イメージから離れて（少なくとも離れようとして）描かれたドッケビが登場する作品について紹介する。

　第3節では、韓国文化の「原型」を探す事業として推進された「民族文化原型事業」と、そのもとで収集あるいは創造されたドッケビ・キャラクターについて紹介し、併せて、そのように韓国文化の「原型」や「真正性」の存在を前提として探求しようとする韓国社会のありようについて考察する。

第1節　日本文化開放と大衆文化

1．日本文化開放に対する反対世論

1990年代の社会変化

　韓国の国際著作権関連の法を少し検討すると、まず1987年にUCC（Universal Copyright Convention、万国著作権条約）を締結したが、これは外国人の著作権については出版年の制限などもあってあまり影響力がなかった。以後GATT（The General Agreement on Tariffs and Trade、関税と貿易に

関する一般協定）のウルグアイ・ラウンドが1993年12月15日に妥結し、1995年には自由貿易・自由競争をモットーとするWTO（World Trade Organization、世界貿易機関）体制が発足した。そして、韓国はWTO加入と同時に国際著作権協会にも加入し、著作権法が改正されることによって外国人著作権の保護が法的に可能になった[1]。

それ以前には、海賊版のマンガや映画、ドラマのビデオが以前よりも大量に流通している状況のなかでも規制することは困難であった。特に90年代には、海外作品の剽窃・模倣という問題だけではなく、同じ外国作品を韓国国内で複数の人または会社が同時に出版する場合もあり、海賊版の問題を懸念するメディアからの批判も増加していた。

日本文化開放をめぐる反対世論

日本文化開放については、政権が変わるたびに議論になるものの、結局は日本大衆文化の低俗な面を強調して時期尚早であるという結論に落ち着くのが常であった。そこでの議論の内容を要約すると、日本文化開放に反対する理由としては主に、①日本に対する負の国民感情が残っている（植民地時代の歴史認識問題）という政治的な点、②日本の大衆文化は低俗なものが多く青少年に悪影響を及ぼす可能性があるという文化的な点、そして、③日本大衆文化と比較して韓国のそれは競争力が弱いという経済的な点、の3つが挙げられていた。

以下の1994年の新聞記事にも見られるように、韓国政府としても国民感情や競争力不足を理由に日本文化開放は時期尚早であるという立場を維持していた。

> 大衆文化開放に関しては日韓両国には独特な過去の歴史による国民感情の問題があり、我らの文化が日本のものに敵わない現実を考えると慎重に行うべきであるという立場がまだ主流である。担当部署である文化体育部は、「国民感情に反する日本の大衆文化は受け入れられない」という原則をまだ守っている[2]。（1994年）

日本の大衆文化はその暴力性や煽情性を理由に反対されることが多かったが、しかし実際には海賊版の販売など裏ルートでの消費が多く、結果として上質な大衆文化だけが規制される状況になってしまっていた。

　植民地時代に学校教育を受けた世代には日本語を自由に使える人が多く、日本文化は気軽に触れることができる文化でもあったことを考えれば、規制は結果としては市民の文化的生活を貧しくしていたとも考えられる。韓国固有の文化を守るために採られた保守的な文化保護政策は、結局は盗作や模倣を行う作家や企業が増える結果を招くこととなり、自国文化を育てるためにも障害となってしまったのである。

日本文化開放の必然性

　一方で、大衆文化も商品であるという認識は既に広まっており、日本文化の開放も検討せざるを得ないという主張も多くなっていた[3]。

> 新世代の間では日本文化がかなり普及しており、上の世代が開放か鎖国かを議論している間に、新世代は既に日本大衆文化の渦中に置かれていた。しかし、ゲーム、出版、CM、商品デザインなど、私たちの社会全般に深く根付いた日本文化盗作という問題を解決しない限り、文化開放したときに競争力はないであろう[4]。(1997年)

> 日本のマンガ、歌謡、映画が公的に入ってきて、日本のテレビが我が家を独占することになる現実を文化開放と表現するのはとんでもないことである。それは文化資本の侵奪であり、「文化侵奪」というべきである。(中略) 文化開放の阻止を国民の道徳的感情に依存するのではなく現実的な競争力をつけることが大切であろう[5]。(1999年)

　上の記事においては国民の道徳に触れられているが、反日と狭量なナショナリズムが国民としての道徳的な価値観と言われていた当時の社会的雰囲気が読み取れる。日本文化開放をめぐる議論は国家や知識人がマスメディアを通じて主導し、開放が時期尚早であるという理由を中心に展開さ

	第一次開放 (1998.10.20)	第二次開放 (1999.9.10)	第三次開放 (2000.6.27)	第四次開放 (2004.1.1)
映画	3大国際映画祭（カンヌ、ベニス、ベルリン）とアカデミー賞受賞作	公認された映画祭（韓国映画振興委員会褒賞対象の映画祭）、全体観覧可と認めた映画	12歳観覧可、15歳観覧可の映画	全面開放
ビデオ	国内で公開された映画	国内で公開された映画	国内で公開された映画	国内で公開された映画やアニメーション
アニメ	未開放	未開放	国際映画祭の受賞作	2006年から劇場版アニメ上映全面開放
公演	未開放	2千席以下の室内公演	室内外公演全面開放	―
音盤	未開放	未開放	日本語の歌以外のすべて	日本語音盤全面開放
ゲーム	未開放	未開放	ゲーム機とビデオ用以外のすべてのゲーム	ゲーム全面開放
放送	未開放	未開放	スポーツ、ドキュメンタリー、報道プログラム	今まで許可した映画のケーブルテレビや衛星放送の放映
マンガ	日本語で出版されたマンガとマンガ雑誌	―	―	―

表1　日本大衆文化開放4段階政策

（連合ニュース（2003年6月7日[6]）と文化体育観光部の国会資料（2006年[7]）を参考に再構成）

れてきた。

　また、日本文化開放反対の現実的な理由のなかでも、韓国文化の国際競争力不足という問題は大きなものであった。当時の文化観光部の調査によると、大衆文化開放後の韓国市場における日本文化のシェアは、アニメーションでは78.5％、ゲームでは71％、出版マンガでは47％にまで上るであろうと予測されていた[8]。日本文化がそれほど身近であるということは、

韓国人にとっては文化的アイデンティティーに不安を感じさせることとなった。

開かれ始める扉

このように賛否両論があったなかで、1998年10月8日、訪日中であった金大中大統領は「21世紀の新しい日韓パートナーシップ共同宣言」において、韓国政府は段階的に日本文化を開放すると発表し、「日本大衆文化開放4段階政策」のもとで日韓文化交流を推し進めた。世論の反対と懸念のなかで、金大統領は選挙前の公約通りに日本大衆文化開放を推進した。

こうして、植民地解放後50年以上閉ざされていた日本との文化交流の道が開かれたのである。この動きは、対日関係の改善の結果というよりはむしろ改善を目的とした外交政策であった。【表1】に見られるように、日本文化開放は1998年に最も海賊版問題が深刻であったマンガから開始され、2006年に劇場版アニメが公開になるまで約8年に渡って段階的に行われた。2001年の歴史教科書問題などの影響で中断されたものの2004年には再開され、2006年にはほぼ全面的に開放された。

2．海賊版と創作

日本文化の輸入とドッケビ

1998年以前には韓国国内の著作権関連法が未整備であったために、市場で氾濫していた日本のアニメ、絵本、マンガを通して伝えられた日本の妖怪文化には、ドッケビと訳されて韓国に入ってきたものが少なくない。例えば、宮崎駿の『もののけ姫』は韓国では2003年に正式に映画館で上映されたが、1997年の日本公開以後、韓国では映画祭などの形で『ドッケビ姫』や『怨霊姫』のタイトルで上映されていた。

90年代には日本のマンガの海賊版が多数出版されており、その影響を受けた韓国人作家の作品が多く見られるようになった。つまり、90年代は海賊版を見て育った作家たちが活躍した時期であった。

図4-1 『ランバ2』の主人公のランバの姿は『うる星やつら』のラムの姿 (1993)

図4-2 『ドッケビ王子ケチ』の主人公、いたずら好きの子供の姿 (1997)

図4-3 教育番組『童話の国ABC』の司会者役のドッケビと女の子 (1987)

　『ランバ2——ランバの純情時代』（1993年）【図4-1】は、日本の漫画家である高橋留美子の作品『らんま1/2』と『うる星やつら』の設定を合わせたうえで作家のアイデアを付け加えて描かれた作品である[9]。

　ド・ギソン作のギャグマンガ『ドッケビ王子ケチ』は、『IQジャンプ』という児童向けのマンガ雑誌に連載されていたマンガで、主人公のドッケビ王子は緑色の体で角を持っている可愛らしいキャラクターの姿で描かれている【図4-2[10]】。ドッケビ族の王子であるケチは、息子を探しにきた王と変身が得意な女の家来クリシェと一緒に暮らしている。クリシェは虎皮のビキニを着ており、ドッケビ王は虎皮のズボンにブーツをはいている。こうした設定は『うる星やつら』の鬼族に似ており、クリシェはラムのような格好をしている。

　このように、韓国のマンガは日本のマンガの海賊版や剽窃から始まり、それを土台としてマンガ作品が描かれており、そのなかでドッケビのキャラクターはオニのキャラクターとして描かれ始めていた。

悪の象徴から民族の象徴に——1990年代、ドッケビの視覚イメージ論争 | 第4章

図4-4　『ウンビカビの昔々』の司会者のウンビとカビ。ウンビは仙女でカビがドッケビ（1991）

図4-5　『コビコビ』の主人公少年ケドン（右）とドッケビ「コビ」（左）（1995）

図4-6　『銀の雨が降る国』の王子とドッケビ王国の姫である主人公のウンビ（1999）

キャラクターとしてのドッケビ

　韓国で子供向けの産業が注目されたのは1990年代になってからである。90年代にはまだ絵本も少なく、児童文学全集のなかの「韓国童話集」、または単行本の「韓国童話」にモノクロの挿絵が入っている程度で、挿絵のないものが多数であった。また、90年代以前の児童向け挿絵も非常に写実的で怖い印象を与えるものが多かったが、90年代末には現在見られるような可愛いらしい絵が増えていった。

　ドッケビの視覚メージが定着したのも、全体的に視覚イメージの量が増加した90年代のことである。依然として海外作品の輸入に依存していたことは確かであるが、児童文学への関心が高まり子供関連の出版物も多くなった。教育的目的もあり、次第に童話のなかに登場する良いドッケビがドッケビの主流となっていった。子供向けというメディアの特性上、ドッケビは面白くて親しみやすい存在として登場することが多かった。

　児童向けテレビアニメ『童話の国ABC[11]』（1987年）【図4-3】や『ウンビカビの昔々[12]』（1991年）【図4-4】は韓国の昔話を紹介する番組であり、ドッケビが司会者として登場する。『童話の国ABC』のドッケビはまるでディズニーのランプの妖精のような青い体に大きな耳をし、悪魔のような尻尾を持ち、さらに角があり、金棒を持っている。『ウンビカビの

昔々』のドッケビは角があり、毛皮をまとっているうえ、羽を持っているようにデザインされている。文献的な根拠のあるドッケビ説話・伝承から離れて創作されたドッケビ・キャラクターが司会者として登場していることは、キャラクターに対する認識が浅かった韓国の大衆文化のなかでは1つの大きな変化であったと考えられる。

また、ドッケビを素材としたマンガやアニメも増え、主人公のキャラクターとして使われることも多くなった。例えば『コビコビ』（1995年）の主人公のドッケビ「コビ」とその仲間たちは家の道具から化けたものであり、韓国固有のドッケビを描いたものであると新聞やテレビで広告されたが、概ね角があって半裸に毛皮の服という典型的なオニの姿で描かれている[13]【図4-5】。

また、少女マンガ『銀の雨が降る国』（1999年）はドッケビの国の王子と人間界の少女の話で、王子の姿は角と八重歯以外は人間と変わらない美男子として描かれている[14]【図4-6】。

このように、90年代の出版物のなかに見られるドッケビは共通して、可愛らしくて親しみやすいキャラクターであり、現代日本の絵本やマンガのなかで描かれるオニとあまり変わらない。80年代まで韓国では多くのマンガやアニメなどの児童向けのメディアが日本の海賊版の影響を受けて作られており、一括して社会の害悪のように言われていた。しかし、資本主義社会の大衆の欲望は、韓国と比べて明らかに優れた日本の視覚文化へと収束していったのである。

このように韓国社会には、歴史認識問題などを理由に感情的には日本文化開放に反対しながらも、商品として質が高かった日本の大衆文化は好んで受け入れるという矛盾した状況が存在していた。そして90年代になると、マンガやアニメを大衆が娯楽として消費する市場が表向きにも徐々に形成されるようになったのである。

第2節　ドッケビ論争

1．角のないドッケビ

　ドッケビ論争、すなわち韓国のドッケビの視覚イメージのオリジナリティーに関する論争は、日本のオニの視覚イメージとの類似性が問題にされたという意味で、日韓関係が大きく影響していると言える。そして論争が開始された1990年代の韓国社会は、日本大衆文化開放をめぐって賛否両論が戦わされていた時期であり、韓国の文化的アイデンティティーが脅かされるのではないかという懸念が表明されている状況であった。

　序章で述べた通り、ドッケビ論争においては、民俗学者の金宗大と金容儀が、オニと同じように描かれるドッケビの視覚イメージは韓国固有のドッケビではなく植民地同化イデオロギーのもとで日本から移植された視覚イメージであると主張した。民俗学者の任皙宰、美術史学者の姜友邦は、韓国のサッカー・ナショナル・チームのロゴの鬼瓦（ドッケビ・キワ）は日本の鬼瓦であって韓国固有のものではないと主張した。

　こうした背景のもと、ドッケビ論争においては、民俗学、美術史、児童文学など、各学問分野の研究者がそれぞれ「正しい」ドッケビ像を提案し、最近ではデザイン、サブカルチャーの分野まで巻き込んだ形でドッケビの視覚イメージのオリジナリティーに関する主張が展開されている。各分野の先行研究は概ね植民地時代のドッケビの検討に集中しており、いずれの分野においても現在のドッケビの視覚イメージが植民地同化政策により生まれたと主張され、オニの姿ではない「正しい」ドッケビ像が新たに提案されている。

新聞紙上での論争

　初めて新聞紙上でドッケビの視覚イメージのオリジナリティーに関する問題提起がなされたのは[15]、1990年9月2日の『中央日報』においてであ

る。その後、1995年には朱剛玄も『ハンギョレ新聞』で「ドッケビには倭色（日本の影響）。韓国のドッケビは、けっして残酷でも、暴力的でもない。その点で日本のオニとは異なる[16]」と主張した。

『東亜日報』や『朝鮮日報』で民俗学者の金宗大は「ドッケビは、角のない、庶民的で大柄で毛深い、普通の男性の姿をしている」と述べ、韓国のドッケビには角がないという主張を広めた[17]。1995年、『ハンギョレ新聞』で金は、植民地政策の文化侵略の一環として利用された「瘤のある翁」であるが、当時の内鮮一体イデオロギーのもとでこの日本の物語が韓国にも共通して存在していたことにされ、教科書や朝鮮童話集において意図的に採用されたと主張している[18]。

1998年には、「ギョレ文化踏査連合」という市民団体が、特に文化運動として積極的に出版社や新聞社（『京郷新聞』）を取り込みつつ、ドッケビイメージの「改善」を主張した。「ドッケビの正しい姿を探すことは、単に外見を正すことではない。オニのドッケビ化は、小学校の教科書を媒体にした、日本の文化侵略の象徴である。ここには韓国固有文化の原型を消滅させようとした意図が隠されている[19]」と述べており、今からでも「正しい」ドッケビの視覚イメージを見つけなければならないと主張している。この記事には、新しいドッケビ像のイラストが入れられ、インパクトのある宣伝が行われている【図4-7】。

以後、韓国の大手新聞である『朝鮮日報』、『東亜日報』、『京郷新聞』、『ハンギョレ新聞』においては一貫して、ドッケビとオニの視覚イメージに関して人々の覚醒を求める啓蒙的な記事が掲載された。

ドッケビと角の数

ドッケビの視覚イメージのオリジナリティーに関わる議論のなかで、角の数は重要な要素である。朱剛玄は「本来韓国のドッケビは角が2つであり、日本のオニは1つである[20]」（『ハンギョレ新聞』）と主張し、ドッケビの角に関する議論が始まった。この意見に関しては、美術史学者の趙子庸も「韓国のドッケビは角が2つだが、日本のオニは1つである[21]」（『京郷

悪の象徴から民族の象徴に――1990年代、ドッケビの視覚イメージ論争 | 第4章

図4-7　1998年10月15日、京郷新聞に新しいドッケビ像として提示された角のないドッケビ

新聞』）と同意した。他方、民俗学では韓国のドッケビは独脚鬼という1本脚に1つ目のお化けであり、2本の角と脚を持っている日本のオニと比較して不安定であると主張された。

その後、金宗大などは前述したように「韓国のドッケビはその姿の具体的な描写がある文献資料がないために、そのイメージを描くことは不可能である。現在の多くの説話から推測すると、一般男性と変わらない姿で、角などは持っていない[22]」と主張し、これが最も有力な説となった。

このように、ドッケビの角の数に関する議論が一時期行われ、ある出版

149

社では「子供の皆さん、韓国のドッケビは角が1つです。2つで描かれているのは実は日本のオニです[23]」とドッケビ関連書籍にシールを貼り、「正しい」ドッケビを選択するよう一般大衆に呼びかけた。こうした議論が発生した原因が、解放後の文化的鎖国政策の影響で日本文化に対する情報や認識が不足しており、日本のオニの視覚イメージが90年代後半になるまで一般には知られていなかったためであることは否定できない。

なお、角の数が1つか2つか、あるいはないのか、その数が問題になった背景には、角が持つ意味が関係していたと考えられる。角は、怒っている人を表すとき、悪人を表すとき、そして強い人を表すときに用いられる記号であり、最初から悪の象徴だったわけではない。例えば、龍や麒麟など霊獣のなかでも最上位の聖なるものにも角があり、地獄図のなかで罪人を懲らしめる羅刹にも角が描かれる。

つまり、角は両義性を持つものであり、悪というよりは力や権力の象徴として使われていたために、角と悪を単純につなげることは、植民地時代にこだわるあまりに歴史的に用いられていた角の記号を歪曲してしまうことになるとも思われる。

テレビで見られるドッケビ論争

言説というものは、少数の発信者が大衆の情緒構造に合わせて創出し広めるものであり、その言説の力は、それを作る側が戦略的であればあるほど、そして大衆が受動的であればあるほど強くなる[24]。新聞以外にテレビでも、ドッケビの視覚イメージのオリジナリティーに関連するいくつかのドキュメンタリーが制作され、新聞よりも影響力があるメディアとしてドッケビ論争を広めるのに大きな役割を果たした。

1995年の8・15解放記念EBS特集番組『ドッケビを探せ！』は、ドッケビとオニの対決を描いた児童向けのドラマである。第1部の「失われた伝説」は、文禄・慶長の役で日本から朝鮮へ渡ってきた日本のオニがドッケビを扇子に封印し、400年後に韓民族を本当に愛する子供に出会い、その子供の涙に触れないと解けない呪いにかけたという設定である。主人公

の子供ビョンヒが偶然ドッケビ研究家から問題の扇子をもらうと不思議な能力が身につき、ドッケビの好物であるメミル・ムクがなくなるなど不思議なことが起きる。第2部は、文房具屋の社長で日本植民地主義者である「皇国民」がオニたちを使って韓国のドッケビが封印された扇子を奪おうとし、ビョンヒが苦難の末に皇国民からドッケビを救う物語である。製作者は新聞紙上において、この番組は勧善懲悪の内容であり、祖先の知恵と諧謔が込められたドッケビ噺を見せたい、と述べている[25]。

　また、韓国の国営放送局（KBS）は、数回に渡ってドッケビに関するドキュメンタリーを制作・放送した。そのなかで1999年の「民俗追跡：韓国のドッケビには角がない[26]」は、ドッケビの視覚イメージに焦点を当てたものである。地方に出向き、説話を収録し、現地の人々にインタビューを行っているが、内容においては金宗大が主張する昔の文献の物語とほぼ一致している。ただし、このインタビューでは植民地時代以前に生まれた人はおらず、従って、その人が昔おばあさんから聞いた地方の説話であると主張したとしても、既に教科書や童話などの出版物で全国に普及した説話の影響を受けた可能性もあるため、そのまま信頼するわけにはいかない。

　その他、大邱MBCの特集ドキュメンタリー「ドッケビ[27]」（2002年）、および、教育放送チャンネル（EBS）の「ドッケビを守ろう！[28]」（2011年）と「ドッケビを探せ！[29]」（2012年）においては、いずれも、現在のドッケビのイメージはオニのイメージであるためにこれらを混同してはならないということが主張されている。

　ホブスボームは、伝統の創造は他者との差異の維持、確認へとつながり、また他者への対抗を目的に行われる伝統の創造は内集団の歴史的連続性を強化する、と述べている[30]。韓国のドッケビのオリジナリティーは、まさに日本のオニとの差別化を通して主張されたのであり、ドッケビ論争はナショナリズムを背景として加熱したと考えられる。

2．教科書の挿絵論争

『東亜日報』のドッケビ論争（2007年）

　ドッケビの視覚イメージのオリジナリティー論争の頂点は、2007年の国定教科書の挿絵問題であろう。問題になったのは国定教科書として大韓教科書株式会社が製作した国語教科書の挿絵であり[31]、そこでのドッケビは日本のオニと類似した視覚イメージで描かれている【図4-8】（左）。『東亜日報』にはこの教科書の挿絵とともに2つの絵が掲載されているが、金宗大などが提示する「新しい」ドッケビ像と同様に、角がなく、一般男性の姿で、相撲が好きな特徴を描いたものである【図4-8】（中）。彼らは角のあるオニの伝統は日本のものであり韓国のドッケビの姿ではないと主張しており、その根拠として、角が1つある日本の鬼瓦【図4-8】（右）を挙げている。以下は、上記教科書の挿絵が問題とされた当時の新聞記事である。

> 　韓国美術史研究所の姜友邦院長は、「教科書の『興夫とノル夫』の民話のなかにオニを登場させ、小学生に、日本の植民地時代に入ってきたオニを韓国固有の伝統文化のように教えている」と述べている。教科書に登場する、先住民のような格好で角が生えており鉄の棒を持っているドッケビの姿は、中央大学の金宗大教授などの研究者たちにより、日本が植民地時代に持ち込んだオニの姿であると再三指摘されてきた。民間の出版社によって出版された教科書ではなく、国定教科書でさえもこのような意見を無視し続けている。

　こうした議論の結果、科学技術部（日本の文科省に相当する機関）の会議が開催されるまでに至った。会議の議事録は、多くの辞典刊行や国語教科書製作をしてきた（株）教学社の副社長イ・スングによって取りまとめられ、教育人的資源部の教育課程政策課に提出された。以下では、イ・スングから提供を受けた議事録をもとに検討する。

　イ・スング以外には、国語教育学者の朴鵬培（パク・プンベ）と国語学

초등학교 2학년 2학기 '국어쓰기' 교과서에 실린 오니. 사진 제공 교육인적자원부

인간과 씨름하는 우리 도깨비. 사진 제공 산하

오니를 조각한 일본 귀면와. 사진 제공 강우방 원장

국정 교과서에 일본 도깨비 그림

올해 교육인적자원부가 발간한 초등학교 교과서에 일본 요괴인 오니(鬼)가 우리 도깨비로 둔갑해 잘못 실려 있는 것으로 드러났다.

강우방 일향한국미술사연구원장은 28일 "이들 교과서가 '흥부와 놀부' 등 전래민담을 소개하는 과정에서 오니를 버젓이 등장시켜 초등학생들에게 일제강점기에 들어온 요괴를 우리 고유의 전통문화로 왜곡해 가르치고 있다"고 밝혔다.

교과서에 등장하는 '원시인 복장에 뿔이 났으며 철퇴를 들고 있는 모습'은 민속학자인 김종대 중앙대 교수 등 연구자들이 일제가 들여온 오니의 모습이라고 여러 차례 지적한 바 있다. 민간도 아닌 국정교과서가 여전히 이를 무시하고 있는 셈이다. 오니는 일제강점기에 일본 민담인 '혹부리영감'이 보통학교의 국어독본에 실리면서 우리 도깨비 모습처럼 전해졌다.

문제의 그림이 실린 교과서는 2학년 1학기 '국어 읽기'와 2학년 2학기 '국어 쓰기', 1학년 2학기 '즐거운 생활' 등. '즐거운 생활'은 '흥부와 놀부' 중 박에서 나오는 도깨비를 뿔 달린 오니로 그려놨다. '국어 읽기'에서 우리 민담인 '도깨비와 개암' 이야기에 등장하는 도깨비도 모두 오니다. '국어 쓰기'에도 혹부리영감과 오니가 버젓이 그려져 있다.

흥부와 놀부의 뿔 달린 도깨비 - 혹부리 영감
일제가 들여온 '오니'… "전통문화 왜곡" 지적

서울의 한 초등학교 김모(36) 교사는 "아이들과 교사 모두 당연히 우리 도깨비라고 생각하고 배우고 가르친다"며 "가능한 한 빨리 교과서의 삽화를 바꿔야 한다"고 말했다. 교과서 편수를 담당한 교육부 교육과정정책과 관계자는 "교과서의 도깨비가 오니인지는 몰랐다"며 "각계 자문과 검토를 거쳐 오류로 확인되면 수정하겠다"고 말했다.

흥미로운 점은 '쓰기'와 '읽기' 교과서가 2005년 뿔 하나 달린 오니에서 2006년부터는 뿔 두 개 달린 오니로 바뀌었다는 것. 뿔이 두 개면 우리 도깨비고 하나면 오니라는 속설을 반영한 것으로 보인다. 그러나 강 원장은 "이 속설은 근거가 없다"며 "하나든 둘이든 뿔 달린 요괴는 오니"라고 말했다. 이는 1941년 '초등국어독본'에 실린 오니의 모습에서 확인된다. 오니의 원형을 보여주는 귀면와(鬼面瓦·오니를 형상화한 일본 기와)에 조각된 오니 역시 뿔을 하나 또는 두 개 달고 있다.

그렇다면 우리 도깨비는 어떤 모습일까. 김종대 교수는 문헌과 각종 민담, 전통신앙을 바탕으로 "뿔이 없고 덩치가 크고 털이 덥수룩하며 패랭이를 쓰기도 한다"고 설명했다. 도깨비는 씨름을 좋아하는데 이는 우리 민족의 보편적인 심성을 반영한 것이다.

윤완준 기자 zeitung@donga.com

図4-8　問題になった大韓教科書株式会社の教科書の挿絵に登場する、角や牙があり金棒を持っているドッケビ（上左）（『東亜日報』、2007年6月29日a1面）

者の徐廷範（ソ・ジョンボム）が、教科書の挿絵のドッケビイメージの修正に関する会議への参加を依頼された。まず、朴鵬培は「ドッケビの姿は、説話に登場するものとドッケビ瓦やドッケビ・レンガに登場するものでは異なる。ドッケビは、説話のなかでは角がないかもしれないが、瓦やレンガなどの装飾では角のある姿をしたものもある」と述べた。徐廷範は「金宗大がドッケビで博論を書いたからといって彼の言うことが正しい訳ではない。彼の意見も1つの学説である。韓国にはバンイ説話[32]があり、「瘤のある翁」は、バンイ説話と同型の物語であるとも考えられる。現在のドッケビが韓国の伝統的仏画や彫刻を参考に描かれているのであれば、直す必要はない[33]」と述べた。

以上のような議論の結果、会議では、挿絵は直す必要がないということになった[34]。こうした結果になったのは、実際に国定教科書の挿絵を全て修正することは難しいという現実的な問題もあったと思われる。

90年代の小学校教科書のドッケビ

解放後の教科書に「瘤取」噺が登場したのは米軍政下（1945～1948年）の国語教科書[35]であるが、そこには挿絵は入っていなかった。挿絵付きで初めて登場したのは1987年であり、その間には長い空白期間が存在した。従って、現在のドッケビの視覚イメージがオニの視覚イメージと類似している原因を、植民地時代の同化イデオロギーのもとでの視覚イメージの伝播に直接的に求めることは、いささか無理があるように思える。

1990年の小学校の国語教科書では、「ドッケビ兄弟」に登場するドッケビには角があり、毛皮を着て、金棒を持っている[36]【図4-9】。

1996年の小学校の国語教科書の「ドッケビと相撲」では、多様なドッケビの性格を説明するなかで、力比べが好きなドッケビが描かれている[37]【図4-10】。このドッケビは目が1つ、角も1つで、韓国のドッケビは角が1つという当時の通説を反映しているように見える。

2001年の小学校の国語教科書の「ドッケビとハシバミ」では、ドッケビは青い体に1つの角、金棒を持ち、可愛らしくキャラクターのように描か

図4-9 「ドッケビ兄弟」に登場するドッケビたち（1990）

図4-10 「ドッケビと相撲」に登場する角が1つで目も1つのドッケビ（1996）

図4-11 「ドッケビとハシバミ」に登場する、金棒を持ち、体が青くて角が1つのドッケビたち（2001）

れている[38]【図4-11】。

　国語教科書のドッケビ像をめぐる議論は、20年以上経った現在もなお進行中である。2010年以降の研究をいくつか紹介すると、教育学者のパク・キヨンとチャン・チョンヒの研究が挙げられる。パク・キヨンの「小学校国語教科書に現れたドッケビ形象研究——日本のオニ形象と比較を中心に」においては、教科書のドッケビの挿絵の分析を通して植民地時代の挿絵の影響が指摘され、オニの図像から離れて新しいものを至急作る必要があるという、これまでと同様の主張がなされている[39]。

　他方、チャン・チョンヒは韓国の「瘤のある翁」と日本の「コブトリ」は異なる説話素を持っているのに対して、『朝鮮語読本』（1923年）と韓国初の児童雑誌『オリニ』（1923〜1934年）は細かい要素まで一致する点を根拠として、「瘤のある翁」囃の日本からの輸入説に反論する[40]。

　このような激しいドッケビ論争は、韓国固有の「正しい」ドッケビの姿があるという考え方を前提としている。これは、白黒をはっきりさせ中間を認めない本質主義的思考であり、こうした考え方はドッケビ論争のみならず韓国社会全体に影響を与えているように思われる。

図4-12 ハン・ビョンホが描いた『ドッケビの棒』の角や金棒を持つ、典型的なドッケビ像

図4-13 キム・ソンボム作の谷城郡蟾津江辺のドッケビ造形物

3．ドッケビ論争の影響

ドッケビ絵本への影響

　創作童話のなかのドッケビを見ると、オニの典型的なイメージとあまり変わらない姿で多くのドッケビが生み出されたことが確認できる。

　ドッケビ作家と呼ばれる画家ハン・ビョンホは『ドッケビ大将になった寺子屋の先生[41]』（2008年）や『ドッケビの棒[42]』（1995年）【図4-12】などの作品において、角があり、半裸で、棒を持っているオニの姿と変わらないドッケビを描いている。彼は新聞紙上のインタビューでドッケビの視覚イメージのオリジナリティーに関する質問を受けて、以下のように答えている。

> 私は韓国のドッケビの原型を描いているのではなく、自分のドッケビを描いているだけである[43]。

　そして、地域活性化にドッケビを取り入れた谷城ドッケビ・ランド（全羅南道谷城）にあるドッケビ像や彫刻にも、典型的なオニの視覚イメージと変わらない角のあるドッケビが登場する。オニを連想させるものも、そうではないものもあるが、概ねユーモラスで様々な表情を持っている像

悪の象徴から民族の象徴に──1990年代、ドッケビの視覚イメージ論争 | 第 4 章

で、楽しい空間を演出している。作家のキム・ソンボムは以下のように語っている【図4-13】。

> やはり角と棒を描かざるを得ないという結論に至った。その代わり、顔に韓国ならではのイメージが現れるようにした[44]。

彼は様々なドッケビ像を創り描いていると同時に、自分の著書『ドッケビを探せ！』において自分の作品を日本のオニとは区別しようとしているが、にもかかわらず作品の特徴はオニのイメージから離れられておらず矛盾しているようにも見える。

以上のようなハン・ビョンホやキム・ソンボムなどの作家の言葉から、彼らがドッケビの視覚イメージのオリジナリティー論争を意識していることが分かり、ナショナリズム的な批判から自由になり切れなかった苦悩も読み取れる。ドッケビを手がける大衆文化の創作者としては、オニを完全に避けてドッケビを作ることは非常に難題であり、彼らは自らが創作したドッケビ像に関する説明や言い訳を用意しなければならなかったと考えられる。このように、ナショナリズムは国民に影響を及ぼし、創作者たちの心中にも内面化され、自己検閲を促すこととなったのである。

児童向けのドッケビ・ガイドブック

ドッケビ論争は、2000年以降のサブカルチャーにも影響している。ドッケビの視覚イメージが最も多く見られるのは児童文学であり、説話伝承を集めて「正しい」ドッケビ像を啓蒙するための事典的な児童向け啓蒙的ガイドブックが多く出版された。

『ケビケビ真ドッケビ[45]』（1995年）と『あそこにケビケビが行くよ[46]』（2000年）におけるドッケビは、角はなく毛深い一般成人男性として描かれている【図4-14】。

『歴史おじいさんが話してくれるドッケビ噺[47]』（2010）では、中国の『史記』に登場する蚩尤を韓国のドッケビの起源として主張し、「4つの目、6つの手、銅の頭、鉄の額を持っている」ドッケビの視覚イメージを

図4-14 『ケビケビ真ドッケビ』の表紙の新しいドッケビ像

図4-15 『史記』に登場するドッケビ『歴史おじいさんが話してくれるドッケビ噺』の表紙

図4-16 『間抜けなドッケビ』の新しいドッケビ像（2007）

提示している。このように、韓国の固有性を主張するなかで日本からの影響は否定するものの、中国からの影響については曖昧な態度がとられることが多い。中国の影響については当時の東アジア全体の秩序として受け入れたうえで、中国のなかでも東夷族と呼ばれる民族を韓民族の源流と考えて、東夷族の神ないし将軍と言われる蚩尤を韓民族の英雄とする主張があり、この本はそうした観点から記述されたものとも考えられる【図4-15】。

　『間抜けなドッケビ』（2007）におけるドッケビは、全身が赤く、半裸で、髪の毛が炎の逆立っている形で、角がない姿として描かれている[48]。このドッケビは肌の色や大きさ以外は普通の人と変わらない姿で描かれており、ドッケビ論争を意識しているように見える【図4-16】。この本の作家であるソ・ジョンオは教師出身の童話作家であり、民俗学者の金宗大や歴史学者のイ・イファと同様、子供向けの啓蒙的なガイドブックも出版している。

　このように、ドッケビに関する本は多数出版されているが、多くが「正しい」ドッケビ像を提示することにこだわり、その内容もほとんど一致していて、ドッケビのイメージが単純化される結果になっている。また、民衆のレベルでも、内面化されたナショナリズムのもとで、インターネット上のブログやYou Tubeでドッケビ論争の内容や展開をアップロードするなど、積極的にプロパガンダに加担するようになった。90年代の韓国においては、軍事政権が終わってもなおイデオロギーの時代は終わっていな

かったように思われる。

価値観の葛藤とドッケビ論争

なぜ韓国は90年代に入って国家アイデンティティーにこだわるようになったのか。それは、冷戦の終結によって、軍事独裁で閉ざされていた扉が急に開かれたからである。

つまり、90年代以前のナショナリズムは反共国家主義であり、独裁政権を維持するための国家主導のナショナリズムであった。韓国のナショナリズムには軍事独裁期の上からのナショナリズムと反体制の民主化運動のなかの下からのナショナリズムの2つの異なる流れが存在していたが、時には2つを区別することが難しいこともあり、それを反映してドッケビ表象も80年代末のように純粋かつ単純に自由への希求を意味するものではなくなっていった。ドッケビは当時の複雑な状況のもとで、両側から民族や民衆の象徴として扱われたのである。

第3節　文化原型としてのドッケビ

1．ウリ民族文化原型コンテンツ事業

民族文化原型コンテンツ事業

90年代以前の文化産業関連の法律は形だけのもので、経済的に支援するよりもむしろ、政権批判を抑圧するための規制中心のものであった。その後日本文化開放に向け、自国文化育成政策が積極的に行われた（1999～2012年）。著作権関連法が整備され、事前検閲の制度が徐々に憲法裁判所の違憲判決などによって廃止された。

1999年2月、文化観光部[49]は文化産業と情報産業の振興のために「文化産業振興基本法」を成立させた。同法は出版、映画、マンガ、音楽、ゲームを支援するもので、高付加価値産業を戦略的かつ積極的に支援して

各種の投資を促すことが目的であると明記されている。支援機関として情報通信産業部が文化コンテンツ振興院を設立し、様々なプロジェクトを支援することとした。

特に本節で注目したいプロジェクトは、国立民俗博物館、文化産業特別委員会、文化コンテンツ振興院（KOCCA）などが参加する「ウリ民族文化原型コンテンツ事業」（以下、文化原型事業とする）である。文化原型事業は、その名前が表しているように韓国の「文化原型」を探すものであり、それをもとに文化コンテンツを構築して様々な文化産業に利用する（One Source Multi Use）という試みである。

文化原型という概念は曖昧で研究者によって異なる定義で使われており、実際には伝統文化資源あるいは伝統文化と言った方がより正確であるという指摘もある[50]。「原型」の概念は概ね「真正性」と等置され、文化原形事業では伝統文化産業の意味として解釈されている。

「文化原型」という言葉が初めて用いられたのは、1960年代に文化産業が注目されるようになったときである。「文化財保護法」が制定された1962年、そして「無形文化財」が指定された1965年は、国民国家形成と開発独裁が並行して行われていた時期である。文化財の指定は国家アイデンティティーの回復という観点からなされた側面が大きく、基本的に1910年以前のものを対象としていた[51]。つまり、日韓併合以前の朝鮮時代のものが多かったわけであるが、これは、日本の植民地侵略などによって外部から「不純な」要素が入ってしまったために、その以前の文化こそが「純粋な」韓国の伝統文化であると考えられたからである。

文化原型

文化原型の概念については、ベ・ヨンドンやキム・キドク、イ・ユンソン、チョン・スジンなど多くの民俗学者が参加して議論しているが、国家の介入が直接的・間接的に行われ一定の流れが作られてきたことは確かである。実際、文化財・文化遺産の指定に際しては、それが原型と認められるか、つまり「真正性」があるか否かが重要な基準となってきた。韓国の

文化原型事業は、韓国文化のなかで本質や根本になる核（core）を探し、それをもとにして創造したものは真正に韓国文化を象徴するものである、という考え方を前提としている。

　研究者たちの文化原型の定義を幾つか挙げると、まず、キム・キドクは、原型というものは一般的にはプロトタイプ（Prototype）で、ユングの集団無意識の概念として原型（Archetype）に捉われるのではなく原本（Archepattern）とみなすべきで、それはこの世を動かす根本秩序と運行原理であるとする。つまり、原型とはその形は変えても変わらない中心にある根本的なもの、本質的なものとして考えているのである[52]。

　イ・ユンソンは原形（originality）、元型（archetype）、原型（pattern）を区別し（ハングルでは原形、元型、原型は同音異義語である）、文化原型事業で強調されるのは、原形（originality）の地域性や元型（archetype）の典型性というよりも、原型（pattern）に当たるグローバルなものであると述べている[53]。

　また「原型」の定義に関して、イ・ブヨンはユング心理学を引用しながら以下のように述べている。

> 誰でも生まれたときから全体になれる核を無意識に持っている。ユングはそれを「自己原型（Archetypus des Selbstes）」と名付けた。それは統一の象徴、正体の原型ともいう[54]。

　そして、チョン・スジンは、原型は Archetype や Original Type と訳され、真正性あるいは真正性があるものという意味で使われることが多く、文化原型事業のなかでは文化財・文化遺産の意味で使われている、と述べている[55]。

　言葉の定義から考えても、固有性と典型性を同時に追究するということ自体が矛盾しているとも言えるが、いずれにせよ現在の文化事業においては両方が曖昧に使われている状態である。

ドッケビと「真正性」

　韓国のアイデンティティーは、植民地宗主国であった日本との区別からしか確立できなかった。韓国の近代化は日本の植民地時代から始まったのであり、植民地解放後の韓国政府は改めて国民国家を立て直す必要があった。国民国家としての民族アイデンティティーは植民地時代の清算と関わらざるを得ず、従って、韓国の民族アイデンティティーは植民地時代以前である朝鮮時代、つまり前近代の伝統に求めざるを得なかった。一般に新政権というものは正当性をどのように調達するかという問題に直面するものであるが、植民地支配のなかで近代国家建設の体験をし、植民地解放後に自立した国民国家を作ろうとした韓国の場合、この問題はとりわけ深刻だったと言えよう[56]。

　解放後の韓国政府にとって反共が最も重要なイデオロギーであったことは第3章でも述べたが、日本と北朝鮮との間に交流があったために韓国政府が日本との文化交流を禁じた側面もあった。また、反日・反共は韓国の独裁政府によって政権維持のために使われていた側面もあり、それによってナショナリズム的な鎖国状態が延長された。

　このように1990年代の文化開放を前にした不安定な韓国社会で、ドッケビの視覚イメージのオリジナリティー論争は、日本の植民地時代の名残の清算も含めて話題になったのである。従って、この論争においてナショナリズムと反日感情が働いていたことは否定できず、論争は現在でも続いている。しかしいずれにせよ、日本のオニのイメージに起源を有するドッケビの視覚イメージは大衆文化のなかで急増し、既に韓国のなかで定着したと言える。

ドッケビと文化原型

　1980年代末から、民衆に選ばれたドッケビは「文化原型事業」など国家の支援によって、また学者やマスメディア関係者などの文化エリートたちによって民族の象徴として定着していった。自民族の優越性を強調するナショナリズムに支援されたドッケビは、その象徴するものが大きいために

第4章 悪の象徴から民族の象徴に──1990年代、ドッケビの視覚イメージ論争

表現の幅に大きな制約が生まれ、そうした制約のもとで、ドッケビの視覚イメージは優しく親しみのあるものになっていった。

1990年以後のドッケビは、国家政策としての「文化原型事業」(1999年)の影響を受けたものの1つである。特に1990年代に行われた無形文化財指定法の改正においては「無形文化財の重要性を伝えるために可視性を高める」という趣旨が示されており、伝統文化をコンテンツ化するプロジェクトのなかで「文化原型」を探索する一環としてドッケビへの関心が高まっていった。

李苻栄(イ・ブヨン)は、ドッケビが韓国の文化原型を代表するものであるとして以下のように述べている。

> ドッケビは熱い感情を持つ存在で、我々の無意識に潜んでいる、感情的に強調されたコンプレックスのようなものである。ドッケビが集団無意識に基盤をおいている原型の表象であるという推定は、何よりもドッケビが持つ超自然的な力と、それを司る強い情動性、そしてそのイメージが持つヌミノーゼ的性格に基づいている[57]。

また、文学者であり民俗学者でもあるキム・ヨルギュは、以下のように韓国人のアイデンティティーをドッケビに託している。

> ドッケビは韓国人の欲望の表象であり、無意識に潜んでいる韓国人の自画像のようなものといえる。それ自身の姿となって現れるより、我々のような姿として我々の前に現れる[58]。

ドッケビは既に定着している視覚イメージがあるために使い易いうえ、それぞれの説話・伝承は全国的に広く伝わっていた。

ドイツ社会学者のテンブルクは表象文化に関して以下のように述べている。

> 今日の文化は文化を作る側と消費する側の自然な活動によるものではない。一般的に表象文化というのは自発的な同意で作られるものではない。概念的論理があり、その上内容が説得力を持っている場合、文化知識人

は反対派の抵抗なしに代表的文化遺産として貫徹させる。独特な概念が知識人層と能力のある人々によって伝わり、拡散される[59]。

このように、伝統文化としてのドッケビは、ナショナリズムの高揚や国家による文化支援を背景として、80年代から90年代に渡って創られたものなのである。

2．SBSドラマ『ドッケビが行く』

1990年代の社会とドッケビ観を知ることのできる非常に興味深い例として、当時のSBSドラマ『ドッケビが行く[60]』（1994年）が挙げられる。民間放送局であるSBSの設立1周年記念の作品で当時の有名俳優が多数出演していることから、かなり力を入れて制作されたと考えられる。

作品の粗筋は、韓国の文化侵略を狙う日本人とその陰謀を暴く放送局の記者たちが戦う話で、放送局の記者である主人公とそのチームが「韓国の再発見」というタイトルの特別ドキュメンタリー番組を製作することから始まる。主人公の男は民族愛が強く伝統民俗にも強い関心を持ち、ドッケビに惚れ込んでその取材に熱中している。彼が地方を取材した際、魅力的な鬼瓦（ドラマのなかでドッケビ・キワ（瓦）と呼ばれる）を見つけてそれを持ち帰る。この瓦を持っていると何者かに襲われるようになるが、不思議な力を持つことになり危機を何度も乗り越える。襲ってくる組織は、韓国の文化財を日本に密輸するグループでドッケビ瓦を狙っており、組織の首領は韓国の著名な大学の日本人教授キム（韓国に帰化した名前がキム・イルファン）である。

キム教授は植民地主義史観を巧妙に利用して韓国の史学界を主導している人物で、韓国の遺跡を盗掘するために凶悪犯罪を繰り返していた。この組織と戦い教授の罪を暴くことがこのドラマの大筋になる。本ドラマのなかで「日本帝国主義の化身」とされるキム教授は、韓国の磁器やドッケビ瓦などに韓国人の魂が宿っていると考えて日本に密輸する。主人公のチー

ムが韓国の民族魂を代表するドッケビを発見し、そのドキュメンタリー番組を創ることで教授の蛮行を一般社会に知らせる過程が描かれている。

　このドラマでドッケビは韓国文化を象徴するもの、韓国の民族精神、韓国人そのもののように描かれている。つまり、前述した「文化原型」と言えるもので、真正性のある韓国文化の代表的存在である。例えば、第3話で主人公は「ドッケビほど韓国的なものもありません。我々の諧謔性、純粋性、決して悪にならない心性」と述べ、またドッケビについて「巫俗神であり善者と弱者の味方である」と表現している。

　第12話で、放送局の番組プロデューサーは「このドキュメンタリー番組制作の目標は、日本（外来）文化の無批判な輸入に警鐘を鳴らし、過去をもとに現在を再認識し、そして、悔しさと怒りをぶつけることに止まるのではなく建設的な未来を提示することにある」と述べている。最終回で主人公がドッケビ瓦から出る不思議な力に関して「私は悟った。ドッケビ瓦が私に力をくれたのではない。韓国人の誰にでもこの力は潜んでいて、韓国人の大事な物が奪われそうになったとき、その力を発揮されるのだ」と話している。これはまさに、韓国文化原型としてのドッケビ概念を表現しており、このドラマのなかでドッケビは韓国の精神を救う民族魂の象徴なのである。

　この番組は当時の社会状況をよく表していると思われる。実際、日本文化開放に向け賛否両論が激しく対立しており、日本文化が入ってきたら韓国の文化が汚染される、あるいは文化帝国主義に飲まれてしまうという懸念とともに反日感情が社会全般に満ちていた。当時は若者の日本文化吸収が社会問題になっており、日本文化開放を巡る議論が盛り上がっていた状況がインタビューの形式で挿入されている。

3．金ソバン・ドッケビ

　このようにドッケビの真正性が強調されると、キャラクター性は脅かされることになる。真正性の論争とは異なる方面でドッケビは国家政策を通してより確固たる存在となり、継続的に普及され、また商品化されていっ

た。文化原型プロジェクトの一環として、ネオグラフ社がドッケビのコンテンツを事典的に収集・管理し、その視覚イメージを提供するサイトを製作し、文化コンテンツ振興院の管理下で継続的にコンテンツをアップロードするようになった。ドッケビが妖怪、お化け、オニなどを総称する概念のように扱われ、「〇〇妖怪」や「〇〇お化け」が「〇〇ドッケビ」のように、様々な異界のものが全てドッケビと名付けられて集められた。このサイトの特徴としては、前述したドッケビの角の論争の影響と思われるが、角を持っているドッケビは見当たらない。

　創作ドッケビにおける興味深い1例として、韓国文化振興院が制作し運営しているこの「ドッケビ」のポータルサイトのメインキャラクターである「金ソバン・ドッケビ」が挙げられる。これは、このサイトの制作をしていたネオグラフ社による創作ドッケビであり【図4-17】、韓国では「ドッケビは金ソバンと呼ぶと振り返る」ということわざがあるほど一般的な名前である。韓国で「金」という名字は最も多い名字で、「ソバン」は成人男性の名字の後につける一般的呼び名であるため、ドッケビを普遍的存在として表す言葉でもある。従って「金ソバン・ドッケビ」は普通の男の姿で描かれ、よく言われるドッケビの性格通りに間抜けな印象で、木の棒を持っている。

　金ソバン・ドッケビで特に興味深い点は「角」である。このドッケビに角は見当たらないが、朝鮮時代の成人男子の髪型である「サントゥ」をしている。従って、シルエットとしては角があるように見える。角がないようで、角のように見える物を付けているドッケビ。これは、理念によって無理矢理消された角が、違った形で再び現れたようにも見える。つまり、国家政策の一環として支援を受けて作られているので、韓国ならではの「正しい」ドッケビを作ろうとして角を消したものの、一般受けのために再び角モチーフが用いられているように見えるのである。角のような物を頭の上につける髪型、または髪飾りは韓国以外でも見られる。背を高くし、体を大きく見せるという意味で、時には高い身分の象徴でもあり、様々な文化圏でよく現れ、角が力や権力の象徴として使われることと同じ

悪の象徴から民族の象徴に——1990年代、ドッケビの視覚イメージ論争 | 第4章

図4-17　ネオグラフ社の金ソバン・ドッケビ

図4-18　ウィメイド社の『青燐』のドッケビの青い蛍光色のサントゥ

文脈にある。大衆にとっては角とドッケビは既に繋がっているため、人々にドッケビとして認識させるための選択であったとも思われる。

「金ソバン・ドッケビ」のような髪方（サントゥ）をしている姿は、他にもドッケビの登場するゲームやアニメなどにも使われるようになっており、例えばボイアンス（Boians）社のケビ将軍[61]やウィメイド（Wemade）社のオンラインゲーム『青燐』に登場するドッケビたちもサントゥを持っている【図4-18[62]】。特に、『青燐』のドッケビたちはそのタイトル通りに青く光るサントゥを持っている。

政府による政策的な支援もあり、韓国では多くのドッケビのキャラクターが創られ、そして様々な分野で使われるようになった。しかし、このドッケビたちは民族文化原型としてのオリジナリティーを強調するものとしてはなかなか描きづらい。オニの象徴と言われる角も多く見られるし、角を消したものにもまるで角のようなものを付けて描かれている。いずれにせよ、昨日今日に作ったばかりの新しいキャラクターが、100年以上前から使われてきたオニの表象よりも伝統あるドッケビと言えるかどうかは

167

疑問である。

まとめ

　本章では、90年代の急変する社会と価値観の葛藤のなかで行われたドッケビの視覚イメージのオリジナリティー論争を検討した。
　第1節では、日本文化開放には国民感情などの理由で反対すると同時に、日本の大衆文化を積極的に消費し模倣するという矛盾が存在していた当時の社会状況と、ドッケビの視覚イメージが海賊版を通した日本のオニから出発して、韓国の作家によるマンガやアニメにも登場するようになったことを検討した。
　第2節では、ドッケビの視覚イメージに関するオリジナリティー論争が、当時の反日感情やナショナリズムを背景として様々なメディアを通して議論され、一般にも広まっていったことを検討した。
　第3節では、文化政策と文化原型として注目されるドッケビを検討した。特に「文化原型事業」は、韓国固有の文化の優秀性を世界に発信するために伝統文化を収集しデータベース化する積極的な政策であり、日本のオニとは異なるドッケビのキャラクター作りを目指していた。
　1980年代のドッケビは民衆の象徴として抵抗のアイコンであったが、上からのナショナリズムに影響され、1990年代にはナショナリズムが民衆に内面化し自己検閲が行なわれるようになった。急に開かれた門の前で自己を見失いそうになった韓国社会と韓国人は、「韓国人とは何か」、「韓国文化とは何か」というアイデンティティーの探求に没頭していった。90年代の韓国社会・文化を考えるうえで、真正性、原型、元祖、アイデンティティー、オリジナリティーなどの言葉がよく用いられた。つまり、理想のものや正しいものが存在することを前提として、それを見つけ出すことから出発するという考え方である。
　ドッケビの視覚イメージのオリジナリティーが反日感情やナショナリズ

ムと結び付けられて議論されたのは、知識人あるいは知識人を称するグループの影響が大きかった。文化人類学者の趙惠貞（チョ・ヘジョン）は、知識人という専門集団の権威が必要ではない社会を理想的社会であると述べているが[63]、それに反して90年代までの韓国社会は知識人の集団が大きな権力として働いた社会であった。

しかし、日本のオニのイメージを否定して「真正な」ドッケビのイメージを探求することは現実的には不可能であり、そう望むことはほとんどドッケビの視覚化の拒否も同然である。こうした「真正性」の探求は、当時の急激な社会変化やそれに伴って現れた新しい価値観に対する（あまり実りのない）反動に過ぎないとも考えられる。

1）キム・ギテ（김기태）「일본 근대 저작권 사상이 한국 저작권 법제에 미친 영향（日本近代著作権思想が韓国著作権法律に及ぼした影響）」『韓国出版学研究』第37巻―1号 第60号、韓国出版学会、2011年、20-27ページ。
2）チェ・ジェボン（최재봉）「日本大衆文化開放時期尚早」『ハンギョレ新聞』、1994年2月2日、3面、5面。
3）キム・ヒギョン（김희경）「일본문화 개방―위기의 시대 기회의 시대（日本文化開放――危機の時代、機会の時代）」『司法研修』25、2001年、135ページ。
4）オ・グァンス（오광수）「신세대 일본 대중문화 따라하기 더 무서운 어른들의 베끼기（新世代の日本大衆文化の真似、怖い大人のコピー）」『京郷新聞』、1997年8月29日、27面。
5）「문화개방의 함정에서 벗어나는 길, 도덕에 호소하지 말고 경쟁력 길러야（文化開放の罠から抜け出す道、道徳に訴えるのではなく競争力をつけないと）」『ハンギョレ新聞』1999年1月1日、29面。
〈http://mcst.go.kr/web/s_data/assembly/assemblyView.jsp?pSearchMenuCD=0403090000&pSeq=416〉
6）「日本大衆文化推進日誌」『ハンギョレ新聞』、2003年6月7日。
7）文化観光体育部ホームページの国会資料、2006年9月20日。（最終更新日：2015年6月9日）
8）キム・ヒギョン（김희경）前掲論文、137ページ。
9）韓国映像制作『람바（ランバ）2』、エンティコンコリア、1993年（VHS）。
10）ド・ギソン（도기성）『도깨비 왕자 깨치（ドッケビ王子ケチ）』1、ソウル文化社、1997年、36ページ。

11) キム・デジュン（김대중）監督『童話の国 ABC』セヨン童話、1987年。1987年7月から1988年3月までKBSで放送。
12) キム・デジュン（김대중）監督『ウンビカビの昔々』セヨン童話、1991年。KBS 2で1991年4月12日から1991年6月28日まで放送。
13) キム・ヒギョン（김희경）「꼬비꼬비（コビコビ）KBS 6 PM」『東亜日報』、1995年9月19日、27面。
14) イ・ミラ（이미라）『은비가 내리는 나라（銀の雨が降る国）』、時空社、1999年。
15) 「噴水臺：ドッケビ火（도깨비 불）」『中央日報』、1990年9月2日、3面。
16) ジュ・カンヒョン（朱剛玄）「우리문화의 수수께끼 2 도깨비의 정체（韓国文化の謎、ドッケビの正体）」『ハンギョレ新聞』、1995年5月24日、15面。
17) キム・チョンデ（金宗大、김종대）「一事一言：ドッケビ取戻し」『朝鮮日報』、1999年5月3日、19面。
18) キム・キョンエ（김경애）「我々のドッケビの本当の姿は」『ハンギョレ新聞』、1995年7月21日、13面。
19) キム・ヒヨン（김희연）「悪いドッケビ、頭に角が出る」『京郷新聞』、1998年10月15日、25面。
20) ジュ・カンヒョン「우리문화의 수수께끼 2 도깨비의 정체（韓国文化の謎、ドッケビの正体）」『ハンギョレ新聞』、1995年5月24日、14面。
21) チョ・ジャヨン（趙子庸、조자용）「미술사학자、민속학자、도깨비 할아버지 조자용（美術史学者、民俗学者、ドッケビお爺さん、チョ・ジャヨン）」『京郷新聞』、1997年11月6日、29面。
22) キム・チョンデ「민속학에서 본 도깨비―삶에 풍요를 안겨준 해학적 존재（民俗学でみたドッケビ――富をもたらすユーモラスな存在）」『文化と私（文化と私）』65、サンソン文化財団、2002年、6ページ。
23) カン・ソンチョル（강성철）「도깨비 그림책의 일러스트레이션에 대한 연구―한,중,일 중심으로（ドッケビ絵本のイラストレーションに関する研究――韓・中・日比較）」『韓国イラストレーション学会』20、2009年、5-16ページ。
24) チョ・ヘジョン（趙惠貞、조혜정）『탈식민지시대 지식인의 글쓰기와 삶읽기（脱植民地時代の知識人の物書きと生き方）』1、もう一つの文化、1998年、104ページ。
25) キム・キョンエ（김경애）「我々のドッケビの本当の姿は」『ハンギョレ新聞』、1995年7月21日、13面。
26) ドキュメンタリー「민속추적――한국의 도깨비는 뿔이 없다（民俗追跡――韓国のドッケビには角がない）」、KBS、1999年9月24日放送。
27) 特集ドキュメンタリー『도깨비（ドッケビ）』、大邱MBC、2002年3月8日放送。
28) 「도깨비를 지켜라（ドッケビを守ろう！）」、EBS、2011年6月20日放送。
29) 『역사채널 e（歴史チャンネル e）』という番組の「도깨비를 찾아라（ドッケビ

30) エリック・ホブスボーム『創られた伝統』、紀伊国屋書店、1992年、13ページ。
31) 大韓教科書『国語 ── 書き』、大韓教科書株式会社、2000年、20ページ。
32) バンイ説話：新羅に「バンイ」という人が住んでいた。欲張りの弟は金持ちだったが、優しいバンイは貧しかった。ある日バンイが弟に助けを求めると、弟は蚕と穀物の種をくれたが、意地悪い弟はそれを煮てからバンイに与えた。バンイが知らずに受け取ってきて育てると、蚕の1つが生き残って牛ぐらいの大きさに育った。弟は妬んでその蚕を殺した。すると、四方から蚕が集まってきて自ら糸を作った。また、穀物の種も一つ生き残り、一尺超えるほどに成長した。バンイはその種を取っておいたが、鳥が来て持ち去ってしまう。バンイが鳥を追って山に入ると、鳥は石の割れ目に入った。日が暮れバンイは石のそばで一晩泊まることにした。夜になると赤い服を着た小人たちが現れ、いたずらをし始めた。彼らが棒を振ると何でも欲しいものが出てきた。彼らは飲食し、遊んだ後、棒を忘れて置いていった。バンイはその棒を持って家に戻り、金持ちになった。この話を聞いたバンイの弟もその場所を探しに行った。赤い服の小人たちは「以前に我々の棒を盗んだ奴だ」と騒ぎ、弟の鼻をゾウのように長くした。弟は家に帰って来たが、恥ずかしさのあまりに死んでしまった。『民族文化大百科事典』9、精神文化研究院、1991年、271ページ。
33) イ・スング（이승구）氏による電話インタビュー、2007年8月1日午後5時。
34) 2007年の8月中に教育課程制作課のパク・ミヒョンの依頼で3人のインタビューが行われた。教科書を制作した出版社である㈱教学社の副社長であるイ・スング氏のインタビューにおいて、彼から会議資料を得た。
35) 朝鮮語学会「瘤のある翁（혹 달린 노인）」『初等国語読本』、朝鮮書籍印刷、1946年、48–54ページ。
36) 文教部「12. 이야기 바꾸어 쓰기─혹부리 할아버지（瘤のある翁）」『「国語」書きとり 4-1』、大韓教科書株式会社、1990年、76ページ。
37) 教育部「4. 이야기 자랑─도깨비 씨름（ドッケビと相撲）」『「国語」話す・聞く 3-1』、大韓教科書株式会社、1996年、22ページ。
38) 教育人的資源部「함께 꾸며 보아요─도깨비와 개암（ドッケビとハシバミ）」『「国語」話す・聞く 2-1』、大韓教科書株式会社、2001年、98ページ。
39) パク・キヨン（박기용）「초등 국어 교과서에 나타난 도깨비 형상 연구（小学校教科書に見られるドッケビの形像研究）」『語文學』109、2010年、237ページ。
40) チャン・チョンヒ（張貞姫）「『조선어독본』의「혹부리 영감」설화와 근대 아동문학의 영향 관계 고찰（『朝鮮語読本』の「瘤のある翁」説話と近代児童文学の影響関係の考察）」『韓国児童文学研究』20、2011年、268ページ。
41) チャン・スミョン（장수명）、ハン・ビョンホ（한병호）『도깨비 대장이 된 훈장님（ドッケビ大将になった寺子屋の先生）』、ハンリム、2008年。
42) チョン・チャンミョン（정찬명）『도깨비 방망이（ドッケビの棒）』、ポリム、

1995年。
43）チョン・ウンリョン（정은령）「동화 황소와 도깨비의 삽화가 한병호（童話牛とドッケビの挿絵画家ハン・ビョンホ）」『東亜日報』、1999年11月27日、33ページ。
44）キム・ソンボム（김성범）『도깨비살（ドッケビ・サル）』、プルンチェクドゥル、2004年、121ページ。
45）キム・チョンデ『깨비깨비 참도깨비（ケビケビ真ドッケビ）』、山河、1995年。
46）キム・チョンデ『저기 도깨비가 간다（あそこにケビケビが行くよ）』、ダルンセサン、2000年。
47）イ・イファ（李離和、이이화）『역사 할아버지가 들려주는 도깨비 이야기（歴史おじいさんが聞かせてくれるドッケビ噺）』、パランセ、2010年、42ページ。
48）ソ・ジョンオ（서정오）『정신없는 도깨비（間抜けなドッケビ）』、ポリ、2007年。
49）韓国の文化に関する政府業務は1948年の公報所から始まる。1960年朴正熙政権では公報所が廃止され、大統領直属の広報室に変わった。1968年日本との交流を始めたその年に文化広報部が発足した。以降90年に入って文化部が新設される、1993年には文化体育部に改組された。1998年には観光が注目されて、文化観光部になり、地域活性化のための観光産業、文化コンテンツ産業により力を入れることになる。2008年には文化体育観光部に改組された。
50）ベ・ヨンドン（裵永東、배영동）「문화 컨텐츠 사업에서 문화 원형 개념의 함의와 한계（文化コンテンツ事業での文化原型概念の含意と限界）」『인문콘텐츠（人文コンテンツ）』6、2005年、52ページ。
51）イ・ユンソン（이윤선）「민속문화와 문화원형（民俗文化と文化原型）」『지방사와 지방문화（地方史と地方文化）』、歴史文化学会11（1）、2008年、16ページ。
52）キム・キドク（김기덕）「문화원형의 층위와 새로운 원형 개념（文化原型の層位と新しい原型概念）」『인문콘텐츠（人文コンテンツ）』6、人文コンテンツ学会、2005年12月、61ページ。
53）イ・ユンソン、前掲論文、7ページ。
54）イ・ブヨン（李符栄、이부영）「도깨비의 심리학적 측면과 상징성 —C. G. JUNG 의 분석심리학적 관점에서（ドッケビの心理学的側面と象徴性――ユングの分析心理学の観点から）」『도깨비와 귀신（ドッケビと鬼神）』、開明大学開校50周年記念学会、開明大学、2003年、192ページ。
55）チョン・スジン（정수진）「무형문화재에서 무형문화 유산으로（無形文化財から無形文化遺産へ）」『東亜細亜文化研究』53、2013年5月、105ページ。
56）クリフォード・ギアツ『文化の解釈学Ⅱ』、岩波書店、1987年、218-219ページ。（原書：1973年）
57）イ・ブヨン、前掲論文、188-189ページ。

58) キム・ヨルギュ（金烈圭、김열규）『도깨비 본색 뿔난 한국인（ドッケビの本性、角のある韓国人）』、四季、2010年、8ページ。
59) Tenbruck Friedrich H., *Die Kulturellen Grundlagen der Geselshaft*, Westdeutcsher Verlag, 1989, p. 17.
60) イ・ジャンス（이장수）監督『도깨비가 간다（ドッケビが行く）』、SBS、4月18日から6月7日まで放送。
61) Boians 社（最終閲覧日：2015年6月30日）
〈http://boians.com/zeroboard/zboard.php?id= 0 z002&page= 1 &sn 1 =&divpage= 1 &category= 1 &sn=off&ss=on&sc=on&select_arrange=headnum&desc=asc&no=101&PHPSESSID= 0 f62fb 8 e 5 ba88f5440a 8 d 1 c 5 b93db 9 ff〉
62) 〈www.wemadegames.com/chungin〉2006年11月10日
63) チョ・ヘジョン『탈식민지 시대 지식인의 글쓰기와 삶읽기（脱植民地時代の知識人の物書きと生き方）』2、もう一つの文化、1994年、23ページ。

第5章

大衆文化と文化政策
―― 2000年以降、多様化するドッケビ

旌善画岩窟キャラクター「クム（金）ケビ」、「ウン（銀）ケビ」（2000）――地域振興にドッケビが用いられた具体例。衰退した鉱山町の観光地化を目指し、金銀宝石を集めるドッケビを鉱山労働者に見立てて展示している（本文186ページ）。

はじめに

　2000年以降の韓国の大衆文化は以前と比べて明らかに異なる特徴を持っており、それに伴ってドッケビの視覚イメージとそのイメージに対する認識も大きく変化している。

　そうした変化が起こった社会的背景としては、何と言ってもグローバリゼーションの進展、より具体的には貿易自由化による市場の拡大やインターネットの普及に代表される情報技術革命による文化交流の活発化が挙げられる。韓国国内では国民所得の増加に伴って生活の質への関心が高まり、文化関連産業の国内市場が成長した。また、対外的には中国やロシアとの交流が増加し、特に中国においては韓国ドラマが流行し「韓流」という言葉が生まれるなど海外市場も拡大した。

　本章では、こうしたグローバリゼーションを背景とした2000年以降の韓国の大衆文化の様々な場面を取り上げ、そこでドッケビの視覚イメージがどのように現れているかを検討する。そして、そこから読み取れる韓国の大衆文化の変化と、大衆文化自体に対する認識の変化を考察する。

　まず、第1節では、地域振興のなかで民俗の素材として用いられるドッケビについて検討する。韓国では地域振興事業の一環として日本の事例を参考にしたご当地キャラクターの活用が試みられており、そのなかにはドッケビを素材としたキャラクターも見られる。そうしたキャラクターの検討を通して、現在のドッケビの一般的な視覚イメージがどのようなものであるかを考察する。

　第2節では、日本文化開放に向けて行われた韓国大衆文化育成政策が2000年以降どのように変化しているのかを検討する。具体的には、「文化原型」としてのドッケビ作りがどのように行われているのかを考察する。

　第3節では、韓国のサッカー・ナショナル・チームの応援団である「プ

ルグン・アンマ」のロゴに関わる議論と、20世紀以降のロゴに対する認識の変化を検討する。

以上の検討を通して、21世紀の韓国のグローバリゼーション政策とその成果、そしてそこから見えてくる韓国社会におけるナショナリズムのありようの変化を考察したい。

地図1　ドッケビ関連の地域活性化プロジェクト

第1節　商品化される民俗

1．観光に用いられるドッケビ

観光への文化的需要

2000年までは韓国の人口は少なく（5,000万人程度）、安定した内需が確保されておらず、生活水準も高くなかったために、自立した資本主義市場運営ができない状況であった。文化コンテンツを多様化したり、それに投資したりすることは困難であった。しかし、2000年以降の国民所得（1人当たりGDP）が20,000ドルを越え、2014年には24,000ドルに達する[1]なかで生活の質が求められるようになり、その結果として旅行や大衆文化への需要が増加した。それと同時に、韓国の伝統や「真正性」への関心も高まっていった。

2000年代初期の文化観光は、概ね無形文化財を含めて文化財と登録されている地域を中心に企画されたものが多く、民俗観光においては人間国宝に指定された人の芸を鑑賞するなど、実物を見に行くことが重視されていた。

観光とドッケビ

韓国における地域振興政策の歴史はさほど長くない。憲法（1948年）には地方分権が定められていたものの有名無実であり、軍事政権が始まる1961年地方議会を解散し、その効力を停止させた。1987年に憲法は改正され、1988年には地方自治法が全面改正されたが、地方自治団体長の選挙が無期限に延期にされていたために地方自治が行われることはなかった。実質的に地方自治が本格化したのは、1995年の地方自治団体長の選挙以降のことである。

地方振興政策においては目に見える業績として民俗が注目され、民俗の可視化が重視された。具体的な事業はフェスティバルの開催のような一回性のものと、記念館、テーマパーク、造形物の設置など恒常性のあるもの

第5章　大衆文化と文化政策——2000年以降、多様化するドッケビ

図5-1　済州島ドッケビ公園（2008）

に分けられるが、いずれにおいてもドッケビは韓国固有の伝統文化の象徴としてよく用いられた。例えば、【地図1】に見られるように，済州島のドッケビ公園、長水ドッケビ記念館、谷城ドッケビ文化体験館などの設置や、長安山ドッケビ・フェスティバルや俗離山ドッケビ・フェスティバルなどの開催が挙げられる。

　こうした事業は、元々ドッケビ関連の伝統行事や伝説がある地域で行われたものが多いが、そうした伝統行事や説話がない地域でも行われた。多くの場合、自然が美しい山のある地域を中心にご当地キャラクターが創られ、フェスティバルが開催された。

済州島ドッケビ公園

　ドッケビ関連の施設としてはまず、済州島のドッケビ公園が挙げられる。済州島の国立済州大学産業デザイン科のイ・キフ教授を中心に産業デザイン学部の講師と学生たちが参加して作ったテーマパークで、野外造形物が1,800点、室内造形物が800点ほど設置されている。企画を含めて8

179

年、工事だけでも3年がかかったプロジェクトで、2008年に完工された。しかし、オープン当時には注目を集めたものの、現在はあまり集客できていない。交通が多少不便であることに加えて、国からの支援なしでも自立して運営できる態勢を作ることができず、現在は施設を管理しているだけで体験イベントや公演などは行われない難しい状況である【図5-1】。

谷城ドッケビ村

谷城はドッケビ・サルという場所があり、そこにはドッケビ関連の説話が伝わっている。馬天牧将軍説話の舞台は、山ときれいな水で有名な1級河川の蟾津江が流れる風光明媚な場所であり、その説話の内容は以下のようなものである。

> 朝鮮開国の功臣である馬天牧将軍は、子供時代には谷城の川辺に住んでいた。ある日、病気の母のために魚釣りに川に出て、青く光る不思議な石を拾い家に戻った。その夜ドッケビが夢に出て、その石はドッケビ大将に返してほしいと言った。馬天牧は川に魚が良く釣れる場所を作ってくれれば返すと約束した。次の日、川に行ってみると魚梁ができていた[2]。

地域振興のプロジェクトは官主導と民主導に分けられるが、谷城のドッケビプロジェクトは官民が共同で非常に時間をかけて行ったプロジェクトである。馬天牧将軍説話のある場所にドッケビ彫刻作品を野外展示するという小規模な形で始まり、地域住民を中心にドッケビ村企画を始めた。2003年からは郡庁でもドッケビ村プロジェクトやフェスティバルが企画され、2008年からは「ドッケビ・ランド」という固定施設を作ることが企画された。2014年には谷城郡（全羅南道谷城郡）に国家予算28億ウォンをかけて「妖術ランド」が創設された。「妖術ランド」は体験館を含むドッケビ展示館のような空間である。

ちなみに、このプロジェクトの初期段階では「ドッケビ・ランド」であったものが、地域のキリスト教（プロテスタント）団体の反対で「ドッケビ」という言葉が使えなくなり「妖術ランド」に名前を変えたという経緯

がある。ドッケビが持つ多様な意味のなかで悪魔として受け取られた面があり、偶像崇拝禁止の意味もあって反対署名運動が行われた。住民の一部は「ドッケビ村造成反対団体」を結成して（2010年）郡に「ドッケビというタイトルをつけないこと、ドッケビの造形物を設置しないこと」を要求した。担当者は地域住民との摩擦をさけるため、企画自体も一律にドッケビに関する知識を伝える記念館としてではなくマジックを楽しむ体験館へと軌道修正した[3]。

こうして、怖いドッケビではなく面白く可愛らしいドッケビ記念館が誕生した。企画者は、当初は既存のお化け屋敷のような少し怖い空間や伝説を重視した空間を考えていたが、名前を変えると同時に企画内容を完全に変更して、ドッケビをテーマにしているのは変わらないが、不思議、マジック、遊び体験に焦点を合わせたと述べている。記念館の2階は全て体験空間で、目の錯覚を利用した技術や子供たちが遊べるインタフェース・デザインの技術を最大限に活用した空間になっている。

このように観光地に設置されたドッケビ記念館はドッケビ関連の文化遺産を展示した空間ではなく、ドッケビをテーマにして遊ぶ空間である。そこで登場するドッケビの視覚イメージは、説話・伝承から出発しつつもオニと同様に角があり棒を持った姿で描かれることが多く、ドッケビ論争への言及などは見られない。

民間信仰と地域振興

2000年以後の韓国は地域振興と観光に積極的な政策を推進した。2006年にユネスコに加盟してからは民俗文化と観光への関心がさらに高まっており、特に2004年から2023年までの計画で文化体育観光部が推進する「アジア文化中心都市事業」を通して地域振興に力を入れており、そのなかにはドッケビ関連の事業が多く見られる。

民間信仰としてドッケビが祭られている地方では民俗としてドッケビを商品化することに反対する地域住民が多く、なかなか実現しなかった。例えば、海岸地方ではドッケビ関連の催事が行われることが多いが、これは

ドッケビが海の神として祭られているからである。海の神は豊漁の神でもあり災いの神でもあるという両義性を持っている。神聖なものであり恐れる神でもあるために地域振興のフェスティバルなどに持ち込むことはできず、祭りとしても無形文化遺産に指定された人の舞を見るなどの儀式の神聖性を侵害しない程度に留まっている。

　そうした伝統がある地域では実際、儀式や芸術などはもともと民間信仰と関わりがあるものが多いためにドッケビが商業化されることは難しく、逆にドッケビに関わる民俗伝統がない、あるいは宗教的な要素がないところでしか進められない点も見られる。現在大衆文化に用いられるドッケビは親しみのあるキャラクターのように描かれることが多いが、ドッケビ信仰が伝わる地方にとってドッケビは災いをもたらす恐れる神でもあるために、それを可視化して飾ることはあり得ない。ドッケビ・グッ（ドッケビに捧げる巫女の芸）に使われたものは儀式が終わると集めて燃やすことが多い。

　ドッケビ・グッは珍島や済州島など南海岸の島で多く見られる、疫病神を退治する儀式から発展した祭りである。全羅南道珍島のドッケビ・グッは女性が中心になって行われる厄払いの儀式で伝染病を防ぐために女性の血のついた下着をほうきや棒にかける[4]。女子を中心とした祭りで、ドッケビの仮面も使われる。

　ドッケビ・グッの一種である「令監ノリ」は済州特別自治道の伝統行事で、無形文化財2号に指定されている。令監はドチェビ（ドッケビの済州方言）に対する敬称である。「令監ノリ」は神としてのドッケビに大漁や病気の治癒を祈る儀式である。この時使う仮面は老人を連想させるように長いひげのイメージで、白い紙で作られたもので、儀式が終わるとかぶっていた服と一緒に燃やすことになっている。

　このような伝統行事は民間信仰としての聖なる儀式でもあるために神聖性が重要なので、対象を形象化することは少なかった。特に自然災害が多い漁村を含めて、都心でないまだ民間信仰の伝統が残っているところはなおさらである。ドッケビの図像化問題、すなわち目に見えないものを目に

大衆文化と文化政策――2000年以降、多様化するドッケビ | 第5章

見えるものにする、非常に意味範囲の広い妖怪を描くということはまだ難しく、学者や知識人の討論とはまた別に、一般民衆が民俗の産業化においてドッケビの視覚化を受け入れられるか否かも重要な課題であった。

2．ドッケビ関連フェスティバル

　ドッケビ関連のフェスティバルとして、長安山ドッケビ・フェスティバル、俗離山ドッケビ・フェスティバルを、そして、都心で行われるフェスティバルであるソウル灯祭りに登場するドッケビを検討する。これらのフェスティバルでは多くの場合、その地方にドッケビ説話や伝承があるわけではないがドッケビを地域活性化のテーマとして取り入れている。

長安山ドッケビ・フェスティバル

　長安山ドッケビ・フェスティバルは2002年から長安山青年会が主催し地域住民が中心となって創られたもので、全羅北道長水郡の7つの村が参加して行われる小規模のフェスティバルである。長安山ドッケビ・フェスティバルのホームページによると以下のように説明されている。

> 長安山ドッケビ・フェスティバルは長安文化芸術村の商品を広告し、伝統工芸を継承、開発、伝授し、ドッケビをテーマとしたキャラクターを導入し、長安ドッケビ・テーマパークを育成するために企画された。独自の文化商品を開発することで、村の住民や出品者皆が共同体意識を高めることに寄与できると考えられる[5]。

　「長安文化芸術村」が参加して伝統文化体験を提供する他、住民が参加して行うプログラムも多数見られる。ドッケビを祭る祭事、演劇、のど自慢大会、ドッケビ道歩き会、地域特産品である洞窟キムチ作り、ドッケビ塔祈願、ドッケビ火体験、マス釣りの一般プログラムと、長安文化芸術村の芸術家たちが参加して行われる伝統文化の継承と開発のための商品の紹介、販売が行われた。体験としては染色、陶芸、拓本、木刻、チャンス

図5-2 長安山ドッケビ・フェスティバルでドッケビに扮装して参加している学生たち

図5-3 長水ドッケビ展示館の入り口の案内板のドッケビ顔

ン[6]作りなどが行われた。

　上の写真に見られるように、フェスティバルにはドッケビに扮装した人々が登場する。概ね、角、虎皮（あるいはヒョウ柄）の服装、棒、原色の肌などの記号が守られている【図5-2】。

　また、長安山にはドッケビ展示館がある。韓国で最初に建設されたドッケビをテーマとした展示館で、ドッケビに関する説話・伝承の展示とともに、長水郡の観光地と伝説も紹介されている。体験スペースも設けられているが団体予約時のみ利用されるようになっており、情報伝達が充実している【図5-3】。展示においては火のドッケビ、木のドッケビ、水のドッケビなど多様な姿のドッケビが紹介されているが、固有名を持ったドッケビのキャラクターなどは作られていない。

俗離山ドッケビ・フェスティバル

　俗離山ドッケビ・フェスティバル（忠清北道報恩郡）の正式名称は「アジア・ドッケビ・フェスティバル」で、文化観光部が支援するプロジェクトであった。このフェスティバルの準備のため2010年7月23日にソウル歴史博物館でドッケビの観光資源化に関する会議が行われ、民俗学者と政策専門家たちが参加した。民俗村やドッケビ公園、ドッケビ博物館を建設し、ドッケビ絵描き大会、ドッケビの版画写しなど体験プログラムも行われた。学術発表もプログラムに組み込まれ、一般の人々も参加して聞くこと

大衆文化と文化政策――2000年以降、多様化するドッケビ | 第5章

図5-4 山と雲を連想させる顔に地域特産品であるナツメの首飾りをしている「俗離山ドッケビ」

図5-5 俗離山フェスティバルのメイン舞台での民俗音楽公演

ができた。
　しかし、このフェスティバルは2009年から2011年までの3年間行われた後に中断された。区役所の関係者へのインタビューによれば、継続されなかった理由は、内容が3年間変わらなかったうえ、ドッケビを迷信と思う人々も多く地域住民の参加が少なかったからであった[7]。つまり、地域の祭りとして定着させることはできなかったということである。7億ウォンの国家予算をかけた大きなプロジェクトではあったが、国家支援の打ち切りの後は地方団体で独立して行うことはできず、そのまま終了してしまった。
　事業としての成否はともかくとして、ここで注目したい点は、ご当地キャラクターとしてデザインされた「俗離山ドッケビ」が登場していることである。このキャラクターは、山と雲を連想させる顔に鬼瓦に見られるような牙をむいて開かれた口を持ち、地域特産品であるナツメの首飾りと金棒を身に付けた姿でデザインされた。フェスティバルには俗離山ドッケビの着ぐるみも登場し【図5-4】、その他にも多様なプログラムや広告、イベント公演の舞台において使用された【図5-5】。しかし、着ぐるみ以外のキャラクター商品の展開などはなされず、俗離山ドッケビは一般には広まらなかった。
　地方自治団地が企画して作られたキャラクターの多くは、このように公共目的で地域団体のイベントに使われるに留まっており、商品として売り

図5-6 晋州南江の「流灯祭り」に登場した『瘤のある翁』のドッケビたち　図5-7 清渓川「灯祭り」に登場した『瘤のある翁』のドッケビたち

出すという感覚がまだなかったと考えられる。

流灯祭り

　晋州南江の流灯祭りは2000年から毎年10月に行われている。前身であるケチョン（川）芸術祭は、文禄慶長の役（秀吉の朝鮮出兵）のときに城中の兵士たちと外の兵士やその家族との連絡に使われた流灯の伝統を素材とした祭りである[8]。晋州南江の流灯祭りでは、子供たちに親しみのある説話をもとにした灯の作品が多く見られるが、そのなかでも「瘤のある翁」のモチーフは定番の素材である。このときのドッケビは、概ねオニと類似して角があり、虎皮を巻いた姿である【図5-6】。

　地方だけではなく、ソウルなど都会のフェスティバルやイベントにもドッケビの視覚イメージは使われている。清渓川の「灯祭り」は2009年からソウルの清渓川で行われるイベントであり[9]、晋州市と同様子供たちに人気の有名な物語やキャラクターを素材として作られた灯が多い。そのなかにも「瘤のある翁」とドッケビの姿が見られ、晋州の流灯祭りと同様にドッケビは角を持ち、虎皮を巻いて、金棒を持っている【図5-7】。

　伝来童話でもあるドッケビの登場する「瘤のある翁」噺は韓国では最も知られているドッケビ噺であり、祭りにもよく取り入れられる。以上の流灯祭りでも見たように、オニと同じ図像がドッケビとして既に韓国社会に

定着していると考えられる。
　こうした祭りに登場するトッケビは、特定の地域に伝わるドッケビの説話・伝承などから選ばれたものではなく、より広い括りでの韓国社会の伝統文化を象徴するものとして選ばれたものである。

3．キャラクター化されるドッケビ

地域活性化事業
　現在の韓国の観光政策や地域活性化事業におけるご当地キャラクター（韓国ではマスコット・キャラクターと呼ばれる）の活用は、その試みが始まってから既に10年以上が経過しているが、ホームページ上での広告に使われているのみで商品化などへの展開は未だされておらず、全体として成功しているとは言い難い状況である。
　そうした状況にもかかわらずここ10年間の地方自治団体の観光政策においてご当地キャラクターが作られ続けてきたのは、地域活性化のモデルとして日本の事例を参考にすることが多いからであろう。しかし、日本と韓国ではキャラクターをめぐる認識や文化が異なるために活用はなかなか困難であり、キャラクター利用は形式的なものになってしまっている。地方自治体がこのようにキャラクターを無分別に創りだしている現状については、広告効果があまり得られていないという批判も多い[10]。
　しかしいずれにせよ、そうした試みのなかで現れたキャラクターのなかにドッケビを素材としたものがあれば、そこから人々の一般的なドッケビ認識を知ることができることは間違いない。本節では、ドッケビを素材としたご当地キャラクターの具体例を紹介し、そこから見てとれる現代韓国における一般的なドッケビ認識がどのようなものであるかを考察する。

ご当地キャラクターの試み
　ご当地キャラクターは、道（日本では県に当たる）を代表するもの、市を代表するもの、郡、区、町を代表するものなど、規模においても様々であ

図5-8　玄風百年ドッケビ市場の「ヒョンイ」と「プンイ」　　図5-9　漢方薬剤市場の「ヤケビ」と「ビョンケビ」　　図5-10　旌善画岩窟の「クムケビ」と「ウンケビ」

る。ご当地キャラクターとしてドッケビが使われている具体例としては、大邱の玄風百年ドッケビ市場、山清の漢方薬草祭り、旌善画岩窟などが挙げられる。特に大邱玄風市場と山清薬剤市場は小規模な地域祭りのようなものであるが、地方で行われる行事においてキャラクターが創られ持続的に活用されている数少ない例として非常に興味深い。

　まず、大邱の玄風百年ドッケビ市場では「悩みを食べてくれるドッケビが住んでいる」という設定で、漢方薬剤の市場に結びつけたドッケビ・キャラクターを創り出した。キャラクターの名前は「ヒョンイ」と「プンイ」で、これは市場の名前に由来する[11]。「ヒョンイ」と「プンイ」の物語は絵本として制作され、ホームページでも公開されている。商店街のイベントにこのキャラクターを積極的に使っているが、キャラクター商品の展開などは未だなされていない【図5-8】。

　慶南山清は朝鮮時代の名医許浚の故郷であり、許浚が医術を広めた場である漢方薬剤市場において毎年追悼祭が開かれる。ここでのご当地キャラクターは、薬草をイメージした「ヤ(薬)ケビ」と、病気を移す鉄槌を持っている「ビョン(病)ケビ」である[12]【図5-9】。超自然的な力を持つ妖怪であるドッケビから力を借りて病気を治すという意味でキャラクターとして採用されたと見られるが、ここで興味深い点はドッケビが病気を治すものとしてだけではなく病気を与えるものとしても視覚化されているところである。元々ドッケビが病気を与える厄病神として登場する伝承もあり、そこから拡大して解釈されて作られたキャラクターであろう。つ

大衆文化と文化政策——2000年以降、多様化するドッケビ | 第5章

図 5-11 ドッケビ・ランドのキャラクター「チャンケ」(左)、「チョンビ」と「ホンビ」(右)のぬいぐるみ（2014）

図 5-12 韓国観光大使の「守護ケビ」のぬいぐるみ（2013）

まり、両義性を持つ神としての民間信仰が反映されていると思われる。

　旌善画岩窟は、衰退した鉱山町の観光地化にドッケビ・キャラクターを利用した例である。ドッケビを金や鉄などの鉱物とつなげ、火の神、鉄の神として解釈する場合がある。第1章で火の神、鍛冶屋の神としてのドッケビの説話を紹介したが、旌善画岩窟はこのようなドッケビの性格を取り入れ、ドッケビを鉱山町の神々としてキャラクター化している。「クム（金）ケビ」、「ウン（銀）ケビ」のキャラクターを利用し、洞窟のなかで金銀宝石を集めるドッケビの生活を鉱山労働者の生活として物語風に展示し、旌善の特産品や食べものを紹介している[13]。下の写真は、「クムケビ」と「ウンケビ」が公園の入口に設置されている様子で、ここは人気の写真撮影スポットとなっている【図5-10】。

谷城ドッケビ・ランドと「チャンケ」キャラクター

　前述した谷城に伝わる馬天牧将軍説話から、「チャンケ」という将軍のキャラクターと、その家来である「チョンビ」と「ホンビ」というドッケビ・キャラクターが創られた。担当者へのインタビューによると、このキャラクターは2011年に韓国コンテンツ振興院の支援を得て創られた。キャラクター商品として、筆記道具、ぬいぐるみ、カバン、ポーチ、シール、キーホルダー、パズルなどが制作、販売される予定である【図5-11[14]】。こうした地方のキャラクター商品販売は韓国初で、谷城の妖術ラ

189

ンドのオープンとともに販売され、今後の新たな収入源として期待されている[15]。谷城ドッケビ・ランドのキャラクターの制作は、地域住民の反対もあり、約10年の官民の協力と試行錯誤を経て作られてきたものである。

観光広報キャラクター「守護ケビ」

2014年に始動した韓国の文化大使キャラクター「守護ケビ」は、文化原型事業の一環として集められた多くの文化コンテンツ（約1万件）から選ばれ、作られたものであると宣伝されている【図5-12】。「守護ケビ」はキャラクター商品の販売が既に始まっており、児童ミュージカルも制作・上演される予定である。ドッケビのキャラクター商品を開発するプログラムはこれが初めてで、ソウルの観光地である仁寺洞や明洞の記念品ショップで韓国観光広報キャラクター商品として販売されており、現在では帽子、Tシャツ、ぬいぐるみ、カップ、カバン、食器なの商品が販売されている。

キャラクター商品化の難点

長安山ドッケビ・フェスティバルには公式キャラクターなどは見られず、使われるドッケビの絵柄も毎年変わっている。もちろん、記念品が作られたり商品化されたりもしていない。

それに対して、俗離山ドッケビ・フェスティバルではご当地キャラクターとしてデザインされた「俗離山ドッケビ」が登場している。典型的なオニに由来するドッケビのイメージの記号を借りつつも、そこから少し離れた姿で描かれている。しかし、このフェスティバル・キャラクターは商品化されることもなく一般には広まらなかった。

韓国ではキャラクターの活用がまだ少なく、一般にドッケビを1つのキャラクターに統一してしまうことに違和感を持っているようにもみえる。ご当地キャラクターが地域を象徴する表象として作られる際には、既に知られているドッケビの視覚イメージが参照されることが多いため、一般に受け入れられる全く新しいものが作られるかどうかは難しい。特に韓

国を象徴するものとしてドッケビを取り上げ、その膨大な意味範囲を単純化して1つの表象に固定するのは非常に困難なことであろう。

しかし、こうした悩みや批判がありつつも、現在実際に使われているドッケビのご当地キャラクターは、観光客にとって親近感があり最もよく知られているイメージである典型的なオニのイメージで描かれている場合が多い。そのイメージはこれまで見た通り、角があり虎の皮（あるいはヒョウ柄）を巻き、多くの場合、棒をもっているものである。

地域住民の抵抗

地域振興のためのキャラクター活用という観点からは、歴史性や文献的な正確性にこだわらず積極的な視覚化をすることも時には必要であると思われる。展示、イベント、フェスティバルなど、ドッケビのコンテンツや視覚イメージを生活のなかで経験する機会が多くなり、ドッケビは伝説・伝承に留まらず体験を通して生活に浸透している。

特に国家政策としての地域振興事業のなかでドッケビは全国規模で広まっていった。民俗が産業化されていくなかで、民俗商品としてドッケビのイメージは広く使われ、定着していった。イベントで行われるパフォーマンスでも、ドッケビ・キャラクターが登場する場合には一般に馴染みのあるオニと似た視覚イメージのものが多い。ドッケビ論争において角に関する議論が行われているにもかかわらず、多くの場合に分かりやすさが優先されて角がある姿が採用されているのである。

説話・伝承の有無に関係なく、多くの地域がドッケビを地域振興に取り入れた。実際のところ、むしろドッケビ関連の説話・伝承がない地域における取り組みの方が長続きし、事業化された。説話・伝承がない地域では自由な発想が可能であったのに対して、説話・伝承がある地域ではそこで表現されている既存の風習や価値観との兼ね合いが難しく、地域住民の支持を得られない場合があったのである。

説話のなかのドッケビは概ね両義性を持つ神であり、人間を助け幸福を与える側面と同時に災いをもたらす側面も持っていた。そのためドッケビ

は親密な神でもあると同時に畏怖の対象でもあり、そうした存在であるドッケビを可視化したり商品化したりすることに対する抵抗感が存在した。つまり、人々がドッケビにリアリティーを感じている限り可視化や商品化をすることは難しく、反対にひとたびリアリティーを失ってしまえばそうした道が開かれるのである。

第2節　パフォーマンスのなかのドッケビ

1．日本文化開放以後のグローバリゼーション

偶然の韓流ブーム

　1990年代までの韓国では、検閲の厳しい社会状況のもとで市場メカニズムによる文化の自生的な発展が阻害されたこと、そしてそもそも国内市場の規模が小さかったことから、大衆文化の成長は困難であった。

　しかし、2000年以降、海外で韓国のトレンディドラマが予想外の人気を得る韓国大衆文化のブーム、いわゆる「韓流[16]」が始まった。この言葉は中国で言われ始め、現在では広く使われるようになっている。90年代末から2000年代初期は特に韓国のドラマを指して使われていたが、2007年以降はより広く韓国の大衆音楽（K-POP）にも使われるようになった。

　2000年以降、中国では生活水準が上がり海外文化が多く輸入されるなかで文化コンテンツへの需要が高まったが、厳しい検閲と規制のために自国のコンテンツによってその需要を満たすことができず、海外に依存せざるを得なかった。この現象は、80年代の韓国において日本文化が海賊版を通して大量に輸入されていた状況と同じである。また、中国において韓国のコンテンツが受け入れられた要因としては、隣国であり自然環境や文化における親近性がもともと高かったことに加えて、日本のコンテンツがマニア層を対象として複雑に細分化していたのに対して韓国のコンテンツは大衆向けで消費しやすいものであったことが挙げられる。さらに、韓国の文

化コンテンツはインターネットからの入手が容易であったことも大きく、その意味でこの時期に普及し始めたインターネットの役割も大きかったと考えられる。

インターネットの普及による文化産業への影響

グローバリゼーションの進展、とりわけインターネットの普及をはじめとした情報技術革命は、韓国の文化産業に大きな影響を及ぼしている。キム・チョンスは、韓流の成功にはソーシャルメディアの拡散が大きく影響しているとして、次のように述べている。

> ソーシャルメディアの拡散がなければ、ヨーロッパで韓国の様々なマンガが流通し、K-POPが人気を得ることはできなかったであろう。韓流は韓国内部、外部、そして個人的、政策的部分が偶然にも同じ時期に重なって起きたもので、最近のグローバルなデジタルネットワークという技術のおかげで大きく成長した[17]。

情報技術産業が飛躍的に発展した背景としては、まず、元々基盤が弱かったオフラインの出版や音盤（レコード・CD）市場の崩壊が挙げられる。韓国書店総合連合会の調査によると、1998年の5,371店から2001年の2,645店と、3年間で全国の書店の50％が廃業した[18]。その後も、2014年の『韓国書店編藍』によると、書店は2003年の2,247店から2013年の1,625店へと、継続的に減少している[19]。

音盤販売店の場合はより深刻であり、2001年には全国で2,000店であったが2006年には約300店になっている[20]。1990年代の海賊版が氾濫していた時期に、違法ダウンロードを含むオンラインでの消費が増加し、多くのオフライン市場が潰れてしまった。その結果、死活問題としてオンラインに生き残る方法を探さなければならない状況が生まれたのである。同時に、政府の情報技術産業育成政策も産業構造改革に大きく影響していたと考えられる。

1997年から1998年のアジア通貨危機以降、韓国は安い労働力を基盤とし

た輸出から、世界市場をターゲットにした高付加価値商品の生産・輸出、つまり情報技術産業や文化産業などに力を注ぐようになった。

変化する文化政策

2000年以降、半ば偶然とも言える韓流の成功に驚いた韓国では、文化政策においても積極的に大衆文化を支援する方向に転換した。その支援は概ね韓国の伝統、歴史、自然など、韓国のアイデンティティーの表明を重視する本質主義的な傾向が強いものであった。1999年には文化産業基本法を制定し、文化産業基金を設立して、映画、ドラマ、アニメなどを21世紀の有望産業として支援するようになった。こうして、韓流ブーム以降の文化政策は、より韓国的な文化コンテンツの支援に集中していった。2006年には文化コンテンツ振興院が設立され、文化コンテンツ分野に国家が積極的に介入するプロジェクトが進められた。つまり、韓国の国家イメージを高める投資対象として韓流を政策的に利用することとしたのである[21]。

第4章で言及した「文化原型事業」においても大きな変化が見られた。この事業の正式名称は「ウリ文化原型事業」（2002〜2006年）であったが、2006年から「ウリ」を除いて「文化原型事業」と変わった。「ウリ」は我々、私たちを意味する韓国語で、文化原型という言葉は前述したように最初は韓国の伝統文化や韓国固有文化の本質のように使われていたが、2006年以降は民族を超越した文化原型を意味するように変化し、このプロジェクトの方向性も大きく変化した[22]。すなわち、韓国の歴史や伝統文化のコンテンツをデジタル化してファンタジーに活かす方向から、普遍的な神話を作るためのファンタジー素材に注目する方向への変化である。2002年から2010年までの約10年間に、約250の文化原型課題を持って25万あまりのコンテンツを制作、開発したと公表されている。このように文化原型プロジェクトは、もはや伝統文化の保護中心の政策ではなく、文化産業に積極的に取り組む文化産業戦略へと変化していった[23]。

大衆文化と文化政策——2000年以降、多様化するドッケビ | 第5章

2．国家文化商品の開発

　ドッケビは様々な分野で取り上げられる人気の素材であり、文化原型プロジェクトの一環として国家支援を受けたオペラ、バレエ、演劇作品のなかにもドッケビが登場するものが多数見られる。

オペラ『志鬼』

　まず、ドッケビを素材とした創作オペラ作品として2010年に国立オペラ団が上演した『志鬼（ジクィ）』が挙げられる[24]。この話は、善徳女王（ソンドクヨワン、在位：632～647年）にまつわる火の鬼の恋物語である。志鬼は7世紀の文献に漢文で書かれているものなので厳密にはドッケビと言えるかどうかは不明確であるが、志鬼を素材とした作品ではドッケビと言及されることが多い。

　第1章でも紹介したが（39ページ参照）、その内容は、女王に恋をしてしまった青年が火の鬼になり新羅の首都に大火事を起こすが、その火を鎮めるために女王が詩文を書いて彼の魂を慰めると火が収まったという説話である。

　次のページの写真に見られるように、このオペラに登場する志鬼には角は見られず、赤い炎をモチーフにした全身が赤くて金色に光る華やかな姿である【図5-13】。

　ちなみに、志鬼説話を素材としたコンテンツとしては他にも、2006年にキム・ソンヒ（金善嬉）バレエ団の『志鬼の炎[25]』が、2011年の慶州エクスポでは龍と戦う善徳女王の3D映画『碧涙釧[26]』が制作されている。

演劇『夏の夜の夢』

　ファンタジー素材の演劇作品で実績を重ねている劇団「旅人」の『夏の夜の夢』に登場するドッケビの視覚イメージにも注目したい。シェークスピア劇を改作して上演したこの作品においては、イギリスの妖精をドッケビに変えて韓国風に脚色している[27]。文化原型を扱う演劇として文化観光

図 5-13 国立オペラ団の『志鬼』の炎のように赤く燃えるドッケビの姿 (2010)

図 5-14 ポーランドのグダニスク国際シェークスピア・フェスティバルでの『夏の夜の夢』公演 (2006)

体育部の支援を受け、海外公演が続けられている。この演劇に登場するドッケビたちは角のようなものを持っているが、それは木の枝のようにも花のようにも見える、妖精として新たに生まれ変わったドッケビと言える【図 5-14、口絵 5】。最近では、公演が行われる現地の固有の妖精なども取り入れて上演されるなど、ドッケビだけではなく世界の妖怪のイメージが取り入れられ、新たな解釈が加えられている。

子供向けのパフォーマンス

　ドッケビが子供向けのメディアにおいて特に多く使われていたことは第3章や第4章でも検討した。その場合、説話のドッケビが登場する物語の短い劇が多く上演されていた。生活水準が上がり生活の質を求めるなかで、仕事だけではなく余暇や家族と一緒に過ごす時間を大事にするようにライフ・スタイルも変化すると、大人向けのオペラ、演劇、ミュージカルだけではなく、家族向けのミュージカルや子供向けの人形劇も多く制作されるようになった。特に、創作オペラ、国楽（韓国の伝統音楽）ミュージカル、クラシックミュージカルなど、音楽とともにエンターテイメント性を活かした子供向けの文化コンテンツが多く求められるようになり、そうした市場が急成長した。またその内容においても昔話のままではなく、教育的に脚色されたものや子供の参加を促すインタラクティブなものが多く

大衆文化と文化政策――2000年以降、多様化するドッケビ | 第5章

図5-15　人形劇「瘤のある翁」（大邱、2014）

図5-16　教育演劇「瘤のある少年とドッケビのリズム」（仁川、2014）

なっていた。

　例えば、有名な昔話「瘤のある翁」は、比較的小さな場所でも上演が可能な人形劇【図5-15】の形で幼稚園や小学校の行事において上演される場合が多い[28]。ドッケビが良い人には福を悪い人には罰を与えるという性格を利用して、教育的に脚色して上演される。

　「瘤のある少年とドッケビのリズム」【図5-16】は、瘤がある翁ではなく瘤がある少年に設定を変え、小学校で差別やいじめなどの学校問題について啓発するなど教育的内容に脚色された児童劇である[29]。このようなドッケビ関連の子供向けのパフォーマンスは、文化会館、図書館、生涯学習センターなど地域住民の福祉のために区や市から招かれる場合も多い。規模は小さいが、子供たちに視覚イメージを含めてドッケビ認識を与えるには大きな役割を果たしていると考えられる。

3．サブカルチャーに見られるドッケビ

検閲からの自由とファンタジー

　様々な意味に解釈される可能性があり体制の風刺や比喩に用いられ得るファンタジーというジャンルは、長い軍事政権下での検閲と規制のなかではなかなか育たなかった。2000年以降、ファンタジーは韓国で愛されるジャンルとなり、今まで抑圧されていた欲望を噴出させるかのように多く

の作品が制作されている。

　第3章で検討した北朝鮮の例を見ると、北朝鮮の場合、マンガ、アニメ、映画の素材として、内容的に歴史物、伝来童話、反帝国主義、反日反米の思想が反映されているものが多く、子供向けのマンガや絵本においても戦中の教科書の挿絵と変わらない画風の教育的宣伝的なものが多く、視覚イメージも戦後直後から時間が止まっているようにも見える。文化鎖国状態であった80年代までの韓国と現在の北朝鮮の視覚文化は、共通している点が多い。

　現在でも北朝鮮でファンタジー物と言えば科学を土台にしたSFを意味し、例えば魔法使いが出てきたり主人公が変身するものではなく、宇宙船に乗って宇宙を開拓したり雷を利用して電気を作ったりする作品を指す。ハリーポッターのようなファンタジー作品は科学性が欠如しているとして作られない[30]。こうした北朝鮮の視覚文化からも見られるように、抑圧的で検閲の厳しい独裁政権下では、視覚文化は停滞・衰退せざるを得ないのであり、その点においては90年代までの韓国も同様であった。

　1990年代の末、韓国では日本大衆文化開放や自由貿易化などの社会変化とともに音盤（1996年[31]）や放送・映画（1996年[32]）などほとんどの分野で事前検閲がなくなり、創作の自由が保障されるようになった。つまり、消費者の要求に集中して作品を制作する資本主義市場に実質的に参入したということである。そのため、2000年以降は過去や歴史から素材を引き出したファンタジーが多く描かれ始める。そこでは、初期の「文化原型事業」で検討したように「正解」があり「本物」が存在するという本質主義的な信念から出発していたことには変わりがない。

　また、大衆文化のなかで、イデオロギーや社会改革といった大きなテーマから個人の生活の悩みや幸せなどへのシフトが見られ、純文学ではない大衆文学が細分化された様々なジャンル（SF・ファンタジー、ライトノベルなど）を作り出してきたのも、2000年以降の韓国文学の大きな特徴の1つである。韓国社会に大衆が登場し、商業出版が活性化したのもこの時期である[33]。

民俗を素材とするファンタジー・ドラマ

子供向けの商品でしか独立したキャラクターとして登場していなかったドッケビは、2000年以降に大人向けのメディアでも1つのファンタジーの素材として独立して使われるようになる。2000年代には韓国で神話、説話、伝承、民俗などを素材にした「ファンタジー時代劇」と呼ばれるジャンルの作品が出現した。以前の韓国の時代劇が歴史考証や民族意識を重視していたのと異なり、歴史に関する自由な解釈と脚色が盛んに行われ、非現実的な要素が多く含まれている作品も制作されるようになった。

ドッケビが登場するドラマとしては、妖怪の九尾の狐を素材としたドラマ『僕の彼女は九尾狐』(2010年、SBS)が挙げられるが、ここではドッケビが毛皮を巻いた少年の姿で登場している。また、このドッケビは小道具として韓国の伝統劇の仮面の1つであるバンサンタルを持ち歩いている。また、『ドッケビがいる』(2005年、KBS)では人間の子供と全く同じような姿で、普通に人間に混じって学校に通う設定で登場した。

2000年以降、多くのドラマがドッケビを含めて12神将や4神などのファンタジー的存在と民間信仰の神である家神を扱うことになってきた。その代表的な例として、アラン説話[34]をもとにしたドラマ『アラン使道伝[35]』(2012年、MBC)が挙げられる。閻魔大王、玉皇大帝、仙女、冥府の使者、そして様々な怨霊が視覚化されているが、全て人間の姿である。

そのなかで特に人気のある「ファンタジー時代劇」では多くの作品が文化政策の恩恵を受けていた。韓国の歴史や文化を海外に紹介する作品で利益を出せると思われるものに投資するという文化政策方針のもとで、国家による支援が行われた。その他の時代劇の素材の変化としては、王室の話ではないものが増えたことが挙げられる。朝鮮時代のファンタジー・ドラマ『夜警日誌』(2014年、MBC[36])は、夜警(退魔師や陰陽師のようなもの)を率いて様々な妖怪たちと戦う王子の物語である。『夜警日誌』は韓国文化コンテンツ振興院によって海外にも発信された。ここには怨鬼、火鬼、追鬼などが登場するが、全て人のような姿で現れており、人間ではない怪物として描かれる想像上のイメージはまだ見られない。

インターネット上のファンタジー作品

　日本の海賊版に依存していた韓国マンガにおいては、90年代に自立したマンガ制作が試みられ、2000年以降になるとマンガに対する社会全般の認識にも変化が見られるようになった。特に韓国の大きなポータルサイトであるダウム（Daum）やネイバー（naver）を中心としたウェブマンガの市場が成長した。ウェブマンガは国内市場が小さい韓国にとっては印刷出版より初期費用が安く新人発掘の機会の多いメディアであるため非常に発達した。そしてウェブマンガはストーリテリングのデータベースとしても好まれ、そこでの作品がドラマ化、映画化されるなど、2000年以降の韓国の大衆文化において大きな役割を果たすこととなった。

　ドッケビは韓国ファンタジーにもよく取り入れられる素材であり、ウェブマンガでもその例が多数確認できる。2006年にダウムで連載された『ドッケビ』は、ドッケビと忍者という日韓両国の超能力者集団の戦いを描いた作品である。ドッケビは人間のなかに混ざっており自覚すると力が出てくるが、それぞれ異なる能力を持ち、力を合わせて戦う話である。ドッケビの外見は普通の人と全く変わらない姿で、ドッケビも忍者も組織で行動し、復讐が復讐を呼ぶ内容となっている。

　このマンガ作品の第9話の最後に、韓国のドッケビの根本に関して、新聞記事のなかの学者（金宗大）の言葉が引用されている[37]。作品の内容には全く影響していないものの【図5-17】、作者は一応ドッケビの視覚イメージに関する議論を意識していることが確認される。実際に作者は、ドッケビはオニとは異なるものであり異なる姿で描かれるべきであると述べ、自分の作品にはオニのような姿のドッケビを描いてない点を強調している。他の作品においてドッケビの姿が典型的なオニとして描かれることは非常に少なくなっており、そのことを評価する意見がウェブマンガの読者の書き込みにおいても確認される。ドッケビという素材はナショナリズムに利用される危険性があり、特にコミュニケーションの匿名性が高いインターネット上ではその危険性がより高まっているように思われる。

　また、韓国の民間信仰の神々を描いたジュ・ホミンの『神と一緒に』は

大衆文化と文化政策──2000年以降、多様化するドッケビ | 第5章

図 5-17　ウェブマンガ『ドッケビ』の冒頭に描かれているドッケビのイメージ。後ろのドッケビの絵は日本のオニの面に近い（2006）

図 5-18　『靴下ドッケビ』のキャラクター商品。靴下を片方ずつ食べるドッケビ。ダウムマンガに連載されたウェブマンガで、系列会社のダウムカカオが製作販売（2014）

　2011年の大韓民国コンテンツ大賞マンガ部門の大統領賞を受賞した作品であり[38]、2013年には日本語版にリメイクされ日本でも出版された。今まで望ましい物とは思われなかった民間信仰や巫覡が素材として描かれたもので、この作品は印刷出版にも繋がり、マンガのタイトルと同名の展示会も開かれた。このマンガはいくつかの点においてウェブマンガの新しい可能性を示した。まずは多様なジャンルのメディアで使われるオリジナルコンテンツとなり、扱いにくい民間信仰の素材を商品化するきっかけにもなった。そして、以後のファンタジーウェブマンガにも大きな影響を与えている。

　その他、『ドッケビ郎子[39]』、『靴下ドッケビ[40]』など、ウェブマンガにはドッケビを素材としたものがたびたび登場している。そのなかで絵本のような可愛らしい絵柄で人気のある『靴下ドッケビ』には、靴下を盗んで隠すかわいいドッケビ「ムンイ」が登場する。片方の靴下がよくなくなることに着目し、作家が創ったキャラクターである。「ムンイ」はキャラクター商品の販売も行われたが、1週間で売り上げ1億ウォンを突破するほど成功した例になっている【図 5-18】。

　ウェブマンガだけではなくウェブ小説においても、ドッケビは人気の素

材である。2014年第1回ネイバーウェブ小説コンペの大賞受賞作『魍魅魍魎愛情史』は、タイトルの通りドッケビが主人公であり、主人公の名前は魍魎である。

　サイバー空間でファンタジー作品が多く創作・消費されるのは、仮想の世界の方が現実的権力から離れて新しい秩序をより構築しやすく、そしてファンタジーが大衆の欲望を表現するのに最もふさわしいジャンルだからであると考えられる[41]。アジア通貨危機（1997～1998年）以降、産業構造改革が行われてインターネットベースの産業に力が入れられるようになると、サイバー空間が持つ現実転覆の性格ゆえに、韓国ファンタジー作品が多く創られ愛されることになったのである。特に出版文化の基盤が弱かった韓国では、出版マンガからウェブマンガへと移行するきっかけとなった。そして、ウェブマンガにおいて、ドッケビはファンタジーの素材として多くの作品に取り入れられたのである。

　韓流とナショナリズム
　以上、韓流を筆頭とした韓国大衆文化の変化とドッケビ・キャラクターの活用に関して検討してきた。2000年以降の韓国社会の変化はグローバリゼーションの進展、とりわけ自由貿易化とインターネットの普及に代表される情報技術革命を背景としている。大衆文化に対する需要が急速に増えるなかで、自国コンテンツの基盤の弱さが自覚され、2000年以降には文化コンテンツの視覚化作業が積極的に行われることとなった。短期間で成果をあげる政府主導の文化コンテンツのデータベース構築事業が行われ、伝統文化や民俗がデータベース化された。その過程で半ば偶然に起きた韓流ブームによって大衆文化に対する認識も変わっていった。政府の支援のみならず今まで抑圧されていた反動もあって、韓国ではファンタジー作品を筆頭に様々な文化商品が作られた。韓流は韓国で創られたものであるが、純粋に韓国のものとは言えない。アメリカや日本から輸入したものの一部でもあり、韓国風に加工した商品でもある[42]が、韓流によって韓国大衆文化が海外から注目されるという初めての体験をすることとなった。

大衆文化と文化政策——2000年以降、多様化するドッケビ | 第5章

　国家からの支援もあり多くのドッケビのキャラクターが創られ、そして様々な分野で使われるようになっている。特に、神話や韓国の民族・民俗に焦点を当てていた民族文化原型を探す文化コンテンツ政策では、ドッケビは2010年以降の韓国固有文化に拘らない「アジアン・ファンタジー」の１つのキャラクターとして扱われ、様々なところから視覚イメージを借用している。現在のドッケビは海外市場も意識して作られるため、視覚イメージも無国籍化する傾向が見られる。言い換えると、ドッケビの視覚イメージは韓国を超えて汎アジア的イメージに向かう傾向があると考えられる。

　初期の文化政策は韓国の固有文化を支援していたが、韓流の本質は様々な文化が混在する多文化主義的な文化商品であった。2000年代初期の韓国は文化においても依然として伝統、真正性、アイデンティティーを重視する新興国であったが偶然のように起きた韓流ブームは、それまで低かった大衆文化の地位を一気に浮上させる役割を果たした。韓流は今まで韓国・韓国人が歴史のなかで経験したことのない国家的・民族的「先進」の表象のように思われた[43]。このように韓流の成功を韓国文化の先進性の表れのように見る考え方には、独裁政権時代と同様のナショナリズムが働いていたのかも知れない。

　しかし、韓流はアジア共通の感性に訴えたために受容されたのであって、韓国の独自性・固有性が認められたわけではない。韓流は純血文化ではなく混血文化であり、その成功は総合的企画の産物ではなく偶然の産物である[44]。日本においても韓国においても、そもそも純潔な文化などは存在しない。実際にヨーロッパの例を見ると、韓流のファンのなかで韓国のドラマや音楽だけに集中するマニアは少なく、日本のアニメや音楽も好きでJ-POPのコンサートに行く人が同時に韓流も楽しむことが多く、既存のアジア文化商品（主に日本の文化商品）と同時に消費されている場合が多い[45]。その意味で、韓流はアジア文化商品の原産地表示の１つに過ぎないとも言えるのである。

203

型にはまらないドッケビ

　ドッケビは非常に好まれる素材ではあるが、本章第1節でも述べたように非常に扱いにくい素材でもある。第1節では民間信仰のドッケビは可視化自体が民衆に違和感や拒否感を与えるために産業化が難しいと述べたが、大衆文化においても同様である。特に国の精神文化の象徴のように言われる場合は、そこに関わる思いや期待が重なり、可視化においても制限が多くならざるを得ない。その意味で、創作者にとってドッケビはむしろ扱い難いものでもあったと考えられる。実際、ドッケビを素材とした作品が全て成功しているわけではなく、企画段階で頓挫してしまった作品も少なくない。チャン・ギュソン監督が手がけてメディアにも報道されたファンタジー映画『ドッケビ（仮[46]）』は、3年以上（2010〜2012年）準備されたものの、結局制作に至らずに終わってしまった。

> 空白期に関しては誰よりも言いたいことが多いチャン・ギュソン監督であった。この3年間チャン監督は家族ファンタジー映画を準備していた。『ドッケビ』という映画だった。映画社バルンソンが手がけていた映画で最近までチョン・ヨンギ監督が続けて準備していた映画である。実写や3D技術も入る映画として業界でも知られていた作品であった。「3年間準備していた作品が霧散した。（中略）投資者側から韓国に子供の観客は60万しかいないとばかり言われるので仕方がなかった[47]。」

　チャン監督は、ドッケビが登場するファンタジー映画は子供向けと思われ、既に韓国でも多くの子供向けの海外映画が大人の観客も取り込んで成功しているのに、観客は子供であるという固定観念があり、投資を得ることが難しかったと話している。つまり、当時の2010年以降も、韓国ではドッケビが登場するファンタジー映画を子供向けのものとしてしか考えておらず、大人は見ないものとして考えられていたと解釈できる。

　さらに、製作者にとってドッケビは、その真正性にこだわると大衆に好まれる商品を作ることができず、しかしその真正性へのこだわりから離れると批判を受けるという厄介な存在でもある。大衆が文化商品を消費する

第5章 大衆文化と文化政策——2000年以降、多様化するドッケビ

際には視覚的に可愛らしく面白いものが選択されることが多いが、他方で「正しい」ドッケビの姿に関する問題提起にも配慮しなければならないという葛藤が存在しているのである。

第3節　プルグン・アンマと時代変化

1．プルグン・アンマを巡る議論

プルグン・アンマの発足

韓国のサッカー・ナショナル・チームの応援団は1995年に純粋にサッカーを楽しむオンライン同好会から出発し、「大韓民国サポータークラブ」という名前で設立された。現在の名称である「プルグン・アンマ」は、1983年に開催された1983 FIFA ワールドユース選手権において4位入賞した韓国代表のユニフォームが赤であったことから海外メディアが韓国代表とそのサポーターを「赤の激情（Red Furies）」と呼び、これが韓国で訳されて「プルグン・アンマ（Red devils、赤い悪魔）」とされたことに由来する。プルグン・アンマは、1997年にサッカー・ナショナル・チームの応援団の公式名称として認定された。

蚩尤とプルグン・アンマ

序章でも言及したプルグン・アンマ（赤い悪魔[48]）のロゴは1999年に創られ、2002年の日韓ワールドカップの時に一般に広く知られるようになった。公式ホームページによれば、このロゴは赤鬼で蚩尤天王をもとに作られたものとされている。同ホームページでは、「蚩尤は古代中国と朝鮮の歴史に出てくる伝説上の神であり、『桓檀古記』には蚩尤天王（紀元前2707年から109年間統治）が勝利と加護の象徴として記されている。ドッケビのロゴはこれにあやかって定められたものである」と表明されている。

当初、蚩尤はミャオ族の祖先や中国の神という見解があり、韓国のサッ

カー応援団のロゴにふさわしくないという意見もあったが、現在は既にドッケビ形象の1つとして定着したように見える。多くの本がドッケビの起源を蚩尤天王であると主張するようになり、蚩尤天王に対する関心が高まっている。蚩尤が登場する『桓檀古記』や高句麗の歴史が注目されるなど古代史に興味を持つ人も多くなっている。以下はプルグン・アンマを賞賛する新聞記事であるが、プルグン・アンマを蚩尤として認識していることが窺える。

> プルグン・アンマは韓国文化の象徴性を再確認する新たな民族魂の復活である。中国大陸をドッケビ部隊を率いて駆け抜けた14代目の蚩尤天王の気性と気概、その力動的秩序が再び現れている[49]。

また、高句麗の王を素材としたドラマ『淵蓋蘇文（ヨンゲソムン）』（2006〜2007年）では、将軍が戦争に出る前に蚩尤に祭事を上げる場面も見られる。史実的には議論の余地があるシーンであるが、韓国で蚩尤のモチーフが肯定的に定着していることを反映しているとも考えられる。

プルグン・アンマと悪魔

序章で述べた通り、プルグン・アンマのロゴは、名前とイメージ、色の全てに関して議論になった。まず名前について、キリスト教団体は「悪魔」という用語が神と反対のものを指す言葉なので、韓国人を悪魔に比喩することは不適切であるとして継続的に反対している[50]。反対する団体によって「赤い天使」、「白い天使」という他の応援団も創られたが、それらは長続きしなかった。その他、一部では「赤いドッケビ」に変えようとする意見もあったが実現しなかった。

悪魔という単語はデヴィル（devil）の訳語として日本経由で韓国に定着した言葉であり、印象としても角や尻尾があるキリスト教文化圏でよく描かれる悪魔のイメージである。実際このロゴが選ばれる前には悪魔のイメージを旗に使っていたこともある【図5-19】。この旗は1997年から1998年のワールドカップ予選中の写真でまだ現在のような蚩尤のロゴが決まっ

大衆文化と文化政策——2000年以降、多様化するドッケビ | 第5章

図5-19　赤い悪魔の旗。パリで行われた1998年のワールドカップ予選の応援（1997）

図5-20　プルグン・アンマの応援風景。韓国対レバノン戦、京畿道高陽市（2011）

ていない時期であり、典型的な悪魔のイメージで可愛らしいキャラクターのように描かれている。

　しかし、2002年の日韓ワールドカップという大きな国際的イベント開催に向けた準備過程において、悪魔のような外来のものではなく固有のドッケビのイメージを代わりに使うことにしたと考えられる。ドッケビが持っている話題性も含め、蚩尤のイメージの方が伝統的イメージや強そうなイメージがあるために、ロゴの起源としてドッケビ＝蚩尤が選ばれたと考えられる。

　現在まで蚩尤は応援の現場でプルグン・アンマのロゴとして多く使われている。上の応援風景の写真を見ると、巨大な旗に描かれている蚩尤のイメージが見られる【図5-20】。

プルグン・アンマと赤色

　プルグン・アンマのロゴに関しては赤色の問題もあり、2004年に「赤鬼たちは共産党だ」として実際に訴訟を起こされたこともある。これは韓国人の長年の極端な反共意識による赤色に対する拒否感、すなわちレッド・コンプレックスの現れである。しかし、2002年のワールドカップを通して

レッド・コンプレックスに代表される韓国の政治イデオロギーは旧時代の遺物となり、赤色に対する不安や敵対心は一掃されたように見える。

> レッド・コンプレックスのせいで赤色は50年間消えた色であった。世界史上このような色の統制が他にあるのだろうか。本来韓国の文化史において赤は絶対的な色である。赤は魔除けの意味を持つ縁起の良い色である。……プルグン・アンマたちが赤の棒を振りながら応援している姿を見ると私の血も騒ぎだす。私はこの風景を、無くしていた色が再び蘇る風景と描写したい[51]。

> 赤い波が踊っているような街の応援は過去半世紀の間私達たちを縛っていたイデオロギーや固定観念を一気に潰し、レッド・コンプレックスを議論すること自体が笑われるように変わってしまった[52]。

プルグン・アンマのロゴは、共産主義や悪の象徴から国家を象徴する愛すべきキャラクターへと生まれ変わった。ドッケビの視覚イメージは本質的なものではなく可変的なものであり、時代の要求に合わせて変わり続けている。そのなかには民衆の様々な姿が反映されているとすれば、2002年のドッケビは赤い顔をした戦争の神、蚩尤として現れていると考えられる。元々民間伝承のなかのドッケビは、不可思議な現象や日常的思考によっては理解できない物事を説明するために持ち出される「概念」に過ぎず、視覚的な要素は本質的なものではなく時代と状況によって変わるものなのである[53]。

2．文化運動としてのプルグン・アンマ

ナショナリズムの象徴としてプルグン・アンマがよく取り上げられるのは事実であるが、プルグン・アンマが新たな時代を開いた転換点になっている点も看過できない。

プルグン・アンマの応援パフォーマンスは青年たちの政治的、文化的反

乱のようなものであった。2002年に韓国で起こったレッド・シンドロームも同様であり、数百万人の群衆が赤い服を着て街に飛び出して[54]、赤い衣装、赤い頭巾、角の装飾以外にも特殊メイクやボディー・ペインティング、フェイス・ペインティングをした人達が街に溢れた。また、多く売られた商品としては赤い角があった。

以後の2006年のワールドカップと2010年のワールドカップの応援の際にはこうした応援道具やフェイス・ペインティングが商品化され、1つの応援文化として定着している様子も見られる。

こうした応援に参加していた人々の反応は幾つかに分けられる。まず、「楽しいフェスティバルであっただけでそれ以上の意味はない」という人々と、「韓国人であることが誇りに思えた」、「皆が1つになるというカタルシスを経験した」という人々も多かった。つまり、消費者としての大衆の登場という社会変化の象徴的事件としてだけでなく、今まで深く根付いていたナショナリズムが不安定な社会のなかで爆発した危険信号としても読み取れる。ストレスの解放、抑圧されていた欲望の噴出ができる場に出会い燃えているような、今までの韓国社会では許されなかった行動がワールドカップという特殊な状況のなかで行われる、反乱のような現象であったとも考えられる。

プルグン・アンマは自発的組織であり、全国規模のオンライン同好会から出発したコミュニティクラブであり、その組織はいわゆる想像の共同体である。韓国で趣味集団、つまりファンダム（Fandom）文化の定着と力を示した大きな事例でもある。会員の会費で運営されており企業や国家の支援に依存していないため、応援においても自由奔放なところがある。同時に、ネットを活用しているために全国的で組織的な一面もある。個人の消費行動は単純な欲求を満たすための行為を超え、文化への参加として現れている[55]。プルグン・アンマを通して見られるのは新しい社会の消費文化を担う大衆であり、ナショナリズムも商品化され、流行のように消費されていくことである。

2002年の日韓ワールドカップ以降、初期はあいまいだったプルグン・ア

図5-21　韓国対スイス戦での応援グッズの角やタオル、手袋、Tシャツ（2006）

ンマのロゴは関連商品も著作権が明確化され、より多くの商品に安定して使われるようになった。上は2006年のドイツ・ワールドカップの時のプルグン・アンマの応援の姿で、ロゴ入りの帽子とバッジ、仮面と角、ロゴ入りのタオル、手袋が見られる【図5-21】。その他、プルグン・アンマの応援にはロゴ入りのうちわやTシャッツも多く使われていた。

プルグン・アンマのロゴのドッケビはこのように商品化されたナショナリズムの産物であり、ドッケビの持つ韓国固有のものであり強いものというイメージのもとで消費されている。

3．スポーツとナショナリズム

New York Times 紙は、半世紀の間人々が民主化運動のために集まっていた街に今では20万の赤いシャツを着た人たちがこれまでと全く同じナショナリズムを理由として集まっていると述べている[56]。もっとも、同じナショナリズムとは言ってもプルグン・アンマが代表するナショナリズム

大衆文化と文化政策──2000年以降、多様化するドッケビ 第5章

は新しい世代のものであって、これまでのものとは異なるように見える。
　イ・スンヒョンの研究調査によると、プルグン・アンマの会員の20代が50.6％、30代が26.8％、10代が12.1％であり、つまり10代、20代、30代がおよそ9割を占め[57]、全体としては若い組織である。実際、過去の反体制運動に参加していた上の世代とは重なる部分が少ない。ナショナリズムの性格も上の世代とは異なものであり、若者が積極的に参加しているのは自己アピールするために選ばれた、一種の商品のような新しい愛国心である。
　2002年6月、『ハンギョレ新聞』（リベラル）から『朝鮮日報』（保守）まで、メディアは一体となった韓国と韓国国民を賛美し、プルグン・アンマの応援文化を称賛した。組織的な応援と秩序、街頭応援の時の後片付けまで市民意識の成長であると書かれており、国家やメディアの呼びかけも影響していたと考えられる。このような応援の状況が海外でも報道され、2002年6月15日の Le Monde 紙は「恐ろしく組織化された10万のサポーターたち（Cent mille supporteurs diablement bien organizés）」というタイトルで、プルグン・アンマの応援を報道している。

> 最初は小さなサッカー同好会から始まって今はネットの呼びかけで多くのサポーターが集まる応援団になった。人々が赤く顔を塗って応援に参加している。「ワールドカップはカーニバルらしく」というメッセージと完全に1つになった。（中略）同じリズムで手を叩き、「大韓民国！」と国の名を熱唱した。1987年6月の民主化運動以後初めて、再び街が歓喜にあふれた[58]。

　確かに街にあふれる「大〜韓民国！（テーハミング）」の歓声は印象深かった。その盛り上がりはまさにスポーツによって完成されたナショナリズムと言わざるを得ない。クォン・ヒョクボムはこの場を根強いナショナリズムを再確認する瞬間でもあったと述べている[59]。他者の視線で自己の価値を評価する韓国人は、外部からの注目が集まる2002年のワールドカップでの予想外の勝利とお祭り気分のなかでナルシシズムに溺れた。愛国歌（韓国国歌）を熱

211

唱する韓国人の集団ナルシシズム的なナショナリズムは、植民地の記憶と戦後の貧困の傷に対する反動であるとも考えられる。

　プルグン・アンマの応援風景から見られるスポーツ・ナショナリズムはまた、外部の変化や圧力もあり、経済的には消費社会に変化しているのに国内政治において停滞している、そのズレから生まれた欲望の噴出でもある。

　プルグン・アンマのロゴが象徴するドッケビは、ドッケビのオリジナリティーにこだわるこれまでのナショナリズム的文脈でもなく、民間信仰の1つであったドッケビの真正性の文脈でもなく、長期間に渡って共産主義者の比喩表現であった赤いドッケビの文脈でもない。様々な文脈から離れ、プルグン・アンマというロゴのイメージが独立して、人気商品として消費されるようになっているのである。

　韓国のサッカー・ナショナル・チームの応援のために同じロゴ入りの服を着て熱狂するナショナリズムは、過去の様々な社会的文脈とはもはや無関係であり、このロゴのイメージ自体が彼らには意味がある。プルグン・アンマの応援風景は、共同体のパフォーマンスを大人数で楽しむ多少過激なフェスティバルのようである。

　本節では、プルグン・アンマの名前やイメージに関する認識の変化を通して韓国のナショナリズムの変化を考察した。2002年のワールドカップで見られたプルグン・アンマの視覚イメージに対する態度の変化は韓国社会の転換点を示している。上からのナショナリズムや知識人が主導する民主化運動で見られるナショナリズムではなく、1つの趣味趣向の共同体として自由にナショナリズムを消費している。そして、現在のプルグン・アンマのロゴについては以前のような議論は見られなくなり、韓国人に幅広く受け入れられているように見える。

　韓国サッカー応援団のロゴであるドッケビ瓦の視覚イメージに対する認識が変わっていくように、ドッケビの視覚イメージに関する認識も変わっていく。それは、今まで前近代から植民地時代、軍事政権期、そして現在に至るまで変化してきたように、常に揺れ動いていくものである。日本の

オニと韓国のドッケビの関係、すなわちドッケビあるいはオニという言葉とその視覚イメージとの関係も同様で、それらは時代とともに変わり続けてきたということである。

筆者は、プルグン・アンマのロゴを単純なナショナリズムに結びつけるのではなく、ドッケビの視覚イメージの利用における肯定的変化の例として評価すべきであると考える。プルグン・アンマのロゴは今も変化し続けている新しいドッケビ像であり、オリジナリティー問題は一部の人々の主張としてあるだけで、一般の人々によるこのイメージの消費にはあまり影響することがなくなっているのが現状である。

まとめ

第4章で検討したように、文献記録がないことから視覚イメージのオリジナリティーの根拠がないために描くことは不可能である、という論争とはまた別に、ドッケビの視覚化には民衆のレベルでの抵抗があり定着しにくい側面も存在した。多くの地方自治団体が地域振興事業の一環としてご当地キャラクターを創り出しているものの、キャラクターの導入は日本の事例を参考にした場合が多く、韓国ではキャラクターに対する認識が日本とは異なる側面もあるため、なかなか活用し切れていない状況がある。さらに、ドッケビ・キャラクターの視覚イメージの制作は下から行われたというよりは上から企画して普及しようとしたものであり、民衆レベルでは広まらず定着は困難であった。

文献を重視するという理由からだけでなく、口伝説話・伝承がまだ力を発揮している地方においては、ドッケビは民衆のレベルでも神のような存在でもあり災いをもたらすものでもあるという両義的な存在ゆえに、それを視覚化することは受け入れがたいものであった。民俗（説話や伝承）に関する意識が文脈から切り離されて商品として認識されない限り、視覚化は困難である。地域住民においても地域振興のために役に立つものを作る

ことは重要ではあるが、伝統的な考えとしてその神威を貶すことは違和感があったと考えられる。グローバリゼーションと民俗の産業化が同時に行われるなかで、今まで持っていた精神文化を商業主義へ移転することに対する新旧価値観の葛藤が存在していると考えられる。

2000年代以降の韓国大衆文化は、グローバリゼーションの進展を背景として、質量ともに飛躍的に成長した。中国や東アジアを含む大きな市場を確保し、大衆文化において様々な挑戦ができる環境が整ってきた。そして、中国における韓国ドラマの流行、いわゆる「韓流」の成功は、海外の文化コンテンツに長年依存してきた韓国大衆文化における1つの転換点となった。このような市場の変化は、21世紀になってやっと根付き始めたと考えられる。

需要の増加によって多くの文化コンテンツが必要とされ、韓国政府は国家政策として文化産業のコンテンツ発掘を支援することになる。その代表的な事業が「民族文化原型事業」であり、その結果として民俗素材の視覚イメージのデータベースの構築にも力が入れられ、ドッケビもその一環として多く支援される素材となった。

第1節では、ドッケビが地域振興事業に使われた例と、そのために行われた文化政策を検討した。地域振興事業の一環として、ドッケビ関連のフェスティバルやイベント、展示などが多く企画された。それらは体験を重視するもので一回性のパフォーマンスのようなものが多いために、そこに登場するドッケビ・キャラクターの多くは大衆に広く認識されているオニのような姿であった。また、ドッケビはご当地キャラクターにも使われるようになり、ドッケビのキャラクター化に際しては、角、牙、虎皮のパンツ、金棒が、日本のオニ起源だという議論があるにもかかわらず、デザインのなかに取り入れられた。

第2節では、パフォーマンスや映像メディアに用いられる韓流文化商品を検討した。そうした文化商品のなかでは、文化政策の影響もあり、ドッケビはミュージカルや演劇、バレエなどのパフォーマンス、そしてアニメやドラマ、映画など映像メディアの様々な分野においても多く使われてい

る。しかし、ドッケビの真正性を強調する世論とドッケビの商業化が衝突するなかで、ドッケビは人々から注目される分、なかなか扱いにくい素材でもあった。

　第3節では、韓国のサッカー・ナショナル・チームの応援団であるプルグン・アンマのドッケビのロゴとそのロゴにまつわる認識が、2000年以前と比較して大きく変化していることを検討した。オニ瓦のイメージを借りて蚩尤を形象化したプルグン・アンマのロゴは、1つのドッケビの表象として韓国に定着しており、そのイメージは雑種的である。韓流がそうであったように、プルグン・アンマのロゴも汎アジア的文化のうえで作り上げられたものなのである。

　地域振興、大衆文化、スポーツ応援団のロゴに用いられるドッケビは、国家のアイデンティティーを背負う民族の象徴、国家の象徴などの役割を果たすものとして選ばれることが多かったが、2000年以後の社会の変化とともに、ドッケビはイデオロギーから離れてファンタジーに登場する妖怪として一人歩きを始めたようにも見える。

　ドッケビ・キャラクターの活用は政治的・経済的な理由から出発し、ナショナリズムによって促されていた。植民地の経験を持つ韓国においてドッケビ論争は一般大衆のレベルでも大きな話題になっていたが、実際は知識人のパフォーマンス以上のものを生み出せず膠着している。そして、韓流ブームで浮かび上がった韓国人の態度は、今までドッケビの視覚イメージの論争に見られる韓国文化に対する省察を過去のものにしてしまったようにも見える。しかし、本章の最後にあたって、自らの言葉で価値を付与することができず、依然として外部からの視線に依存している韓国の現実も指摘しておきたい。そして、国家主導のナショナリズムのような規制による鎖国的で閉鎖的なものではないにせよ、大衆が自ら自国文化優越主義に走り擬似帝国主義のようになっていないか反省するべきであろう。

　見えないものであるドッケビを可視化すること自体に違和感を覚える民衆が多く存在することも、ドッケビ関連の文化商品を企画するときに問題となる。可視化する段階で精神性が破壊されると考える宗教的な側面があ

り、それは視覚イメージに対する忌避として現れる。

　しかし、非常に意味範囲の広い、全国的に愛されている民俗文化の一部の文脈を切り取って可視化し商品化するということは、韓国の精神文化において革命的なことでもあり、ドッケビの視覚化において必要な試行錯誤の過程であったとも考えられる。固有性の幻想から離れ多様性を認めることで初めて自らのものを作り出すことができるのであり、抽象的なドッケビの概念を描こうとするのではなく目に見える形で良い商品作ることこそが、ドッケビをうまく使いこなす鍵になると考えられる。

---

1) 資料出典：IMF、チャ・ジヨン（차지연）「한국 일인당 GDP 2만 4천달러 세계 27위（韓国1人当たりGDP2万4千ドル世界27位）」『連合ニュース』2014年5月12日。
2) キム・ハクン（김학근）のインタビュー、『韓国口伝文学大系』韓国学中央研究院、2012年12月31日。〈http://gubi.aks.ac.kr/web/TitleList.asp〉
3) 著者のインタビュー、2014年8月27日。
4) 令監ノリは庭に祭事床を用意して深夜行われる。豚の頭、キビ餅、焼酎などを置き礼を上げる。キセルを持っている令監神が入ってきてパフォーマンスをする。病気の人はむしろ（藁で編んだ敷物）に巻いて厄払い儀式を行ない後で令監の面や使った道具と一緒に燃やしながら海に送る。
5) 〈http://www.chookje.com/detail/main.asp?idx=614〉
6) 第1章46ページ参照。
7) 著者のインタビュー、2013年7月12日。
8) 晉州流灯祭りホームページ（最終更新日：2015年6月30日）〈http://www.yudeung.com/〉
9) ソウル市観光課のホームページ（最終閲覧日：2015年6月30日）〈http://www.visitseoul.net/kr/trackb.do?id=58485&type=cnt&lang=kr&bbs_id=〉
10) キム・ソンス（김성수）「전남 지자체 CI 있으나 마나（全羅南道地方自治体にCIは無駄）」『全南日報』、2013年5月8日。
11) 玄風百年ドッケビ市場（현풍 백년 도깨비 시장）のホームページ〈http://www.hyunpungdokaebi.com/story/character.asp〉
12) 산청 한방 약초 축제〈http://www.scherb.or.kr/sub/01_06.asp〉
13) 정선 시설 관리공단〈http://www.jsimc.or.kr/sub/sub05_2_go3.asp〉
14) 著者のインタビュー、2014年8月27日。

15) イ・ヨンギュ（이용규）「도깨비 캐릭터, 곡성발전 '요술방망이' 되나（ドッケビキャラクター、谷城発展の魔法の棒になるのか）」『全南日報』、2014年1月1日。
16) 最初に韓国商品を指す言葉として1997年12月17日に台湾の『中国時報』で使われた。以後中国で1999年の『北京青年報』には今の韓流の意味で使われ始めている。
17) キム・チョンス（김정수）「(신) 한류에서 배우는 문화 정책의 교훈（新韓流から学ぶ文化政策の教訓）」『韓国政策研究』第20巻第3号、2011年、16ページ。
18) キム・ヘヨン（김혜영）『慶北毎日』2014年11月17日。
19) イム・ナムスク（임남숙）『월간 프린팅 코리아（月刊プリンティング・コリア）』142号、2014年4月。
20) ナム・アンウ（남안우）「레코드 도매점이 단 3 곳（レコードショップがなくなる、卸売りがたった3店舗）」『My Daily』2007年10月24日。
21) キム・スンス（김승수）「한류 문화 산업의 비판적 이해（韓流文化産業の批判的理解）」『地域社会研究』20（4）、2012年12月、112ページ。
22) イ・ナムヒ（이남희）「문화콘텐츠의 인프라 구축 현황과 활용에 대하여（文化コンテンツのインフラ構築と活用に関して）」『오늘의 동양사상（今日の東洋思想）』14、芸文東洋思想研究院、2006年4月、270ページ。
23) イ・ユンソン（이윤선）「민속문화와 문화원형（民俗文化と文化原型）」『지방사와 지방문화（地方史と地方文化）』11（1）、歴史文化学会、2008年、38ページ。
24) Jeongsuk Joo、Transnationalization of Korean Popular Culture and the Rise of "Pop Nationalism" in Korea, The Journal of Popular Culture, Vol. 44, No. 3, 2011.
25) キム・ソンヒ（김선희）バレエ団『지귀―불꽃（志鬼の炎）』、芸術の殿堂、2006年2月17日～18日上演。
26) ジン・ヨンウ（진영우）監督『碧涙釧』、慶州エクスポで2011年上映。
27) イ・ゼフン（이재훈）「영국 요정대신 한국 도깨비, 극단 여행자『한 여름밤의 꿈』（イギリス妖精の代わりに韓国のドッケビ、劇団旅人「夏の夜の夢」）」『中央日報』、2013年8月5日。
28) ファン・インオク（황인옥）「혹부리 영감 인형극으로 만나요（「瘤のある翁」、人形劇で会いましょう）」『大邱新聞』、2014年9月1日。
29) ソン・ホンイル（송홍일）「인천주안북초등학교 찾아오는 문화예술교육으로 바른 인성 키워요（仁川朱安北小学校、尋ねる文化芸術教育で人格教育）」『日刊京畿』2014年6月12日。
30) チョン・ヨンソン（전영선）『북한 애니메이션（아동영화）의 특성과 작품정보（北朝鮮のアニメーション（児童映画）の特徴と作品情報）』、선인、2014年、32ページ。

31) 憲法裁判所の1996年10月31日違憲判決。
32) 憲法裁判所が公演倫理委員会、映像委員会、放送通信委員会の検閲の主体性を認定（1996年10月4日、1997年3月27日）。
33) チョ・ソンミョン（조성면）「대중과 출판상업주의 : 큰 이야기의 소멸과 장르 문학의 폭발 — 90년대 대중문학과 출판 상업주의에 대하여（大衆と出版商業主義）」『비평, 90년대 문학을 묻다』、夏の丘、2005年12月、385-399ページ。
34) 内容：アランは慶尚南道密陽の地方官の娘で、全ての男たちのあこがれの対象であった。そんな彼女を慕った官奴（役所の下働き）がアランの乳母を買収して彼女を強奪しようとした。しかし、アランの激しい反抗にあい、官奴は短刀を取り出して威嚇し結局その短刀によってアランは命を失う。その何年か後、密陽では後任地方官が来ると必ず赴任初日の夜非業の死を遂げる。赴任するやいなや死ぬので誰も赴任しようとしなくなり廃郡になるまでになってしまった。その頃学識は優れるが科挙を受けられない庶民出身の青年が志願して密陽の地方官に赴任してきた。その初日の夜アランは亡霊として現れる。大胆な後任地方官はアランの話を聞く。アランは無念な事情を説明し、死体のある場所を教える。翌朝、官奴たちを集めるとどこからか白い蝶が1匹飛んで来た。そこで犯人を捕まえて嶺南楼の竹やぶに行くと、アランの死体が刀がささったまま腐りもしないで見つかった。後任地方官が刀を抜くと骨だけを残して姿は消え、その骨を収めて良い場所に埋めてやると、その後地方官の宿舎にはアランの怨霊は現れなかった。
35) 『아랑 사또전（アラン使道伝）』2012年8月15日から2012年10月18日までMBCで放送。
36) 『夜警軍日誌』2014年8月4日から10月21日MBCで放送。
37) ナスティキャット「第9話、始まりと終わり」『ドッケビ』、Daumマンガ、2006年8月30日。韓国のドッケビはどのような姿をしているのであろう？ 残念ながら絵はもちろん関連記録もあまりない。今としてはその原型を正確に描くことは難しい。（中略）民俗学者である金宗大は以下のように話している。韓国のドッケビは大男で、毛深い。臭いし、帽子をかぶっている。鬼神とは違って人のように行動し、人と関係を作ろうとする。我々のドッケビはこのように人間的である。
38) チュ・ホミン（주호민）『신과 함께（神と一緒に）』、ネイバーマンガ、2010年1月8日〜2012年9月1日。
〈http://comic.naver.com/webtoon/list.nhn?titleId=119877&page=5〉
39) ハヌルメ（하늘매）『도깨비 낭자（ドッケビ郎子）』シーズン1、WEBTOON、2014年6月9日〜2015年2月17日。
40) マンムルサン（만물상）『양말 도깨비（靴下ドッケビ）』第1部、DAUMマンガ、2014年2月16日〜2014年7月12日。
〈http://webtoon.daum.net/webtoon/view/goblin〉

41) チョン・ジンヒ（정진희）「사이버 판타지, 그 현상과 심층（サイバー・ファンタジー、その現象と深層）」『한국인의 삶과 구비문학』、集文堂、2002年、351ページ。
42) ウォン・ヨンジン（원용진）「한류정책과 연성국가주의（韓流政策とソフトナショナリズム）」『官訓政策』125、2012年6月、50ページ。
43) パク・ノヒョン（박노현）「텔레비전 드라마와 한류 담론―한류진화론과 위기론에 대한 비판적 고찰을 중심으로（テレビドラマと韓流談論――韓流進化論と危機論に関する批判的考察を中心に）」『韓国文学研究』45、東国大学校韓国文化研究所、2013年2月、341ページ。
44) キム・チョンス、前掲論文、1ページ。
45) ホン・ソキョン（홍석경）「세계화 과정속 디지털 문화 현상으로서의 한류―프랑스에서 바라본 한류의 세계적 소비에 대한 이론적 고찰（グローバリゼーションの過程のなかでデジタル文化現象としての韓流――フランスで見た韓流のグローバル消費に関する理論的考察）」『言論情報研究』50（1）、ソウル大学言論情報研究所、2013年、188ページ。
46) 「웰컴 투 도깨비 나라―장규성 감독의 도깨비（ウェルカム・ツドッケビの国）――チャン・ギュソン監督のドッケビ」『CINE21』2011年6月16日。
〈http://www.cine21.com/news/view/mag_id/66308〉
47) 「나는 왕이다, 장규성 감독과 주지훈의 평행이론（私は王である、チャン・ギュソン監督とチュ・ジフンの平行理論」『OhmyNews』2012年8月22日。
〈http://m.ohmynews.com/NWS_Web/Mobile/at_pg.aspx?CNTN_CD=A0001769813#cb〉
48) Red Devils 公式ホームページ（最終閲覧日：2015年6月30日）。
〈http://www.reddevil.or.kr/xe/index.php?mid=trademark〉
49) イ・スンホン（이승헌）「붉은 악마가 보여준 교훈（プルグン・アンマが見せた教訓）」『京郷新聞』、2002年6月22日。
50) 「붉은 악마 무엇이 문제인가（プルグン・アンマ、何が問題か）」『MBC 시사매거진（時事マガジン）2580』、MBCで2006年7月9日放送。
「プルグン・アンマ改名論争、果たして名前が問題なのか」『OhmyNews』、2002年4月12日。
〈http://www.ohmynews.com/NWS_Web/view/at_pg.aspx?CNTN_CD=A0000072024〉
51) チュ・カンヒョン（朱剛玄、주강현）「붉음의 미학（赤の美学）」『韓国日報』、2002年2月20日。
52) チョン・ジンホン（정진홍）『中央日報』、2002年6月29日。
53) 香川雅信『江戸の妖怪革命』、河出書房新社、2005年、30-31ページ。
54) チョイ・ウォンギ（최원기）「한국의 문화변동과 신문화 운동으로서 붉은 악마의 응원문화（韓国の文化変動と新文化運動としてのプルグン・アンマの応

援文化)」『思想』夏、2002年、181ページ。
55) パク・スンヒョン（박승현）「붉은 악마 천상에 대한 해석 들뢰즈 가타리의 욕망이론을 중심으로（プルグン・アンマ現象に関する解釈――ドゥルーズ、ガタリの欲望理論を中心に）」高麗大学言論大学院情報通信学科修士論文、2002年、5ページ。
56) DON KIRK, SOCCER; Parties in South Korea, Not Protest, *New York Times*, 2002. 6. 11.
57) イ・スンヒョン（이순형）『붉은 악마와 월드컵（プルグン・アンマとワールドカップ）』、SNU Press、2005年、68ページ。
58) PAR PHILIPPE PONS, Cent mille supporteurs diablement bien organizes, *Le Monde*, 2002. 6. 15.
59) クォン・ヒョクボム（권혁범）「또 하나의 월드컵 이야기（もう1つのワールドカップの話）」『시민과 세계（市民と世界）』第2号、参與連帯、2002年9月、256ページ。

終　章

赤いドッケビ（2015）――『妖怪ウォッチ』に登場する赤鬼は韓国では赤いドッケビと訳されてイラストブックやアニメーションに登場する。序章で紹介した子供が描いた絵のなかにもこのドッケビが見られる。子供たちが描くドッケビは様々な姿をしているが、日本から入ってくるオニイメージもそのなかの1つであり、妖怪ウォッチのような人気アニメの影響は大きいと考えられる。妖怪ウォッチには赤いドッケビ以外にも、みちび鬼（キルインドッケビ）、ぎしんあん鬼（プルシンドッケビ）、あまのじゃく（シンスルドッケビ）などの鬼のキャラクターがおり、それらは概ねドッケビと訳されている。（本文224ページ）

本書では、韓国の「ドッケビ」の視覚イメージの歴史——その形成過程、定着と変容の過程、様々な論争など——を検討してきた。ドッケビの視覚イメージの変遷やそれをめぐってなされた論争は20世紀全般に渡る韓国の政治的・経済的・文化的状況の変遷と密接に関連したものであり、今世紀に入っての新しい動きを色濃く反映したものであった。20世紀の韓国は、日本帝国主義による植民地化、独立・解放後の分断国家としての歩み、朝鮮戦争、軍事政権による支配、光州事件と民主化運動など、大きな事件と歴史のうねりのなかにあり、そのなかで言論や文化には検閲や規制が働いた。本書ではドッケビを話題にしながら、韓国の視覚文化を規定した、それぞれの時期における対日政策、文化産業政策、大衆文化の具体例について検討した。本書はドッケビを通してみる韓国の視覚文化史であるが、それを通じて、20世紀の世界的な特徴である国民国家化、ポストコロニアル社会、情報化、グローバリゼーション、大衆社会化といったキーワードについても考えることが出来た。また、ドッケビの視覚イメージが形成され定着していく過程は日本の「オニ」の視覚イメージが伝播し影響を及ぼしていく過程であるという点で、日韓文化交流史としての意義を持つとも言える。

　ここで各章の内容を簡単にまとめておこう。第1章では、ドッケビの視覚イメージが形成される以前、すなわち20世紀以前の韓国（朝鮮半島）におけるドッケビのありようについて、当時の資料・文献や先行研究を参照しつつ明らかにした。
　前近代における、すなわち伝統的なドッケビの性格は、庶民的で、間抜けで、いたずら好きといったものであり、超能力によって人間に福を与える場合もあれば災いをもたらす場合もある存在であった。民芸においては守り神、庶民の味方としてのイメージが投影されており、民間信仰上も

終　章

チャンスンや仮面のイメージがドッケビのイメージとして用いられる場合が多かった。そうした極めて人々になじみ深い存在であったにもかかわらず、20世紀以前の韓国（朝鮮半島）においてはドッケビの視覚イメージが描かれることはほとんどなく、わずかに１例のみ、しかも曖昧な描かれ方をしているものが確認されるに留まっている。ドッケビの視覚化が阻まれていた要因として、本書では、支配階層においては儒教的な合理主義がドッケビの存在自体を否定的に捉え、一方民衆においては畏怖の対象である神的なものの偶像を作ることが憚られたという、韓国の信仰上の特徴を指摘した。

　第２章では、現在のドッケビの視覚イメージの起源と言われる植民地時代の国定教科書の挿絵に関する論点をまとめて検討した。1923年と1933年の『朝鮮語読本』の「瘤を除った話」に登場するドッケビの挿絵が韓国の出版物において初めて現れたドッケビの視覚イメージであり、現在に至るまで大きな影響を及ぼしているという通説は妥当であろう。しかし他方で、ここでの視覚イメージが宗主国である日本による植民地同化イデオロギーのもとで意図的に持ち込まれたものである、といった文化侵略的な解釈には無理があると思われる。むしろ、1923年の挿絵には韓国の風習が活かされていないとの批判を反映したと思われる1933年の挿絵からも分かる通り、日本のオニとは異なる存在としての「韓国のドッケビ」を描こうとした試みが見て取れるのである。また、1939年の教科書『初等国語読本』の「コブトリ」に掲載されたオニの挿絵がドッケビの視覚イメージの形成に大きな影響を持ったと主張されることがあるが、これはあくまで日本語で「オニ」と書かれたオニの視覚イメージであり（1923年と1933年の教科書はハングルで書かれていたが、この1939年の教科書は日本語で書かれたものである）、ドッケビの視覚イメージとして描かれたものではなかった。総じてこの時代はドッケビが視覚化される契機となったが、単純に植民地化という外的要因ばかりではなく、内的な創造過程の萌芽が見られた時代であると言うことができよう。

第3章では、植民地解放後の軍事政権期のドッケビの視覚イメージについて検討した。筆者はこの時期が、ドッケビの視覚イメージがオニの視覚イメージと同化し定着していく過程のなかで最も重要であると考えている。

　戦時中の日本においては、しばしば敵はオニとして描かれた。その影響を受けて、朝鮮戦争時のビラや宣伝物では、ドッケビが悪の象徴あるいは不思議な事件の比喩表現として、恐ろしい視覚イメージを伴って用いられた。

　しかし朝鮮戦争後、ドッケビの視覚イメージは日本の文化コンテンツに登場するオニの影響を受け、特に児童向けのメディアである絵本やマンガにおいて可愛らしくキャラクター化されていった。当時の韓国政府は日本の技術は積極的に取り入れつつも、植民地時代の清算という観点から日本文化の移入は禁止するという二重政策を採っていた。しかし文化というものは科学技術や工業製品と完全に切り離すことは出来ない。すなわち、政府が導入した技術や製品を通じて文化も共に輸入されることになる。特に日本製品の包装や広告の模倣を通して、日本の視覚文化は実際には国家主導下で企業を通して韓国に輸入されていた。軍事政権の文化規制の政策は、そもそも構造的な矛盾を持っていたわけである。

　一方、日本の大衆文化は、国家が規制していたにもかかわらず海賊版などの形で韓国の大衆社会に流入し、日本のものとは認識されないまま大衆文化として消費されていた。そうしたなかで、日本においては「オニ」であったキャラクターが韓国で海賊版として翻訳される際には「ドッケビ」とされ、そうしたコンテンツが消費されることで、もともとはオニの視覚イメージであったものがドッケビの視覚イメージとして定着していったのである。

　第4章では、大きな社会変化のなかでナショナリズムが高揚した1990年代におけるドッケビの視覚イメージについて検討した。

　90年代の韓国は、冷戦の終結やアジア通貨危機などの大きな社会的変化に直面し、そうした不安定感のなかでナショナリズムや国家のアイデン

終章

ティティーが強く意識されるようになった。その流れは文化にまで及び、日本の文化コンテンツの海賊版問題や日本文化開放問題が激しく議論された。最終的に日本文化の輸入は1998年に公式に開放されることとなったものの、宗主国であった日本に対して韓国大衆が抱く感情は複雑なものであり続けており、1995年に提起された「ドッケビ論争」はそれが顕在化した事件の一つであると言える。

ドッケビ論争においてはドッケビの視覚イメージがオニの視覚イメージと類似していることが問題視された。具体的には、そうした視覚イメージが描かれ始めた「起源」はどこに求められるのかという歴史学的な問題と、韓国文化の「固有性」という観点からより適切なドッケビの視覚イメージを探求すべきではないかという文化論的な問題の2つの論点が提起された。前者の「起源」の問題については第2章で検討した通り、植民地時代の国定教科書の挿絵に描かれたドッケビが初出であるが、それを文化侵略的な文脈で理解することは誤りである。後者の「固有性」の問題をめぐっては、民俗学者や美術史学者など様々な分野の研究者が「正しい」ドッケビ像を提案し、その結果として絵本などの児童向け書籍のなかではオニの視覚イメージから離れたドッケビの視覚イメージが採用されるものが見られるようになった。

90年代末に開始された「文化原型事業」においても韓国固有の文化原型としてのドッケビが探求された。創作されたキャラクターとして例えば「金ソバン・ドッケビ」が挙げられるが、このキャラクターは普通の男の姿で描かれ、木の棒を持ち、朝鮮時代の成人男子の髪型である「サントゥ」をしている。この「サントゥ」はシルエットとしては角があるように見えるものであるが、ここからは、日本のオニの視覚イメージである角の採用を避けようという意図が感じられると同時に、すでに定着していた「オニ」に似たドッケビの視覚イメージとの関わりでは角状のものを付けざるを得なかったという、ある種の葛藤が窺われるのである。

第5章では、グローバリゼーションの進展を背景として大きく変化した

2000年以降の韓国の大衆文化におけるドッケビの視覚イメージを検討した。

　2000年以降、日本文化開放や貿易自由化などへの対策として、大衆文化や地域振興への支援が自国文化育成政策の一環として行われた。ドッケビは韓国人の象徴のように言われ、ドッケビが持つ民族性や精神性が強調された。しかし、韓国固有の「真正な」ドッケビの視覚イメージをどのように描くかは難しい問題であり、現在でも、地域振興や文化商品の開発にドッケビを取り入れようとしても、地域住民の賛同を得られず定着させることに失敗することが多い。

　こうした国家的な取組みが続けられる一方で、絵本などの児童向けの商品においては典型的な（つまりオニと類似した）ドッケビの視覚イメージが採用されており、そこでのドッケビは韓国固有の神あるいは妖怪としての文脈からは離れたキャラクター的なものである。

　かつて反共を国是とした韓国において、赤いトッケビが共産主義の象徴であったことなど忘れたかのように、今日の韓国人は赤い旗の下でサッカーに熱狂している。少し前まではほとんど消費されなかったファンタジーの作品のなかでドッケビはキャラクターとして登場し、多くの人々に消費されている。ドラマ、映画などの大衆文化や地域振興など大人向けの商品においても同様であり、今日ドッケビは伝統的な文脈から離れて視覚化され消費されている。逆説的であるが、ドッケビが韓国固有の文化原型として日常的にも商業的にも利用されるためには、まず伝統的な文脈から離れる必要があったのである。

　20世紀全般に渡るドッケビの視覚イメージの歴史を検討するにあたっては、ドッケビをめぐる「真正性」の議論を避けては通れない。それはすなわち、学者やマスメディアによって展開される議論ということになるのだが、実際にドッケビの視覚イメージを選択してきたのは大衆である。大衆による視覚イメージの選択と消費は直観的で無意識的なものであり、そうした大衆の欲望こそがその時代の空気を反映している。その意味で、視覚

終 章

文化における大衆の役割を忘れてはならない。
　現在の韓国では、日本でも大人気のテレビアニメ『妖怪ウォッチ』が輸入され、2014年からケーブルテレビ（Tooniverse）で放送されている。『妖怪ウォッチ』に登場する妖怪たちのなかには、怪談や昔話を素材として創作されたものと完全に新しく創作されたものとが共存しており、その妖怪たちはどれも可愛らしく、面白く、怖くないキャラクターたちである。そこでは妖怪が本来持っていた神聖性や畏怖は完全に失われており、『ポケットモンスター』に登場するポケモンと何ら変わらない存在となっている。実は、筆者は日本の風景や風習など日本色が強い『妖怪ウォッチ』は『ポケットモンスター』のようには韓国に受け入れられるのは難しいのではないかと思っていたのである。しかしそれは杞憂であった。今日『妖怪ウォッチ』は、第2の『ポケットモンスター』になるかもしれない勢いで消費されている。序章で紹介した子供美術教室で描いてもらったドッケビの絵を見ると、妖怪ウォッチでみたイメージでドッケビを描いたものがある。2人の男の子が描いた「赤いドッケビ（プルグンドッケビ）」は、赤鬼を訳したものである。他にもみちび鬼（キルインドッケビ）、ぎしんあん鬼（プルシンドッケビ）、あまのじゃく（シンスルドッケビ）、えこひい鬼（ハンチョクピョンドッケビ）などの鬼のキャラクターも、概ねドッケビと訳され描かれている。妖怪ウォッチの関連商品も多く、塗り絵や描き方練習の本もあり、日本発の妖怪の視覚イメージは、赤いドッケビという名前とともに韓国の子供たちに強く印象付けられていると思われる。
　前述したように、韓国人の（大人の）筆者の感覚からすれば、『妖怪ウォッチ』は大変日本色が強い。それが国境と民族の壁を易々と越えて受容されることに、日本人も韓国人も違和感を覚えないということは、妖怪のキャラクター化が徹底的に進んでしまったということだろう。そうであるとすれば、いずれ韓国のドッケビも、『妖怪ウォッチ』に登場する日本の妖怪たちと同じレベルで、伝統的な文脈から離れて完全にキャラクター化される時が来るのかもしれない。

図版一覧

序章

扉絵）慶熙児童美術研究所提供。

図序-1）慶熙児童美術研究所提供。

図序-2）著者撮影。（京都大学の2014年授業アンケート）

図序-3）Red Devils 公式ホームページ
〈http://www.reddevil.or.kr/xe/index.php?mid=trademark〉。

図序-4）（株）Dokkebi Korea 提供。

図序-5）（株）山ドッケビ公式ホームページ
〈http://www.sandokkaebi.co.kr/sandokkaebi/doc.php?html=a201〉

図序-6）（株）農心公式ブログ〈http://blog.nongshim.com/210〉。

図序-7）著者撮影。

図序-8）著者撮影。

図序-9）国立国楽院提供。

第1章

扉絵）国立民俗博物館提供。

図1-1）国立中央図書館所蔵。

図1-2）国立光州博物館『小癡許錬200年』、国立光州博物館、2013年、320ページ。

図1-3）韓国国立中央博物館所蔵。

図1-4）聖寶文化財研究院『韓国の仏画名品選集』、聖寶文化財研究院、

2007年、214ページ。

図1-5）国立扶餘博物館所蔵、遺物13791-002。

図1-6）国立中央博物館所蔵、遺物 贈1622。

図1-7）国立慶州博物館所蔵、遺物 雁鴨池1475。

図1-8）国立中央博物館 遺物1416。

図1-9）ユン・ヨルス『青ドッケビの滑稽』、嘉会民画博物館、2005年、10ページ。

図1-10）ユン・ヨルス『青ドッケビの滑稽』、嘉会民画博物館、2005年、10ページ。

図1-11）文化財庁所蔵。

図1-12）木人博物館『木人博物館』、木人博物館、2006年、112ページ。

図1-13）馬事博物館『馬事博物館図録』、馬事博物館、2001年、65ページ。

図1-14）河回洞仮面博物館所蔵、遺物32。

図1-15）河回洞仮面博物館所蔵、遺物33。

図1-16）河回洞仮面博物館所蔵、遺物124。

図1-17）国立民俗博物館所蔵。

図1-18）国立民俗博物館所蔵。

第2章

扉絵）朝鮮総督府「瘤を除った話」『朝鮮語読本』、朝鮮書籍印刷、1933年、24ページ。

図2-1）朝鮮総督府「瘤を除った話」『普通学校朝鮮語読本』巻2、朝鮮書籍印刷、1923年、41ページ。

図2-2）木村小舟「瘤取り」『教育とお伽噺』、博文館、1908年、191ページ。

図2-3）巌谷小波「瘤取り」『日本お伽噺集』、アルス、1927年、141ページ。

図2-4）朝鮮総督府「瘤を除った話」『朝鮮語読本』、朝鮮書籍印刷、1933年、24ページ。

図2-5) 河回洞仮面博物館所蔵、遺物8。

図2-6) 温陽民俗博物館所蔵、遺物2721。

図2-7) 国立民俗博物館所蔵。

図2-8) 国立民俗博物館所蔵。

図2-9) 国立民俗博物館所蔵。

図2-10) 朝鮮総督府「コブトリ」『国語読本』、朝鮮書籍印刷、1939年、42ページ。

図2-11) 中村亮平『朝鮮童話集』、日本文、1928年、103ページ。

図2-12) 同上、193ページ。

図2-13) Andrew Lang, The story of Hok Lee and the Dwarfs, *Green fairytale*, Dover, 1965（初版：Longmans, Green, and Co., 1892）p.230

図2-14) No Strangers Admitted, *PUNCH*. Vol.35（Punch Publications Ltd.1858）p.251

図2-15) ジョン・バニヤン著、ジェイ・エス・ゲイル訳『天路歴程』、The Trilingual Press、1895年、70ページ。

図2-16) 同上、65ページ。

図2-17) 巖谷小波『モモタラウ』、中西屋書店、1915年。

図2-18) 松村武雄『桃太郎』、講談社、1938年。

図2-19) 林義雄『モモタラウ』、春江堂、1940年。

図2-20) 金井英一『モモタラウ』、金井信生堂、1942年。

図2-21) 世益築都『ムカシバナシモモタラウ』、高和堂書店、1944年。

図2-22) 下田喜代子『桃太郎さん』、講談社、1949年。

図2-23) ジョン・W・ダワー『容赦なき戦争』、平凡社、2001年、344ページ。

図2-24) 瀬尾光世『桃太郎、海の神兵』、松竹、1944年（DVD）

図2-25) 文部省「モモタラウ」『小学国語読本』巻一、日本書籍株式会社、1935年、74-75ページ。

図2-26) 文部省「一寸ボフシ」『小学国語読本』巻三、日本書籍株式会社、1935年、71ページ。

図2-27）文部省「コブトリ」『小学国語読本』巻二、日本書籍株式会社、1933年、67ページ。

第3章

扉絵）『京郷新聞』、1966年10月17日、3面広告。

図3-1）翰林大学アジア文化研究所『韓国戦争期のビラ』、翰林大学出版部、2000年、16ページ。

図3-2）同上、22ページ。

図3-3）パク・スンチョル監督『ドッケビの頭巾』、韓進興業、1979年。

図3-4）パク・スンチョル監督『ドッケビの棒』、（株）第3広告、1986年。

図3-5）『角のある悪魔と3人の少年たち』1984年。

図3-6）『京郷新聞』、1966年10月17日、3面広告。

図3-7）『週刊少年サンデー』47号、小学館、1965年11月14日、裏表紙。

図3-8）パク・ヒョンソク『チビ・ドッケビ』、三峡文化社、1965年、表紙。

図3-9）パク・ヒョンソク『お金ドッケビ』、三峡文化社、1966年、表紙。

図3-10）キム・ムンソ『ドッケビの棒』、文芸書林、1968年、5-6ページ。

図3-11）チョ・デヒョン『おばあさんとドッケビの棒』、韓進出版社、1979年、6ページ。

図3-12）フワン・チョンヒ「短編伝来童話連載第1『フンブ・ノルブ』」『少年芸術』創刊号、1978年12月、201ページ。

図3-13）イ・ソプン『チン・ドウイルとドッケビたち』、七星文化社、1977年、35ページ。

図3-14）小学館。

図3-15）サンリオ社。

図3-16）ピエル・グリパリ『優しいちびドッケビ』、セムト、1987年、表紙。

図3-17）ヨセフ・カール・グルント『赤い鼻のドッケビ』、新世界、1986

年、表紙。

図3-18) メアリ・フランシス『ふわふわドッケビ』、新世界、1986年、表紙。

図3-19) イ・ウギョン『漁師とドッケビ』、東西文化社、1984年3ページ。

図3-20) 新進出版社『ドッケビの棒』、デヌン、1985年。

図3-21) イ・ウギョン『ドッケビの頭巾』、教学社、1987年、9ページ。

図3-22) イ・ウォンス「歌袋」『韓国伝来童話集』、啓蒙社、1987年、105ページ。

図3-23)「ハシバミとドッケビ」『東亜日報』1981年3月14日、11面。

図3-24)「ハシバミとドッケビ」『生活の手引き 1-1』、文化教育部、1989年、26ページ。

図3-25) キム・ソンミ「未就学児童の鬼神、ドッケビ概念」、ソウル大学医科大学、1982年、11ページ。

図3-26) 国立現代美術館「ドッケビ」『20周期記念展─呉潤「昼ドッケビ広場」』(呉潤、1985年作)、カルチャーブックス、2006年、116-117ページ。

第4章

扉絵) 韓国文化振興院のドッケビ公式ホームページ

図4-1) VHS 韓国映像制作『ランバ2』、エンティコンコリア、1993年。

図4-2) ド・ギソン『ドッケビ王子ケチ』1、ソウル文化社、1997年、37ページ。

図4-3)『童話の国 ABC』1987年、KBS Media。

図4-4)『ウンビカビの昔々』1991年、KBS Media。

図4-5)『コビコビ』1995年、KBS Media。

図4-6) イ・ミラ『銀の雨が降る国』、時空社、1999年。

図4-7)『京郷新聞』、1998年10月15日。

図4-8)『東亜日報』、2007年6月29日 a 1面

図4-9) 文化教育部「「11. ドッケビ兄弟」『国語：話す・聞く 2-2』、

国定教科書株式会社、1990年、57ページ。

図4-10）文化体育部「4. 物語自慢──ドッケビと相撲」『国語：말하기 듣기 3-1』、大韓教科書株式会社、1996年、22ページ。

図4-11）教育人的資源部「ドッケビとハシバミ」『国語：말하기 듣기 2-1』、大韓教科書株式会社、2001年、98ページ。

図4-12）チョン・チャンメヨン『ドッケビの棒』、ポリン、1995年。

図4-13）著者撮影。

図4-14）キム・チョンテ『ケビケビ真ドッケビ』、山河、1995年。

図4-15）イ・イファ『歴史お爺さんが聞かせてくれるドッケビ噺』、青い鳥、2010年、42ページ。

図4-16）ソ・ジョンオ『間抜けなドッケビ』、ポリ、2007年。

図4-17）ネオグラフ社。

図4-18）ウィメイド社。

第5章

扉絵）呉宗勳撮影。

図5-1）著者撮影。

図5-2）長水文化芸術村提供。

図5-3）著者撮影。

図5-4）忠清北道報恩郡庁提供。

図5-5）忠清北道報恩郡庁提供。

図5-6）Daum blog、K-news、2007年10月2日。

図5-7）韓国伝統灯研究会提供。

図5-8）玄風百年ドッケビ市場。
　　　〈http://www.hyunpungdokaebi.com/story/character.asp〉

図5-9）漢方薬剤市場。〈http://www.scherb.or.kr/sub/01_06.asp〉

図5-10）旌善画岩窟。〈http://www.jsimc.or.kr/sub/sub05_2_go3.asp〉

図5-11）谷城郡庁観光部提供。

図5-12）（株）Dokkebikorea 提供。

図5-13）韓国国立オペラ団提供。
図5-14）劇団『旅人』提供。
図5-15）フゥン・インオク『大邱新聞』、2014年9月1日。
図5-16）ソン・ホンイル『日刊京畿』、2014年6月12日。
図5-17）ネイバウェブマンガ『ドッケビ』
〈http://comic.naver.com/bestChallenge/detail.nhn?titleId=587261&no=5&weekday=STORY〉
図5-18）『靴下ドッケビ』（著者の了解を得て掲載）。
図5-19）『YONHAP NEWS PHOTOS』、1997年10月11日。
図5-20）『YONHAP NEWS PHOTOS』、2011年9月2日。
図5-21）シン・インソブ『中央日報写真データベース』、2006年6月24日。

終章
扉絵）福田幸江『イラストストーリ妖怪ウォッチ（일러스트 스토리 요괴 워치）1』、ソウル：デウォンキッズ、2015年、74ページ。

＊
表紙）呉潤先生遺族のご好意により提供。
口絵1）韓国国立中央博物館所蔵。
口絵2）国立光州博物館『小癡許錬200年』、国立光州博物館、2013年、320ページ。
口絵3）木人博物館提供。
口絵4）韓国映像資料院提供。
口絵5）劇団『旅人』提供。
口絵6）（上）『YONHAP NEWS PHOTOS』、2011年9月2日。（下）『中央日報写真データベース』、2006年6月24日。
口絵7）著者撮影。

参考文献

日本語文献

青木茂「明治時代挿絵美術の素描」『美学美術史学科報』24、跡見学院大学女子大学美学美術史学科、1996年3日。

飯倉義之『日本の河童の正体』、新人物ブックス、2010年。

石川兼次郎『桃太郎』、東京興文堂書店、1931年。

李淑子（イ・スクジャ）『教科書に描かれた朝鮮と日本』、ほるぷ出版、1985年。

伊藤卯三郎『不通学校朝鮮語読本巻四読解』、朝鮮語研究会、1935年。

李孝徳（イ・ヒョドク）『表象空間の近代：明治「日本」のメディア編制』、新曜社、1996年。

李殷相（イ・ウンサン）『朝鮮史話集』、東光社、1931年。

巌谷小波『モモタラウ』、中西屋書店、1915年。

江馬務『小学国語読本尋常小学国史挿画の風俗史的解説』、晃文社、1939年。

エリック・ホブスボウム、テレンス・レンジャー編、前川哲治他訳『創られた伝統』、紀伊国屋書店、1992年。(Eric Hobsbawm, Terence O. Ranger, *The Invention of Tradition*, Cambridge University Press, 1983.)

大竹聖美『植民地朝鮮と児童文学』、社会評論社、2008年。

―.「韓国の子どもの本のイラストレーション第一世代――挿絵から絵本へ、イ・ウギョンとホン・ソンチャン」『韓国と日本の絵本』、財団法人

大阪国際児童文学館、2006年。

香川雄信『江戸の妖怪革命』、河出書房出版、2005年。

柿原治郎『日韓いろは辞典』、東邦協会、1907年。

金井英一『モモタラウ』、金井信生堂、1942年。

加原奈奈穂子「昔話の主人公から国家の象徴へ――『桃太郎パラダイム』の形成―」『東京藝術大学音楽学部紀要』36、東京藝術大学音楽学部、2010年。

川瀬貴也『植民地朝鮮の宗教と学知』、青弓社、2009年。

金素雲（キム・ソウン）『朝鮮童謡集』、岩波書店、1933年。

金宗大（キム・チョンデ）『トッケビ――韓国妖怪考』、歴史民俗博物館振興会、2003年。

金両其（キム・ヤンギ）「韓国の鬼とドッケビ」『日本「鬼」総覧』、新人物往来社、2004年。

金容儀（キム・ヨンイ）「韓日昔話の比較研究」、大阪大学文学部、1997年。

―.「韓国のドッケビと日本の付喪神」『妖怪文化の伝統と創造』、せりか書房、2013年。

クリフォード・ギアツ『文化の解釈学Ⅱ』、岩波書店、1987年。（Clifford Geerts, *The Interpretation of Cultures*, Basic Books, A division of Harper Collins Publishers, 1973.）

黒田勝弘「日本大衆文化の禁止と開放について」『日本学報』第5号、2009年。

洪淳昶「朝鮮の瘤取話」『旅と伝説』13巻2号、1940年2月。

鴻農映二『韓国古典文学選』、第三文明社、1990年。

駒込武『植民地帝国日本の文化統治』、岩波書店、1997年。

小松和彦『妖怪学新考』、小学館、1994年。

―.『怪異の民俗学4、鬼』、河出書房新社、2000年。

―.『妖怪文化の伝統と創造』、せりか書房、2010年。

小森宗次郎『お伽噺』、1888年。

近藤時司「朝鮮の伝説について」『東洋』27巻8号、1924年、64-77ページ。

佐々木翔太郎『日本と中国における「鬼」のイメージの表異について』、山口大学文学会誌、2010年。

笹間良彦『鬼とものゝけの文化史』、遊子館、2005年。

孫晉泰『朝鮮民譚集』、勉誠出版、2009年。(1929年)

笹山章『鮮語自在』、朝鮮出版協会、1918年。

佐藤秀治『鬼の系譜』、文芸社、2004年。

サム・キーン『敵の顔』、柏書房、1994年。(Sam Keen, *Faces of the Enemy: Reflections of the Hostile Imagination*, Harper & Row, Publishers, 1991.)

ジェイムズ・クリフォード『文化の窮地』、人文書院、2003年。(James Clifford, *The Predicament of Culture: Twentieth-Century Ethnography, Literature, and Art*, Harvard University Press, 1988.)

志田義秀『日本の伝説と童話』、大東出版社、1931年。

ジョン・W・ダワー『容赦なき戦争』、平凡社、2001年。(Dower, John W. *War without Mercy: Race & Power in the Pacific War*. New York: Pantheon Books, 1986)

申鼎言(シン・チョンオン)『朝鮮野談全集第一巻』、朝鮮日報社出版部、1939年。

小学館編『日本国語大辞典』2、小学館、1972年。

鈴木満「瘤取話──その広がり」『武蔵大学人文学会雑誌』34巻4号、武蔵大学人文学会、2002年。

セバスチャン・ロファ『アニメとプロパガンダ』、法政大学出版局、2011年。(Sebastian Roffat, *Animation and propaganda cartoons during World War II*, Harmattan, 2005.)

高本敏雄『日本神話伝説の研究』、荻原星文館、1943年。

高橋亨『朝鮮の物語集』、日韓書房、1910年。

竹原威滋「説話の一生とジャンル変遷:「世界の瘤取り鬼」(AT503)を

めぐって」『説話・伝承の脱領域：説話・伝承学会創立35周年記念論集』、説話・伝承学会、2008年。

佐々木五郎「平壌附近の伝説」『旅と伝説』14巻8号、1941年。

池錫永（チ・ソクヨン）『字典釋要』、匯東書館、1916年。

崔仁鶴（チェ・インハク）『韓国昔話の比較研究』、三弥井書店、1995年。

朝鮮語学会『初等国語読本・中』、軍政廳学務局、1946年。

朝鮮総督府『朝鮮童話集』、朝鮮総督府、1924年。

―.『朝鮮語辞典』、朝鮮総督府、1920年。

―.『朝鮮の謎』、朝鮮総督府、1919年。

永井道雄『日本の子どもの本歴史展』、日本国際児童図書評議会、1986年。

中沢新一『芸術人類学』、みすず書房、2006年。

中村亮平『朝鮮童話集』、富山房、1926年。

滑川道夫『桃太郎像の変容』、東京書籍、1981年。

楢木末寛『朝鮮の迷信と俗傳』、新文社、1927年。

朴重華（パク・チュンファの박중화）『鮮日大字典』、光東書局、1912年。

馬場あき子『鬼の研究』、ちくま文庫、1971年。

船岡献治『鮮譯国語大辭典』、大阪屋號書店、1919年。

服部幸雄『変化論―歌舞伎の精神史』、平凡社、1975年。

ベネディクト・アンダソン『想像の共同体』、書籍工房早山、2007。(Benedict Anderson, *Imagined Communities: Reflections on the Origin and Spread of Nationalism*, Verso, 1983.)

松村武雄『世界童話大系16日本』、名著普及会、1989年。（1924年）

―.『桃太郎』、講談社、1938年。

村山智順『朝鮮の鬼神』、朝鮮総督府、1929年

文部省編『小学国語読本巻2』、東書文庫蔵、1933年。

―.『ヨミカタ1』、東書文庫蔵、1941年。

南清彦『鬼の絵草子』、叢文社、1988年。

柳田国男『桃太郎の誕生』、角川書店、1951年。

―.『日本の昔話』、新潮文庫、1983年。

芳野作市『尋常小学国語読本挿絵の精神及其解説』、明治図書、1926年。

韓国語文献

イ・イファ（이이화）『할아버지가 들려주는 도깨비 이야기（歴史お爺さんが聞かせてくれるドッケビ話）』、青鳥、2010年。

イ・ウォンス（이원수）「노래 주머니（歌袋）」『韓国伝来童話集』、啓蒙社、1987年。

――.『노래주머니（歌袋）』、啓蒙社、2002年。

イ・ウギョン（이우경）「선 위의 인생（線の上の人生）」『月刊イラスト』夏、月刊イラスト、1998年。

イ・ウンボン（이은봉）『한국인의 죽음관（韓国人の死観）』、ソウル大学出版部、2000年。

イ・ギフン（이기훈）「식민지 학교 공간의 형성과 변화（植民地学校空間の形成と変化）」『歴史問題研究』第17号、2007年。

イ・ギムン（이기문）『国語辞典』、斗山東亜、1996年。

――.『東亜メイト国語辞典』斗山東亜、2001年

イ・サングム（이상금）「아동도서 출판의 현재와 장래（児童図書出版の現在と未来）」『出版文化』、1976年5月。

イ・ジュヨン（이주영）「어린이 문화와 책―미래의 발목을 잡는 17세기 서양동화들（子供の文化と本）」『出版ジャーナル』、出版ジャーナル・メディア、1996年。

イ・スクジャ（李淑子）『教科書に描かれた朝鮮と日本』、ほるぷ出版、1985年。

イ・スンヒョン（이순형）『붉은 악마와 월드컵（プルグンアンマとワールドカップ）』、SNUPress、2005年。

イ・ソンファン（이성환）「식민지의 기억과 일본 대중문화의 유입 그리고 한일관계（植民地の記憶と日本大衆文化の輸入、そして韓日関係）」『제2기 한일역사공동연구보고서 제5권（第二期韓日共同歴史研究報告書第5巻）』、日韓歴史共同研究委員会、2010年、131-160ページ。

イ・チョンホ（이정호）『オリニ（어린이、子供）』、開闢社、1923年3月。
渋沢青花、『朝鮮民話集』、社会思想社、1980年。
イ・ナムヒ（이남희）「문화콘텐츠의 인프라 구축 현황과 활용에 대하여（文化コンテンツのインプラ構築と活用に関して）」『오늘의동양사상（今日の東洋思想）』14、芸文東洋思想研究院、2006年4月。
イ・ブヨン（李符栄、이부영）「도깨비의 심리학적 측면과 상징성－C. G. JUNG 의 분석심리학적 관점에서（ドッケビの心理学的側面と象徴性――ユングの分析心理学的観点から）」『도깨비와 귀신』、開明大学開校50周年記念、2003年。
イ・ボムギョ（이범교）『삼국유사의 종합적 해석（三國遺事の総合的解釈）』上、『民族史』、2005年。
イ・ヤンヘ（이양해）『韓国語派生語辞典』、国学資料院、2002年、457ページ。
イ・ユンソン（이윤선）「민속문화와 문화원형（民俗文化と文化原型）」『지방사와 지방문화（地方史と地方文化）』11（1）、歴史文化学会、2008年。
イ・ミョンヒョン（이명현）「『伝説의 故郷』에 나타난 구미호이야기의 확장과 변주：90년대 구미호와 2008 구미호를 중심으로（伝説の故郷に現れた九尾狐噺の拡張と変奏）」『우리문학연구（ウリ文学研究）』28、2009年10月。
イ・ヨンギョン（이영경）『그림으로 본 조선（絵で見る朝鮮）』、グルハンマリ、2014年。
イ・ミラ（이미라）『은비가 내리는 나라（銀の雨の降る国）』、時空社、1999年。
イム・ソクジェ（任晳宰、임석재）「설화속의 도깨비（説話のなかのドッケビ）」『한국의 도깨비（韓国のドッケビ）』、悦話堂、1981年。
イム・ドンクォン（任東權、임동권）『한국의 민담（韓国の民譚）』、瑞文堂、1972年。
――.「민간신앙에서의 도깨비（民間信仰の中のドッケビ）」『한국의 도깨비

（韓国のドッケビ）』、悦話堂、1981年。

——.『한국민속학논고（韓国民俗学論考）』、集文堂、1991年。

イム・バン（任埅、임방）『天倪録』、成均館大学出版部、2005年。

ウォン・ヨンジン（원용진）「한류정책과 연성국가주의（韓流政策とソフトナショナリズム）」『官訓政策』125、2012年6月、46-52ページ。

カン・ウバン（姜友邦、강우방）「귀면와인가 용면와인가：생명력넘치는 근원자의 얼굴（鬼面瓦か龍面面か：生命力溢れる根源者の顔）」『문화와 나』65、サムソン文化財団、2002年、21-25ページ。

カン・ウンヘ（姜恩海、강은해）「鍛冶屋神話と冶匠体験論文」『韓中人文学研究』12、2004年。

韓国文化コンテンツ振興院『2005문화원형콘텐츠총람（2005文化原形コンテンツ総覧）』、韓国文化コンテンツ振興院、2006年。

カン・ジンホ（강진호）「조선어독본과 일제의 문화정치（朝鮮語読本と日帝の文化政治）」『尚虚学報』29、2010年6月、115-147ページ。

カン・ソンチョル（강성철）「도깨비 그림책의 일러스트레이션에 대한 연구 - 한・중・일 중심으로（ドッケビ絵本のイラストレーションに関する研究―韓・中・日比較）」『韓国イラストレーション学会』第20巻、2009年。

——.「도깨비 이미지의 시각적 정체성에 관한 연구 - 조선왕조실록과 민담자료를 중심으로（ドッケビイメージの視覚的愛でティティに関する研究―朝鮮王朝實錄と民談資料を中心に―）」『イラストレーション・フォーラム』、韓国イラストレーション学会、2007年。

カン・ヒョンジョ（강현조）「번안소설 박천남전 연구（翻案小説朴天男傳研究）」『国語国文学』149、2008年9月、503-525ページ。

カン・ミンソン（강민성）「한국 근대 신문 소설의 삽화 연구 1910년대～～1920년대를 중심으로（韓国近代新聞小説の挿絵研究：1910～1920年代を中心に）」梨花女子大学美術史学科修士論文、2002年。

キム・ウヒョン（김우형）「조선후기 귀신론의 양상―17・18세기 유귀론과 무귀론의 대립과 균열（朝鮮後期鬼神論の様相―17・18世紀有鬼論と

無鬼論の対立と亀裂)」『陽明学』9号、韓国陽明学会、2007年。

キム・ギテ（김기태）「일본 근대 저작권 사상이 한국 저작권 법제에 미친 영향（日本近代著作権思想が韓国著作権法律に及ぼした影響)」『韓国出版学研究』第37巻―1号 第60号、韓国出版学会、2011年。

キム・キドク（김기덕）「문화원형의 층위와 새로운 원형 개념（文化原型の層位と新しい原型概念)」『인문콘텐츠（人文コンテンツ)』6、人文コンテンツ学会、2005年12月。

キム・クォンウォン（金光彦、김광언）『한국의 도깨비（韓国のドッケビ)』、国立民俗博物館、1981年。

キム・ボングォン（김봉건）『서양인이 쓴 문헌 해제（開化期・日帝強占期、西洋人が書いた文献)』、文化財庁国立文化財研究所、2007年。

キム・サンヨブ（金相燁、김상엽）「小癡 許錬의『蔡氏孝行図』삽화（小癡許錬の『蔡氏孝行図』の挿絵)」『美術史論壇』26、韓国美術史研究、2008年6月。

キム・サンイル（金相一、김상일）「鼻刑浪説話」『도깨비（ドッケビ)』、三中堂、1967年。

キム・サンハン（김상한）「한국 도깨비 이야기와 일본 요괴이야기의 비교 연구（韓国のドッケビ話と日本妖怪話の比較研究)」『韓国児童文学研究』第14号、2008年。

キム・シスブ（金時習、김시습）『金鰲新話』、通文館、1959年。

キム・スンジョン（김순전）、パク・ソンヒ（박선희）「일본 메이지・다이쇼기의「修身」교과서 연구-「修身」교과서에 나타난'영웅의 유형（日本明治・大正期の「修身」教科書に見られる英雄)」『日語日本文学』、大韓日語日本文学学会、2004年5月。

―.『朝鮮総督府第1期初等学校日本語読本』、J＆C、2009年。

キム・ソンボム（김성범）『도깨비살（ドッケビ・サル)』、プルンチェドゥル、2004年。

―.『도깨비를 찾아라（ドッケビを探せ)』、文学ドゥル、2011年。

キム・ソンミ（金善美、김선미）「학령전기아동의 귀신, 도깨비에 대한 개념（未就学児童の鬼神やドッケビに対する概念）」、ソウル大学医科大学、1982年。

キム・チョンス（김정수）「(신) 한류에서 배우는 문화 정책의 교훈（新韓流から学ぶ文化政策の教訓）」『韓国行政研究』第20巻第3号、2011年。

キム・チョンスク（김정숙）「초등학의 요괴 귀신관 형성경로 탐색－전통적 귀신관의 변화와 일본 귀신담 영향을 중심으로（小学校の妖怪鬼神観形成経路の探索——伝統的鬼神談と変化と日本の妖怪談の影響を中心に）」『ウリ文学研究』40集、2012年。

キム・チョンデ（金宗大、김종대）「위도의 도깨비 이야기（蝟島のドッケビ話）」『韓国民俗学』21、韓国民俗学会、1988年9月。

——.『한국의 도깨비 연구韓国のドッケビ研究』、国学資料院、1994年。

——.『민간신앙을 통해 본 도깨비의 세계（民間信仰からみたドッケビの世界）』、国学資料院、1994年。

——.『깨비깨비 참도깨비（ケビケビ真ドッケビ）』、山河、1995年。

——.『저기 도깨비가 간다（あそこにケビケビが行くよ）』、ダルンセサン、2000年。

——.「민속학에서 본 도깨비 - 삶에 풍요를 안겨준 해학적 존재（民俗学でみたドッケビ——富をもたらすユーモラスな存在）」『문화와 나（文学と私）』65、サンソン文化財団、2002年、4-9ページ。

——.『トケビ——韓国妖怪考』、歴史民俗博物館振興会、2003年。

——.「한국의 도깨비와 일본의 요괴의 비교연구에 관한 시론（韓国のドッケビと日本の妖怪の比較研究に関する試論）」『民俗学研究』、民俗博物館、2003年。

——.『조선동화집（朝鮮童話集——1924年の翻訳・研究）』、集文堂、2003年。

——.『도깨비를 둘러싼 민간신앙과 설화（ドッケビを囲む民間信仰と説話）』、インディ・ブック、2004年。

——.「한국의 도깨비와 일본 요괴의 비교연구에 관한 시론」『民俗学研究』

15、国立民族博物館、2004年12月。

――.「혹부리영감 형성과정에대한 고찰 (瘤取りじいさんの形成過程に関する考察)」『우리文学研究』、우리文学研究会、2006年。

キム・ハクソン (金學善、김학선)「한국 설화 속에 나타난 도깨비 (韓国の説話に現れたドッケビ)」『国際語文』第3集、国際大学国語国文科、1982年。

キム・ヒギョン (김희경)「일본문화 개방 – 위기의 시대 기회의 시대 (日本文化開放――危機の時代、機会の時代)」『司法研修』25、2001年。

キム・ヨルギュ (金烈圭、김열규)『도깨비 본색 뿔난 한국인 (ドッケビの本性――角のある韓国人)』、四季、2010年。

キム・ヨンイ (金容儀、김용의)「한일 요괴 설화 비교연구의 과제 (日韓妖怪比較研究の課題)」『日本語文学第2集』1996年12月、235-261ページ。

――.「일본 혹부리 영감담의 유형과 분포 (日本瘤取り爺さんの類型と分封)」『日本語文学』5、1998年9月、161-182ページ。

――.「민담의 이데올로기적 성격 (民談のイデオロギー的な性格――日帝植民地時代教科書に収録された民談を中心に)」『日本研究』14、1999年2月、309-328ページ。

――.「한국과 일본의 '혹부리 영감'담 : 교과서 수록과정에서 행해진 개정을 중심으로 (韓国と日本の瘤取り爺さん談:教科書収録家庭を中心に)」『日本語文学』6、1999年3月、373-394ページ。

――.「일본의 근대화화 생활 문화의 변용 (日本の近代化と生活文化の変用)」『日本語文学第33集』2007年6月、369-387ページ。

――.「韓国のドッケビと日本の付喪神」『妖怪文化の伝統と創造』、せりか書房、2010年。

クォン・ジェソン (권재선)「한국어 도깨비와 일본어 오니의 어원과 그 설화의 연구 (韓国語のドッケビと日本のオニの語源と説話の研究)」『東亜人文学』創刊号、2002年6月。

クォン・ヒョクボム (권혁범)「또하나의 월드컵이야기 (もう一つのワー

ルドカップの話)」『市民と世界』、参擧連帯、2002年。

クォン・ヒョクレ（權赫來、권혁래）『朝鮮童話集』、国立国学振興院、2006年。

クローバー文庫の郷愁カフェ（클로버문고의 향수 카페）『클로버문고의 향수（クローバー文庫の郷愁）』、韓国マンガ映像振興院、2009年。

国立現代美術館編『작고 20주기 회고전 오윤 낮도깨비 신명마당（20周期記念展示—呉潤「昼ドッケビ広場」)』、カルチャーブックス、2006年。

コ・ミョンチョル（고명철）『한일 양국의 도깨비담과 바케모노담에 관한 비교연구（日韓両国のドッケビ談と化け物談の比較研究）』、韓瑞大学教育大学院、2005年。

高麗大学民族文化研究院国語辞典編纂室『高麗大寒国語辞典』、高麗大学民族文化研究院、2009年。

ジェイ・エス・ゲイル（Gale Scarth James）『韓英字典』、横浜プリンティン、1911年。

ジョン・バニヤン著、ジェイ・エス・ゲイル訳（John Bunyan, Mr.and Mrs. James Scarth Gale 訳）『텬로력뎡（The Pilgrim's Progress）』The Trilingual Press、1895年。

シン・ウィリン（沈宜麟、심의린）『朝鮮童話大集』京城漢城図書株式会社、1926年。

シン・ウォンギ（신원기）「전래동화의 교재화 양상에 대한 고찰（伝来童話の教材化様相に関する考察）」『語文学研究』39、韓国語文教育学会、2009年。

シン・ソンヨン（신선영）「箕山 金俊根 風俗画에 관한 研究（箕山金俊根の風俗画に関する研究）」『美術史学』、韓国美術史学史出版、2006年8月。

精神文化研究院『民族文化大百科事典』、精神文化研究院9巻、1991年。

ソ・ジョンオ（서정오）『정신없는 도깨비（間抜けのドッケビ）』、ポリ、2007年。

ソ・ボクファン（徐復觀、서복환）『중국예술정신（中国の芸術精神）』、

東文選、1990年。

ソン・ヒョソブ（송효섭）「도깨비의 기호학（ドッケビの記号学）」『韓国学論集』169-189ページ。

―.『문화기호학（文化記号学）』、民音社、1997年。

ソン・ヒョン（成俔、성현）『慵齋叢話』、솔、1997年。

檀国大学校東洋学研究所『구비문학 관련 자료집 신문편（口碑文学関連資料集新聞編）』、民俗院、2009年。

チェ・インハク（崔仁鶴、최인학）『韓国民俗学』、새문사、1988年。

チェ・ウォンギ（최원기）「한국의 문화변동과 신문화 운동으로서 붉은 악마의 응원문화（韓国の文化変動と新文化運動としてのプルグン・アクマの応援文化）」『思想』夏、2002年。

チェ・ギョングク（崔京國、최경국）「일본 오니의 도상학―귀면와에서 에마키까지（日本のオニの図像学Ⅰ――鬼面瓦から絵巻まで）」『日本学研究』第16集、檀国大学日本研究所、2005年。

チェ・ナムソン（崔南善、최남선）『新字典』、新文館、1915年。

チェ・ヒョンヒ（최현희）『짱구와 도깨비 방망이（チャングとドッケビの棒）』、少年韓国日報、1976年。

チャン・ジョンヒ（張貞姫）「『조선어독본』의 「혹부리 영감」 설화와 근대 아동문학의 영향 관계 고찰（『朝鮮語読本』の「コブトリ」説話と近代児童文学の影響関係の考察）」『韓国児童文学研究』第20号、2011年。

チャン・シン（장신）「조선총독부 학무국 편집과와 교과서 편찬（朝鮮総督府学務局編集課と教科書編纂）」『歴史問題研究』第6号、2006年10月、33-68ページ。

チャン・スミョン（장수명）著・한병호（ハン・ビョンホ）絵『도깨비 대장이 된 훈장님（ドッケビ大将になった寺小屋の先生）』、翰林出版社、2008年。

朝鮮語学会『初等国語読本・中』、軍政廳学務局、1946年。

朝鮮総督府『朝鮮語読本卷四』、朝鮮書籍印刷株式会社、1933年。

―.『朝鮮語読本卷三』、朝鮮書籍印刷株式会社、1937年。

チョ・ソンミョン（조성면）「작가와 비평「대중과 출판상업주의：큰 이야기의 소멸과 장르문학의 폭발 - 90년대 대중문학과 출판 상업주의에 대하여（作家と批評「大衆と出版商業主義：巨大談論の消滅とジャンル文学の爆発」）」『비평、90년대 문학을 묻다』、夏の丘、2005年12月、376-403ページ。

チョ・ドンイル（조동일）『한국의 탈（韓国の仮面）』、梨花女子大学出版部、1998年。

チョ・ハンボム（조항범）『다시 쓴 우리말 어원이야기（改めてみる国語の語源）』、韓国文院、1997年。

チョ・ヘジョン（趙惠貞、조혜정）「유교적 전통부활 운동과 사회변동（儒教的伝統復活と社会変動）」『延世社会学』10、11合本号、1990年、141-169ページ。

——．『탈식민지 시대 지식인의 글읽기와 삶읽기（脱植民地時代の知識人の物書き）』1、もう一つの文化、1992年。

——．『탈식민지 시대 지식인의 글읽기와 삶읽기（脱植民地時代の知識人の物書き）』2、もう一つの文化、1994年。

チョ・ヨンホ（조용호）「志鬼説話考」、『古典文学研究』、1997年。

チョイ・ウォンギ（최원기）「한국의 문화변동과 신문화 운동으로서 붉은 악마의 응원문화（韓国の文化変動と新文化運動としてのプルグンアンマの応援文化）」『思想』夏、2002年。

チョン・ゼシク（정재식）「유교전통과 가치（儒教の伝統と価値）」『延世社会学』6、延世大学社発展研究所、1985年、5-22ページ。

チョン・ジンヒ（정진희）「한국도깨비동화의 형성과 변형양상연구（韓国ドッケビ童話の形成と変形研究）」、漢陽大学大学院、2009年。

チョン・スジン（정수진）「관광자원으로서 민속의 진정성과 상품화（観光資源としての民俗の真正性と商品化）」『民俗学研究』第24号、2009年6月、7-26ページ。

——．「무형문화재에서 무형문화 유산으로（無形文化財から無形文化遺産へ）」『東亜細亜文化研究』53、2013年5月。

チョン・ヨンハ（정용화）、キム・ヨンヒ（김영희）『일제하 서구 문화의 수용과 근대성（日本帝国の朝鮮侵略下の西区文化の受用と近代性）』、慧眼、2008年。

通道寺『朝鮮時代 甘露幀』、通道寺聖宝博物館、2005年。

東亜出版社編『韓國文化象徵事典』、（株）東亜出版社、1992年。

ナム・カンウ（남광우）『教学古語辞典』、（株）教学社、1997年。

ナム・ヨンシン（남영신）『한＋국어사전（国語辞典）』、聖人堂、1997年。

ノ・ヨンナム（노영남）『도깨비이야기와 바케모노이야기（ドッケビ話と化け物語）』、慶尚大学教育大学院、1999年。

ムン・セヨン（文世栄、문세영）『朝鮮語辞典』朝鮮語辞典発刊会、1940年。

パク・ウンヨン（박은용）「木郎考‐도깨비의 語源考（木郎考——ドッケビの語源）」『韓国伝統文化研究』2、暁星女子大国韓国伝統文化研究所、1986年、53-64ページ。

パク・キヨン（박기용）「한・중 도깨비 설화 연구（韓中ドッケビ説話研究）」『우리말글（ウリマルグル）』22、ウリマルグル学会、2001年、153-194ページ。

——「초등 국어 교과서에 나타난 도깨비 형상 연구—일본 오니 형상과 비교를 중심으로（小学校国語教科書に現れたドッケビ形象研究—日本のオニ形象と比較を中心に）」『語文学』109、韓国語文学会、2010年、227-253ページ。

——「고려대장경 불교설화의 도깨비 연구‐인도와 중국 불경의 도깨비 관련성을 중심으로（高麗大蔵経の仏教説話のドッケビ研究—インドと中国の仏経のドッケビの関連性を中心に）」『우리말글（ウリマルグル）』57、ウリマルグル学会、2013年、191-221ページ。

パク・コンホィ（朴健會、박건회）『朴天男傳』、朝鮮書館、1912年。

パク・ジンテ（박진태）『統營五廣大』、華山文化、2001年。

パク・スンヒョン（박승현）「붉은 악마 천상에 대한 해석 들뢰즈 가타리의 욕망이론을 중심으로（プルグンアクマ現象に関する解釈—ドゥルー

ズ、ガタリの欲望理論を中心に）」高麗大学言論大学院情報通信学科修士論文、2002年。

パク・ソンウ（박성우）「개성 공단, 북한노동자의 대남 인식의 변화（開城工団、北の勤労者の対南認識の変化）」『Radio Free Asia』、2014年6月13日。

パク・ノヒョン（박노현）「텔레비젼 드라마와 한류 담론 – 한류진화론과 위기론에 대한 비판적 고찰을 중심으로（テレビドラマと韓流談論―韓流進化論と危機論に関する批判的考察を中心に）」『韓国文学研究』45、東国大学校韓国文化研究所、2013年2月。

パク・ヘジン（박혜진）「1910.1920년대 공립보통학교 교원의 업무와 지위（1910、1920年代公立普通学校教員の業務と地位」淑明女子大學校淑明女子大學校、2001。

パク・ヨンス（박영수）『유물속의 상징이야기（遺物の中の動物象徴の噺）』、明朝、2005年。

浜田廣介「붉은 도깨비의 울음（泣いた赤鬼）」『日本童話集』、啓蒙社、1973年。

ハム・ウンホ（함운호）『람바1/3（ランバ1/3）』、ヤング・メディア、1997年。

ハングル学会『大辞典』、乙酉文化社、1947年。

ハン・ギオン（한기언）、イ・ゲハク（이계학）『일제시대의 교과서 정책에 대한 연구（日帝時代の教科書政策に関する研究）』、韓国精神文化研究院、1993年。

バン・チョンファン（方正煥、방정환）「새로 開拓되는〈童話〉에 關하야 – 特히 少年以外의 一般큰이에게（新しく開拓される童話に関して―特に少年以外の一般大人へ）」『開闢』、開闢社、1923年1月。

――.「「어린이」지에 나타난 아동문학양상연구（「어린이」誌にあらわれた児童文学様相研究）」、全南大学教育大学院修士論文、1993年。

ピエル・グリパリ『착한 꼬마 도깨비（優しいチビドッケビ）』、セムトゥ社、1987年。

ファン・ダルギ（황달기）「한국의 일본대중문화수용（韓国の日本大衆文化の受用）」『經營經濟』第40集第1号、開明大学産業経営研究所、2007年2月。

フワン・チョンヒ（황정희）「단편 전래 동화 연재 1회『흥부와 놀부（フンブとノルブ）』」『少年芸術』創刊号、1978年12月。

文化教育部編「개암과 도깨비（ハシバミとドッケビ）」『생활의 길잡이 1-1（生活の手引き）』、文化教育部、1989年。

文化コンテンツ振興院『2008年音楽産業白書』、文化体育観光部、2009年。

文化財庁『웃는 도깨비 전（笑うドッケビ展）』図録、文化財庁、2006年。

ベ・クッナン（배국남）「현대화된 사극 새로운 트렌드로 자리 굳혀（現代化された時代劇、新しいトレンド）」『週間朝鮮』1797号、2004年1月4日。

ベ・ヨンドン（배영동）「문화 컨텐츠 사업에서 문화 원형 개념의 함의와 한계（文化コンテンツ事業での文化原型概念の含意と限界）」『人文コンテンツ』6号、2005年。

ホ・ジェヨン（裵氷東、허재영）『일제강점기 교과서 정책과 조선어 교과서（日帝強占期教科書政策と朝鮮語教科書）』、図書出版京進、2009年。

ホ・ジョン（許政、허정）『내일을 위한 증언（明日のための証言）』、セムトゥ社、1979年。

ホン・ヨンチョル（홍영철）『釜山近代映画史』、サンジニ、2009年。

ミン・ビョンチャン（민병찬）パク・ファリ（박화리）「일제강점기 일본어 교과서 속의 桃太郎（日帝強占期の日本語教科書の中の桃太郎）」『日語教育』41、2007年、3-20ページ。

ムン・セヨン（文世榮、문세영）『朝鮮語辞典』、朝鮮語辞典刊行会、1940年。

メアリ・フランシス『도깨비 헐렁꼭지（ふわふわドッケビ）』、新世界、1986年。

山中千恵「'기껏해야 만화'를 통해 보이는 일한 사회는（「たかがマンガ」を通して見る日韓社会は）」『第2期韓日共同歴史研究報告書第5巻』、

日韓歴史共同研究委員会、2010年、161-188ページ。

ユ・チュンドン（유춘동）「20세기초 구활자본 고소설의 세책유통에 대한 연구（20世紀初活字本古小説の貸本流通に関する研究）」『蔵書閣』15、2006年6月、171-188ページ。

ユ・モンイン（柳夢寅、유몽인）『於于野談』、韓国文化社、2004年。

ユン・ヘドン（윤해동）『식민지 근대의 패러독스（植民地近代のパラドクス）』、ヒューマニスト、2007年。

ユン・ヨルス（尹烈秀、윤열수）『청도깨비의 익살（青鬼の滑稽）』、嘉会博物館、2005年。

ヨセプ・カル・グルント『빨간 코 도깨비（赤い鼻ドッケビ）』、新世界、1986年。

英語文献

CHAMBERLAIN B.H., *The Ogre's Arms*, 弘文社, 1889.

DAUTREMER J., *Le Vieillard et Les Demons*, T.Hasegawa, 1909.

GALE S. James, Korean folk tales-imps, *ghosts and fairies*, london: Dent & sons, 1913.

GRIFFIS Elliot William, *Fairy tales of old Korea*, 景仁出版社, 2001（1913）.

GRIFFIS Elliot William, Tokgabi and Pranks, *Fairy tales of old Korea*, GEORGE G. HARRAP & CO, 1911.

HEPBURN J.C., The old man and the devils, 弘文社, 1884.

JAMES Kate, *The Ogres of Oyeyama*, T.Hasegawa, 1891.

LANG Andrew, The story of Hok Lee and the dwarfs, *Green fairytale*, Dover, 1965（Longmans, Green, and Co., 1892）.

REIDER Noriko T., Transformation of the Oni-From the Frightening and Diablolical to the Cute and Sexy, *Asian Folklore Studies*, Volume 62, 2003.

TENBRUCK Friedrich H., *Die Kulturellen Grundlagen der Geselshaft*, Westdeutcsher Verlag, 1989.

THOMPSON David, *Momotaro*, 弘文社, 1885.

No Strangers Admitted, *PUNCH*. Vol.35, Punch Publications Ltd. 1858.

参考インターネットサイト
韓国漫画映像振興院〈http://www.komacon.kr/museum〉
韓国教育開発院．日帝強占期の教科書〈http://www.textlib.net/〉
韓国国学振興会〈http://www.koreastudy.or.kr/〉
韓末資料〈http://www.hanmal.or.kr/〉
韓国歴史統合システム〈http://www.koreanhistory.or.kr/〉
大韓毎日新報、新韓国報：独立記念館
　〈https://search.i815.or.kr/OrgData/OrgList.jsp?tid=ns&id=GM1949082403-01〉
韓国史データベース〈http://db.history.go.kr/url.jsp?ID=ha_ca_001_1390〉
韓国古典総合 DB〈http://db.itkc.or.kr/〉
基山（金俊根）展　歴史博物館〈http://www.museum.seoul.kr/〉
NAVER Digital Archive〈http://dna.naver.com/search/searchByDate.nhn#〉
植民地時代の朝鮮日報〈http://srchdb1.chosun.com/pdf/i_archive/〉
植民地時代の毎日申報：国立中央図書館
〈http://library.snu.ac.kr/viewer/OnlineURL.jsp?cid=666419〉
植民地時代の京城日報〈http://library.snu.ac.kr、https://u-lib.nanet.go.kr〉
大韓聖書公会
　〈http://www.bskorea.or.kr/about/owntrans/genealogy/genealogy.aspx〉
朝鮮王朝實録原文検索
　〈http://sillok.history.go.kr/main/main.jsp〉
長安山ドッケビフェスティバルホームページ
　〈http://www.chookje.com/detail/main.asp?idx=614〉
東國大学電子仏典文化コンテンツ研究所ハングル大蔵経検索
　〈http://abc.dongguk.edu/ebti/〉
プルグン・アンマ（Red Devils）公式ホームページ

〈http://www.reddevil.or.kr/xe/index.php?mid=trademark〉
玄風百年ドッケビ市場〈http://www.hyunpungdokaebi.com/story/character.asp〉
山清漢方薬剤市場〈http://www.scherb.or.kr/sub/01_06.asp〉
蟾津江ドッケビ村〈http://www.dokaebi.co.kr/〉
旌善施設管理公団〈http://www.jsimc.or.kr/sub/sub05_2_go3.asp〉
文化財庁文化財検索ウェブページ
〈http://www.cha.go.kr/korea/heritage/search/search01_new.jsp?mc=NS_04_03_01〉
笑うドッケビ展
〈http://www.ohmynews.com/NWS_Web/view/at_pg.aspx?CNTN_CD=A0000347688〉

あとがき

　本書は、2015年4月に京都大学大学院文学研究科に提出した博士論文「ドッケビと韓国の視覚文化」をもとに、今回の出版のために加筆・修正したものである。内容・構成は概ね博士論文と同一であるが、提出後に発見した誤字・脱字の修正、研究者以外の読者層を想定してより平易かつ明確に表現すべきと思われた部分の改稿、そして版権上の都合による図表の差し替えがなされている。

　韓国の美術大学で学んでいた筆者は、ファンタジー作品の創作に関心を持っていた関係で日本の妖怪が登場する作品に触れる機会が多く、その中で日本の妖怪の多様性とその視覚イメージの豊かさに触れた。他方で韓国において妖怪はあまり細分化されておらず視覚化された例も非常に乏しかったことから、そうした差異の背景にはどのような文化的要因があるのかに関心を持つようになった。新聞社での数年の社会人生活の後、2005年に日本の文部科学省の奨学金を得て来日し、修士課程を京都精華大学ヴィジュアルデザイン学科で学び、韓国の妖怪を分類・視覚化した百科事典を卒業作品として製作した。その後一旦は帰国して美術関係の会社で勤務したが、より本格的な研究を希望して再来日し、2011年に京都大学文学研究科の博士課程に進学して妖怪を素材とした日韓文化の比較研究に取り組むこととなった。本書はようやく踏み出した第一歩であり様々な不備や課題を残しているけれども、ひとまずまとまった形で出版することができたことに安堵し、また出版に至るまでに指導・支援を頂いた多くの方々に対する感謝の気持ちで一杯である。

あとがきの場を借りて、筆者が韓国国内でどのように日本文化に触れてきたのかを記しておきたい。と言うのも、1976年に韓国で生まれて日本大衆文化の開放が始まった1998年前後に大学生であった筆者の実体験は、ほとんどが日本人であろう本書の読者にとって多少は興味を引かれるものと思われるからである。

韓国における日本文化開放の経緯については本書で詳しく述べたので繰り返さないが、日本の大衆文化コンテンツが解禁され、著作権法改正によりそれまで大量に流通していた海賊版が禁止された時期に、筆者は大学の近くにある古書店でアルバイトをしていた。書店に置くことができなくなった日本作品の海賊版が大量に古書店に流入したため、毎日大量の書籍が入れ替わって大忙しであったことを鮮明に記憶している。ある意味では普通の書店よりも多くの資料が集まっており「宝の山」状態で、おそらく韓国の古書店が最も繁盛していた時期なのではないかと思われる。そのなかで筆者は、多くの日本現代文学の全集や絵本、マンガ、イラスト集などに触れ、そのレベルの高さに感動していた。そのときに購入した日本文学全集、大江健三郎全集、夏目漱石や森鴎外の小説、星新一のSFなどは今も手元に残っている。それら海賊版の翻訳には優れたものも多く、正規に出版された最近の翻訳よりも良いと感じられるものもある。

海賊版を通じての日本文化体験は書籍に留まらなかった。音楽ではX-Japanが大ヒットしており、道端では違法コピーされたテープが多く出回っていた。また、大学の構内で日本のアニメや映画のVHSを売り歩く「ビデオおじさん」と呼ばれる老人がいて、ベンチで彼を囲んで色々な説明を聞いていた。当時人気があったのは北野武や岩井俊二の映画、宮崎駿のアニメなどであるが、筆者が最も衝撃を受けたのは押井守のアニメ『攻殻機動隊』であった。日本のアニメには欧米のものよりも自分たちに訴えるものがあると感じ、少しでも多く見て学びたいと思っていた。

そもそも筆者の世代が子供時代に見たアニメの多くは日本で製作されたものであり、そのことに気付いたのは大学入学後であった。『鉄腕アトム』、『未来少年コナン』、『アルプスの少女ハイジ』、『フランダースの犬』、

そして筆者が最も好きだったSF冒険アニメ『太陽の子エステバン』(日本では1982年、韓国では1987年に放送)も日本のアニメであった。作中には日本らしい風景もなく、当時は製作国など全く気にも留めていなかったが、知らず知らずのうちに日本文化を受け入れる土台が作られていったのかもしれない。

日本文化開放後も需要に見合う十分な文化コンテンツが入ってきたわけではなく、日本に旅行した際にはマンガや音楽CDを買って帰り、友人と一緒に楽しんでいた。そしてその後も日本の映画やドラマ、マンガを見ることは筆者の趣味であり続け、そのことが現在の日本での研究生活にまで繋がっていったのではないかと感じている。

前述した通り、本書の出版に至るまでには多くの方々からの指導・支援を頂いた。

京都大学文学研究科現代文化学二十世紀学専修の杉本淑彦先生は、筆者を博士課程に受け入れてくださり、博士論文の提出まで懇切にご指導頂いた。同研究科現代史専修の永井和先生からも、本書の出版のための加筆・修正に際して細やかなアドバイスを頂いた。同じく現代史専修小野澤透先生からも、杉本先生・永井先生と共同の博士課程のゼミのなかで折に触れて研究へのアドバイスを頂いた。

また、京都精華大学の堤邦彦先生からは、最初に来日した修士課程から現在まで、妖怪や怪談関連の研究を進めるなかで折に触れて丁寧な指導・助言を頂いた。

京都大学文学研究科現代文化学の院生の方々からは、ゼミをはじめとした様々な場面でご意見を頂いた。特に森下達氏には、博士論文の草稿に目を通して頂き、多くのご意見・ご指摘を頂いた。

韓国の(株)教学社の副社長であるイ・スング氏からは、2007年の教科書の挿絵をめぐる論争についての情報および資料の提供を頂き、そのことが本書の企画を始めるきっかけとなった。

国立中央博物館、国立民俗博物館、国立光州博物館、国立オペラ団、国

立国楽院、国立映像資料院、嘉会民画博物館、木人博物館、（株）ドッケビコレア、伝統灯研究会、長水芸術村、劇団旅人からは、本書で使用した写真を提供して頂いた。特に表紙のためには、画家呉潤氏のご遺族の方から写真を提供して頂いた。
　慶熙児童美術研究所の金撤熙氏からは、韓国の子供たちの描くドッケビの絵に関するリサーチへの協力を頂いた。
　韓国在住の友人である佐々紘子氏からは、日本では入手困難な書籍や資料を多数送って頂き、研究の大きな助けとなった。
　博士課程の期間中は、野村財団から奨学金の支援を頂き、日本で研究生活を続けていくうえでの大きな助けとなった。
　本書の出版に際しては、韓国文化交流財団（Korean Foundation）から支援を頂いた。本書が日韓の文化的相互理解に少しでも貢献し、同財団の期待に応えられることを願っている。
　そして、京都大学学術出版会には本書出版の労を取って頂いた。編集長の鈴木氏、担当の國方氏には、日本人の書籍を出版するのに比して倍以上の苦労をかけてしまったのではと恐れている。

　私事にわたるが、韓国の家族にも感謝したい。母はいつも筆者の心強い味方であり続け、新聞社を退職して留学することを決めたときにも筆者を応援し励ましてくれた。長年博物館で勤務した父が文化的ものを身近に感じる生活を与えてくれたことは、筆者がこのような研究を進めるきっかけとなった。そして、2人の妹──1人は林政学の研究者であり、もう1人は会社員であるが人類学専攻で修士課程を修了した──は、研究の相談に付き合ってくれたことはもちろん、日々の長電話を通して筆者を元気付けてくれた。
　最後に、博士課程進学が遅かった筆者が本書を出版するまで心の支えになり、筆者の一番の理解者・協力者として二人三脚で頑張ってくれた夫、堀井進吾にも感謝したい。

한글 요약

도깨비와 한국의 시각문화

이 책은 한국 도깨비의 시각적 이미지가 형성되고 정착되는 과정, 그리고 도깨비에 대한 논쟁을 역사적으로 연구했다. 도깨비의 시각 이미지는 한국의 정치, 경제, 사회 상황의 영향을 받으며 변화해왔다. 그러한 의미에서 이 책은 도깨비를 통해 보는 한국의 시각 문화사라고도 할 수 있다. 또한 한국 도깨비의 시각 이미지가 형성되고 정착되는 과정 전반에 일본 오니의 시각 이미지 전파가 미친 영향력을 파악함으로써 한일 시각 문화를 비교하고 그 관계를 탐색하는 의의를 가진다.

각 장의 내용을 개괄하면, 서론에서는 도깨비의 어원과 현재 퍼져있는 시각적 이미지, 그리고 도깨비에 관해 지속되고있는 논쟁을 소개한다. 한국의 도깨비는 요괴 전반을 지칭하는 폭넓은 의미를 가진 단어이며 일상의 비유 표현에서도 널리 쓰인다. 도깨비는 애니메이션이나 영화 등의 다양한 문화 컨텐츠 속에서 캐릭터로 등장하기도하고, 점포명, 상품명 등에도 이용되는 등 현대 한국사회에서 폭넓게 사랑받고 있다.

도깨비 관련 논쟁은 현재 도깨비의 시각 이미지가 일본의 오니와 유사하다는 지점에서 발발하는데, 1990년대 중반부터 역사학자나 민속학자들이 이를 지적한 후 신문, 방송 등 미디어를 통하여 알려지면서 일반 대중의 관심을 모아 사회 문제로 발전되었다. 한국의 고유문화를 대표하는 아이콘이라고 할 수 있는 도깨비는 식민지 종주국이었던 일본의 식민지 정책의 일환으로 한국의 정착된 것으로, 그 발원지가 오니라는 주장은 무역 개방, 문화 개방을 앞두고 국가 아이덴티티를 강조하던 당시 상황에서는 민감하게 받아들여졌다. 그리고 이 주장은 한국 고유의 진정성있는 새로운 도깨비의 시각 이미지를 찾자는 움직임으로 이어졌다. 도깨비 논쟁에 있어서 거론되었던 문화의 진정성에 대한 논쟁이 도깨비의 시각 이미지에 미친 실질적 영향을 살펴봄으로써 현재의 한국의 시각 문화를 진단할 수 있을 것이다.

이러한 문제의식을 바탕으로 제1장부터는 한일 합방 (1910) 이후 부터 현재에 이르기까지 다양한 자료와 문헌을 바탕으로 도깨비의 시각 이미지의 역사—형성과정과 정착과정, 도깨비 논쟁의 내용과 그 영향—를 시대순으로 검토한다.

제1장에서는 도깨비의 시각이미지가 형성되기 전, 즉 20세기 이전 도깨비의 시각 이미지에 대한 문헌과 선행연구를 참조하여 한국 사회에서 도깨비가 어떻게 받아들여져 왔는지 정리하였다. 결론부터 이야기 하자면 도깨비는 보이지 않는 민속 신으로 정의할 수 있는데 그 이미지는 불화나 건축, 공예, 그리고 민속과 민예에서 차용되기도 한다. 역사적으로 도깨비가

그려진 예는 거의 없으나, 『채씨효행도 (蔡氏孝行圖)』(1882)에 그려진 도깨비를 특수한 예로 제시하기도 한다. 그러나 이 도깨비는 鬼火라고 쓰여진 것을 도깨비 불로 해석한 경우이며, 실제로 이 그림 속의 도깨비는 구체적인 형태를 파악하기에는 애매한 모습이다.

이와 같이 도깨비의 시각 이미지가 그려지지 않은 데에는 지배층의 유교적 합리주의가 작동하는 동시에 민간에서는 두려움의 대상이고 신성시 되는 민속신에 대한 시각화가 극히 제한적이었던 한국의 민속 신앙의 특징이 동시에 작동했다고 볼 수 있다.

제 2 장에서는 현재 도깨비 이미지의 기원으로 거론되는 일제 강점기 시대의 도깨비를 검토한다. 조선 총독부에서 발간한 1923 년과 1933 년의 『조선어독본』의 「혹뗀 이야기」에 도깨비의 삽화가 게재되어있는데 이것은 현재까지 발견된 것 중 가장 오래된 출판물 속 도깨비의 시각 이미지라고 할 수 있으며, 현재의 도깨비 이미지에도 큰 영향을 미치고 있다.

여기서 보여지는 도깨비의 시각 이미지를 종주국이었던 일본의 식민지 동화 정책에 의한 의도적인 이식의 결과로 해석하는 것이 종래의 주장이었으나 필자는 이와같은 해석에는 무리가 있다고 본다. 1923 년 조선어 독본의 삽화가 한국의 풍속을 잘 살리지 못하였다는 비판을 받았던 것을 신문지상에서 다수 확인할 수 있고, 그 비판을 반영하여 교과서의 제작에 조선인 감수자를 늘리고, 이후에 제작된 1933 년 조선어 독본의 삽화는 실제로 오니와 다른 존재로서 한국 고유의 도깨비를 그리고자 한 노력이 반영되어 있다. 구체적으로 삽화 속 도깨비의 얼굴 모습이 일본의 대표적인 오니 탈인 한냐에서 한국의 탈로 바뀌어 있는 점에 주목할 수 있을 것이다.

1939년의 초등 국어 독본의 코부토리에 나타난 오니의 삽화가 도깨비의 시각 이미지의 형성에 결정적인 영향을 주었다고는 하는 의견도 있으나, 이것은 어디까지나 일본어로 쓰여진 국어 교과서에서 오니를 그린 시각 이미지일 뿐이며 한국인에게 도깨비의 시각 이미지로 인식되었다고 단정할 수 없다. 당시 식민지 조선에 일본의 오니가 등장하는 모모타로 그림책이나 애니메이션이 널리 유통되고 있었던 것을 감안하면 오니가 도깨비와 동일시되었던 것이 아니라 오니 그 자체로서 인식되며 유통되었다고 볼 수 있다.

제3장에서는 식민지 해방 이후 군사정권 시기에 도깨비의 시각 이미지에 관하여 검토한다. 필자는 이 시기가 현재의 도깨비의 시각 이미지가 오니의 시각 이미지와 동화, 정착되는 과정에서 가장 중요한 역할을 한 시기라고 생각한다.

태평양 전쟁 중 일본에서는 적의 이미지가 오니로 그려졌는데 그와 마찬가지로 한국전쟁 중에도 비라나 선전물에 있어서 도깨비가 적으로 그려졌으며 그 이미지는 오니와 같았다. 당시 도깨비가 범죄자나 악의 상징 혹은 불가사의한 사건의 비유적 표현으로 쓰이는 것을 다수의 신문 기사를 통해 확인할 수 있다.

한글 요약

 한국전쟁 이후 대중문화 속의 도깨비의 시각 이미지는 일본 해적판에 등장하는 오니의 영향을 뚜렷이 받은 것으로 보인다. 특히 아동 대상의 그림책이나 만화에 등장하는 도깨비는 뿔이 있고 동물의 가죽 옷을 입은 귀여운 캐릭터로 그려지는데, 이는 비라에 그려지던 일본의 무서운 오니보다 해적판 일본 만화나 그림책에 그려져있던 캐릭터화 된 오니에 가깝다. 따라서 식민지 시대의 영향보다는 그 이후의 일본 대중문화의 유입의 영향으로 보는 것이 더 적절할 것이다.

 당시 한국 정부는 일본의 기술은 적극적으로 도입하면서도 식민지 시대의 청산이라는 관점에서 일본의 문화는 금지시키는 이중적인 정책을 시행하고 있었다. 그러나 문화의 특성상 정부가 도입한 기술과 제품을 통하여 함께 유입될 수 밖에 없었던 만큼, 군사 정권의 문화 규제는 구조적인 모순을 내포하고 있었다. 특히 일본을 모방한 제품의 포장과 광고를 통하여 일본의 시각 문화는 실제로 국가 주도의 정책하에 기업들을 통해서 유입되고 있었다. 뿐만아니라 일본 문화는 해적판 등의 형태로 유입되어 일본 것이라고 알려지지 않은 채 대중문화로 소비되었고, 그러한 흐름 속에서 본래의 오니였던 캐릭터가 도깨비로 번역되어 해적판 콘텐츠로 대량 소비되며 오니의 시각 이미지는 도깨비의 시각 이미지로 정착 되었다.

 1980년대 말 군사정권에 대한 민중의 반발이 고조되는 시점에 민주화 운동 안에서 민중의 상징으로 도깨비가 도입된다. 여기서 도깨비는 종래의 적이나 악의 상징으로서의 도깨비가 아니라 서민의 친구로 독재 권력에 저항하는 민중의 상징, 전통 문화를 대표하는 민족의 아이콘으로서 주목을 받게 되었다.

제 4 장은 내셔널리즘이 고양되던 1990 년대 도깨비의 시각 이미지에 대해 검토한다. 냉전의 종결로 인한 사회 불안과 민주화의 요구, 미국의 무역 개방 압력과 금융 위기 등 한국은 사회적 변화에 직면하였으며 불안정한 상황은 내셔널리즘을 더욱 강화시켰다. 또 일본문화 해적판의 고질적인 문제가 심화되면서 일본문화 개방에 관한 찬반양론이 첨예하게 대립하고 있었다. 최종적으로 일본 문화는 1998 년부터 2004 년에 걸쳐 단계적으로 개방되었지만 여전히 많은 반대 여론에 직면해 있었다. 식민지 종주국이었던 일본에 대하여 한국 대중이 갖는 감정에는 단일한 어조로 정리할 수 없는 복합적인 입장이 내포되어 있으며, 이러한 감정은 1995 년부터 종종 논의되었고 현재까지도 진행되고있는 도깨비 논쟁에서 집약되어 드러난다.

일본 해적판이 다량 축적된 상황에서 문화 개방이 진행되기 시작하자 일본의 시각 이미지가 합법적으로 한국에 많이 들어오게 되는데 이 시점에서 한국의 도깨비와 오니의 시각이미지가 닮아있다는 점이 수면 위로 떠올라 공개적으로 논의되기 시작되었다. 이 논쟁은 도깨비의 시각 이미지가 그려진 기원을 밝히고자 하는 입장으로 역사적 사실 관계의 문제, 그리고 한국 문화의 고유성이라는 관점에서 새로운 이미지를 찾아야만 한다는 문화론적 당위성의 문제, 두 가지로 요약할 수 있다. 전자는 기원의 문제로 제 2 장에서 검토한 것과 같이 식민지 시대의 국정 교과서 조선어독본의 삽화에 그려진 도깨비가 최초의 삽화라고 보는 점은 타당하다고 본다. 후자의 경우 고유성이라는 당위적 관점에서 민속학, 미술사학 등 다양한 분야의 연구자들이 각 분야에서의 올바른 도깨비상을 제안하고 있으며 그 결과로 그림책 등의 아동용 서적에서 오니의 시각 이미지와 차별화된 도깨비의 시각 이미지가 창작, 활용되는 경우도 나타난다.

「민족 문화 원형 사업」은 당위적 관점에서 발휘된 자국 문화 육성 정책의 하나로 1990년대 말에 시행된 국가 정책사업이다. 여기서 도깨비는 한국 고유의 문화 원형으로 평가 받으며 수차례 선발된다. 문화 콘텐츠 진흥원이 공식 홈페이지에 명시하는 바에 따르면「원형」이라는 개념은 외형은 비록 변할 지라도 내면에 있는 변하지 않는 본질이란 의미로, 민족 문화 원형 사업은 한국 민족의 본질을 나타내는 것을 발굴하여 콘텐츠화하고 다양한 미디어에 활용하는 것을 목적으로 추진되었으며, 실질적으로는 전통 문화를 시각화, 디지털화하는 과정이 수행되었다. 이러한 사업에서 도깨비는 국가 지원을 받아 캐릭터화 되기도하고, 도깨비라는 민속 소재의 컨텐츠를 도입한 드라마, 영화, 애니메이션, 게임 등에도 활용되었다.

제 5 장에서는 글로벌리제이션의 확대와 함께 2000년 이후 대중문화 속에서 폭넓게 활용되는 새로운 도깨비의 시각 이미지를 검토한다. 2000년 이후에는 일본 문화 개방이나 무역 자유화에 대한 대책으로 대중문화에 대한 적극적인 지원과 자국

문화 육성 정책이 진행되었다. 한국의 고유성을 강조하는 방향성은 4장에서 소개한 「민족 문화 원형 사업」과 맥을 같이 한다. 그러나 한국 고유의 도깨비를 그려내는 것은 오랫동안 추상적인 수준에 머물러 있던 관념적인 내용을 시각 이미지로 구체화해야 하는 어려운 문제일 수밖에 없었다. 오니라는 오랫동안 사용해온 이미지를 피하면서 구체화된 도깨비의 모습은 시장에서 상품으로 평가 받기 이전에 내셔널리즘에 기반한 관념적인 잣대로 먼저 평가 받아야 하기 때문에 현재까지도 지역활성화 정책이나 문화 상품의 개발에서 시도되는 도깨비의 시각화는 어려움을 겪고 있다. 이러한 과정을 거쳐 제작된 도깨비 캐릭터는 지역주민의 호응을 얻지 못하여 그 지역에 정착하는데 실패하는 경우가 많았다.

반면 국가적인 차원에서의 개입과 지원이 이어지며 고유한 도깨비의 새로운 이미지 찾기가 문화 운동의 성격을 띠고 진행되는 가운데 계속 이어지는 도깨비 축제나 이벤트, 아동용 상품에는 대부분 전형적인 오니 이미지가 도깨비의 이미지로 사용되었다. 또한 세계 시장을 겨냥한 문화 상품을 제작하기 위해 도깨비를 시각화할 경우 오히려 한국의 고유한 전통이라는 관념에서 자유롭게 제작할 때 다양한 문화 컨텐츠를 반영할 수 있어 좋은 결과를 이끌어 내는 경우가 많았다.

이 책은 눈에 보이지 않는 도깨비가 눈에 보이는 도깨비로 만들어지고 정착되는 과정을 다루고 있다. 도깨비의 시각 이미지의 역사를 도깨비의 고유성이라는 맥락에서 역사적으로 (신문

이나 학자의 주장들에 기반을 두고) 검토하였다. 그러나 우리는 실제로 도깨비의 시각이미지를 선택하는 것은 대중의 역할이었다는 점을 잊어서는 안된다.

도깨비의 시각 이미지의 표상은 그 시대의 정치, 경제, 사회를 반영하는 거울과 같이 변화하여 왔다. 따라서 도깨비의 시각 이미지의 향방도 이후 한국 사회의 변화된 모습을 반영하게 될것이다. 이러한 의미에서 필자는 도깨비의 시각 이미지의 이후 변화를 계속해서 주목해 보고자한다.

索　引

韓国の地名などはハングル音の順で掲載する。韓国人の名前で著名なものは、カタカナ、漢字の順で記した。

ア行

IMF　138, 216
青鬼　72
赤いドッケビ　6, 206, 212, 221, 227
『赤い鼻のドッケビ』　124
赤鬼　72, 100-101, 123, 135, 205, 207, 221, 227
アジア通貨危機　3, 14, 138, 193, 202, 224
『あそこにケビケビが行くよ』　157
『アラン使道伝』　199
アンドリュー・ラング（Andrew Lang）　88, 92
イ・ウォンギュ（李源圭）　60
イ・ウォンス（李元壽）　135
イ・ウギョン（李友慶）　124, 135
イ・ジャンス　172
「李生窺牆伝（イセンギュジャンジョン）」　24
イ・スクジャ（李淑子）　90
イ・スング　152, 171
イ・スンマン（李承晩）　17, 98-99, 108
イ・セジョン（李世楨）　60
イ・ソプン　134
イ・ブヨン（李符栄）　161, 163, 172
イ・ミョンバク（李明博）　15, 18
イ・ミラ　169
イ・ユンソン　160-161, 172, 217
飯倉義之　13, 17
一寸法師　83-84, 94, 123
イム・ソクジェ（任晳宰）　7, 15, 91, 147
イム・ドンクォン（任東權）　40, 51
巌谷小波　85, 90, 93
『宇治拾遺物語』　72, 94
丑寅　57, 79, 85
歌袋　70-71, 91, 125-126, 135

ウリ民族文化原型コンテンツ事業（文化原型事業）　159
『うる星やつら』　117, 119, 144-145
『ウンビカビの昔々』　145, 169
オ・ユン（呉潤）　129-130, 136
『於于野談』　46
大竹聖美　90, 124, 135
『フンブとノルブ』　115-116, 134, 152, 230
『お金ドッケビ』　113-114
小田省吾　67
『おばあさんとドッケビ棒』　113-114
『オバケのQ太郎』　111
オリオン社　97, 111, 133
『オリニ』　70-71, 91, 155

カ行

海賊版　3, 14, 99-100, 107, 113, 116-118, 120, 131-132, 134, 138-139, 140-141, 143-144, 146, 168, 192-193, 200, 223-224, 236
香川雅信　220
貸本屋　86, 109
河童　13
金井英一　93
「金棒鉄棒」　90
開発独裁　109, 160
加原奈穂子　94
仮面　7, 21, 44-46, 52-53, 55, 61-62, 182, 199, 210, 222
『迦葉原夫餘紀』　16
カン・ウンヘ（姜恩海）　42, 52
カン・ウバン（姜友邦）　7, 15, 31, 50, 147, 152
『韓国口碑文学大系』　20, 32, 48, 50
『韓国語派生語辞典』　74

271

『韓国書店編藍』 91
『韓国伝統模様集』 7
『韓国伝来童話集』 125, 135
『桓檀古記』 16, 205-206
『漢文日豪傑桃太郎傳』 85
「甘露帳」 29-30
金俊根 92
基山（キサン、金俊根キム・チュングン）
　76, 77, 92
鬼神論 24
鬼畜米英 82
キム・キドク 161, 172
キム・シスプ（金時習） 24-25, 49
キム・ジハ（金芝河） 129
キム・スンジョン 94
キム・ソウン（金素雲） 86, 95
キム・ソンヒ（金善嬉） 195
キム・ソンボム 156-157, 171
キム・ソンミ（金善美） 136
キム・チョンス 193, 217, 219
キム・チョンデ（金宗大） 7-8, 15-16, 40-41,
　51, 56-57, 70, 90-91, 147, 149, 151-152,
　158, 169-171, 200, 218
キム・デジュン（金大中） 17, 138, 143
キム・ハクソン（金學善） 43, 52
キム・ヨルギュ（金烈圭） 136, 163, 172
キム・ヨンイ（金容儀） 8, 16, 43, 52, 64-65,
　70, 90, 147
キム・ヨンサム（金泳三） 17
『教育とお伽噺』 57, 90
共産主義 6, 208
キルダル（吉達） 37, 51
『京郷新聞』 120, 148-149
金ソバン・ドッケビ 166-167, 225
『銀の雨が降る国』 145-146
鬼門 79
『金鰲新話』 22, 24-25, 49
クォン・ヒョクレ 91
クォン・ヒョクボム 211, 220
百済 27, 30-31
『靴下ドッケビ』 201, 219

クリフォード・ギアツ（Clifford Geertz）
　172
九黎族 7, 15-16
『クローバー文庫の郷愁』 118
経済開発5ヵ年計画 110
『月印釋譜』 21
『月印千江之曲』 21, 48
『ケビケビ真ドッケビ』 157-158
『啓明（ケミョン）』 25
コ・ゴン（高建） 18
高句麗 7, 16, 27, 30-31, 206
皇国臣民化統治期 54, 89
鴻農映二 49
『高麗史』 52
高麗時代 13, 27, 40, 52
『高麗大蔵経』 28
コルケ・グリム 129
国営放送局（KBS） 151
谷城（コクソン）ドッケビ・ランド 156,
　189-190
国立慶州博物館 31
国立中央博物館 29-31, 49
国立慶州博物館 31
国立扶餘博物館 30
国立国楽院 11
国立オペラ団 196
固城五廣大（コソンオグァンデ） 46, 52
『コビコビ』 145-146
瘤のある翁 9, 34, 54, 70-71, 87-88, 90, 127,
　148, 154-155, 171, 186
瘤を除った話 14, 53-56, 61-62, 64, 69, 74, 87,
　90-91, 126, 223
ゴロピカドン 118-119
駒込武 91
小松和彦 78, 92, 93
『五倫行実図』 25-26
近藤時司 72, 92

サ行

佐々木五郎 73, 92
笹間良彦 92, 93

『蔡氏孝行図』　25-26, 49, 54-55
四物（サムル）ノリ　42, 52
『三峯集』　27, 49
『三国遺事』　38-39, 48, 51-52
『三聖記』　16
『史記』　157-158
志鬼　37, 39-40, 51, 195
志田義秀　72, 92
渋沢青花　71, 92
シム・ウィリン（沈宜麟）　60, 69, 91
『釋譜詳節』　21, 48
シャーマニズム　23, 46
ジュ・カンヒョン（朱剛玄）　147-148, 169-170, 220
ジュ・ホミン　200
『殊異傳』　39
「十王帳」　29-30
自由貿易（貿易自由化）　3, 15, 140, 176, 198, 202, 225
守護ケビ　10-11, 189-190
『小学国語読本』　64-65, 81, 83-84, 90, 93
『少年中央』　110
『笑府』　76
情報通信産業部　159
『笑林評』　72, 76
植民地同化政策　65
『初等国語読本』　54-55, 62, 64-65, 85, 87, 90, 171, 223
ジョン・W・ダワー（John W. Dower）　82, 93-94
ジョン・バニヤン（John Bunyan）　92
傳燈寺（ジョンドゥンサ）　31
新羅　22, 27, 30-31, 37-39, 51-52, 170, 195
ソ・ジョンボム（徐廷範）　152
シン・ヘスク（申恵淑）　132
『ジン・ドンイルとドッケビたち』　115, 116
『新字典』　10
『尋常国語読本』　81, 93
眞智王　37, 50
「酔遊浮碧亭記（スイユウヒヘキテイキ）」　24

鈴木満　92
スーパー301条　121
相撲　13, 32-33, 36, 129-130, 152, 154-155, 171
瀬尾光世　83
『世界童話大系』　67
『新少年（セソニョン）』　117
セバスチャン・ロファ　93
セマウル運動　119, 134
ソ・ジョンオ　158, 171
ソ・ジョンボム（徐廷範）　154
ソウル・オリンピック　121-122, 138
『蘇悉地掲羅経』　28
『蘇婆呼童子請問経』　28
ソチ（小癡）　49
ソン・ヒョン（成俔）　24-25, 48
俗離（ソンニ）山ドッケビ　185, 190

夕行

大願寺　29-30
『大辞典』　10
大衆音楽（K-POP）　192-193
『大蔵経』　28
『大東韻府群玉』　39
『太白逸史』　16
『太平通載』　39
太平洋戦争　79, 82-84, 102, 131
高橋亨　66, 91
高橋留美子　117, 119, 143
田島泰秀　60
WTO　140
『陀羅尼集経』　28, 49
タル　→仮面
『檀君世紀』　16
蚩尤（蚩尤天王）　7-8, 16, 158, 205-208, 215
チェ・インハク（崔仁鶴）　43, 52
チェ・ギュハ（崔圭夏）　17
チェ・ギョングク（崔京国）　49
チェ・シンヘ（崔臣海）　135
チェ・ナムソン（崔南善）　16, 25
『チビ・ドッケビ』　111, 114
『魑魅魍魎愛情史』　202

チャン・ギュソン　204, 219
チャン・スミョン　171
チャン・チョンヒ（張貞姫）　155, 171
『チャングとドッケビ棒』　115
チャンスン（長丞）　19, 21, 44, 46-47, 62-63, 67, 183, 222
チュ・ホミン　218
チョ・ジャヨン（趙子庸）　148, 170
チョ・ソンミョン　218
チョ・ヘジョン（趙惠貞）　48, 136, 169-170, 172
『朝鮮王朝実録』　22-25, 48
『朝鮮語辞典』　10, 16
『朝鮮語読本』　9, 14, 53-58, 60-62, 64, 74, 87-88, 90, 126, 155, 171, 223
朝鮮時代　60, 147, 211
朝鮮戦争　98-100, 102-103, 106, 108, 131, 222, 224　→6.25
朝鮮総督府　8, 16, 54, 60, 65, 67, 85, 90-91, 94
『朝鮮総督府第1期初等学校日本語読本』　94
『朝鮮伝来童話集』　69-70, 91
『朝鮮童話集』　67-68, 87, 91
『朝鮮日報』　147-148, 211
『朝鮮の物語集』　66
『朝鮮民俗資料第二編　朝鮮童話集』　67
『朝鮮民話集』　71, 92
處容　37-38
チョン・ジンヒ　91, 219
チョン・スジン　160-161, 172
チョン・ドゥファン（全斗煥）　17
鄭道傳（チョン・ドジョン）　27, 49
『青燐（チョンリン）』　167
縮緬本　81, 83-84
『角のある悪魔と3人の少年たち』　107, 133
『天路歴程』　76-77, 92
ド・ギソン　144, 169
東亜共栄圏樹立　82
『東亜日報』　60, 147-148, 151-153
『東国輿地勝覽』　38
『東洋』　72
『童話の国ABC』　144-145

ドッケビ・グッ　182
ドッケビ・フェスティバル　179, 183-184, 190
『ドッケビ』（呉潤）　129
『ドッケビ』（ウェブマンガ）　200-201, 218
『ドッケビ』（映画）　204
『ドッケビ王子ケチ』　144
『ドッケビが行く』　163
『ドッケビがいる』　199
『ドッケビ大将になった寺子屋の先生』　155
「ドッケビとハシバミ」　11, 90, 154-155, 171
『ドッケビの棒』　105, 113-114, 125, 155-156
『ドッケビの頭巾』　104-105, 125
『ドッケビ姫』　143
ドッケビ論争　3, 8, 14-15, 54, 138-139, 147, 150-152, 155, 157-181, 191, 215, 225
『ドッケビを探せ！』　150
豆豆里（ドドリ）　42-43
『トリ将軍』シリーズ　104

ナ行

中村亮平　68, 91
『夏の夜の夢』　195-196
滑川道夫　93
「泣いた赤鬼」　123, 135
「南炎浮洲志（ナンエンブジュシ）」　24-25
『日本お伽噺集』　57, 90
『日本国語大辞典』　92
『日本童話集』　123, 135
『日本の河童の正体』　17
『日本の伝説と童話』　72, 92
日本文化開放　3, 15, 116, 138-140, 141-143, 147, 159, 167, 192, 198, 224-237
ノ・テウ（盧泰愚）　17
ノ・ムヒョン（盧武鉉）　17-18

ハ行

パク・インリャン（朴寅亮）　39
パク・ウンヨン（朴恩用）　42, 52
パク・キヨン　155, 171
パク・クネ（朴槿惠）　15, 18

パク・コンホィ（朴健會）94
パク・ジンテ（朴鎮泰）52, 90
パク・スンヅ（朴勝斗）60
パク・スンヒョン 220
パク・チュオンクン（朴忠根）17
『朴天男傳（パクチョンナンジョン）』85-86, 94
パク・チョンヒ（朴正熙）17, 99-100, 109, 172
パク・ノヘ（朴勞解）129
パク・ヒョンソク 111, 133
パク・ファリ 94
パク・ブンベ（朴鵬培）152
パク・ヘジン 90
パク・ヨウンビン（朴永斌）60
パク・ヨンス 52
パク・ヨンマン（朴英晩）69, 91
ハシバミとドッケビ 126-127, 135, 136
巫俗 24, 164
巫覡 23, 48, 201
『バベル2世』118
馬場あき子 78, 92
浜田廣介 123, 135
ハム・ウンホ 134
ハン・ビョンホ 155-157, 171
バン・チョンファン（方正煥）71, 88, 91-92
バンイ説話 154, 171
『ハンギョレ新聞』122, 147-148, 211
万国著作権条約 110, 116, 139
バンサン（バンサンタル）45-46, 61, 63, 199
『パンチ』75
般若 31, 55-57, 61
ピエル・グリパリ 123, 135
ビビ 45, 46, 61
鼻荊（ビヒョン）37-38, 51
ヒョンドク（玄德）60
ビラ 99-100, 104, 106, 131-132, 224
風水 23, 32, 36, 79
ブォクス 62-63
『普通学校児童読本』59
プルグン・アンマ 6-7, 10, 28, 176, 205-213, 215, 219-220
『ふわふわドッケビ』123-124
文化観光部 10, 142, 159, 184
文化原型 42, 139, 159-162, 165-168, 172, 176, 190, 194-195, 198, 203, 214, 217, 225-226
文化原型事業 163, 168, 194, 198, 225
文化コンテンツ振興院（KOCCA）137, 159, 165, 194, 199
文化産業振興基本法 159
文化体育部 140, 172
文化体育観光部 142, 181
ベ・ヨンドン 160, 172
『碧涙釧（ピョクチョン）』195, 217
『編纂趣意書』74, 88
ホ・ジョン（許政）17, 132
法住寺 31
『僕の彼女は九尾狐』199
『北夫餘紀（ホク・フヨキ）』16
ホック・リーと小人たち 74-75, 88
ホリョン（許錬）25-26, 49
ホン・スンチャン（洪淳昶）73, 92
ホンガン（憲康）王 38
ホン・ソンチャン（洪性鑽）124, 135
ホン・ヨンチョル 93
翻案小説 85-86, 94
ホッチャンイ 71

マ行

松村武雄 67, 91, 93
『間抜けなドッケビ』158, 172
マルトゥギ 61, 63
マンガ浄化策 120, 135
「万福寺樗蒲記（マンプクジチョホキ）」24
宮崎駿 143
ミン・ビョンチャン 94
民族文化原型事業 139, 214
『民族文化大百科事典』171
民族抹殺政策 62, 87
村山智順 16
ムン・セヨン（文世榮）17
メアリ・フランシス（Mary Frances）123,

135
木人 44
『もののけ姫』 143
『モモタラウ』 79-81, 93
桃太郎 55, 57, 72, 79-88, 92-94, 106-107, 123, 131
『桃太郎、海の神兵』 82-83

ヤ行
『夜警日誌』 199
『優しいちびドッケビ』 124
両班（ヤンバン） 22, 43, 48, 52, 61
『浮休子談論（ユヒュジャダンロン)』 22, 24-25, 48
ユング（Carl Gustav Jung） 161, 172
『妖怪ウォッチ』 6, 226-227
『妖怪人間』 110
『妖怪人間ベム』 110

ヨセフ・カール・グルント（Joseph Carl Grund） 123, 135
『ヨミカタ』 81, 85, 93
令監（ヨンガン）ノリ 41, 182, 216
ヨンノ 46, 52
ユン・ヨルス（尹烈秀） 50

ラ行
『楽学軌範』 39
ラム 117, 119, 144
『らんま 1/2』 117, 144
「竜宮赴宴録」 24
『漁師とドッケビ』 125
ルーズヴェルト 82
『連合ニュース』 214
6・25（朝鮮戦争） 98, 103 →朝鮮戦争
『ロボット太拳Ⅴ』 104
論語 22

[著者紹介]

朴　美暻（パク・ミギョン、Mikyung BAK）

京都大学文学部非常勤講師
1976年　韓国生まれ
2015年　京都大学大学院文学研究科博士課程修了
主な研究分野は日韓の怪談や妖怪の視覚イメージの比較研究

This publication project was made possible by the generous support of the Korea Foundation.

韓国の「鬼」
——ドッケビの視覚表象　　　　　　　　　　　©Mikyung BAK 2015

2015年11月30日　初版第一刷発行

著　者　　朴　　美　暻
発行人　　末　原　達　郎
発行所　　**京都大学学術出版会**
　　　　　京都市左京区吉田近衛町69番地
　　　　　京都大学吉田南構内（〒606-8315）
　　　　　電　話（075）761-6182
　　　　　FAX（075）761-6190
　　　　　URL　http://www.kyoto-up.or.jp
　　　　　振　替　01000-8-64677

ISBN 978-4-87698-946-1　　　印刷・製本　亜細亜印刷株式会社
　　　　　　　　　　　　　　装幀　谷　なつ子
Printed in Japan　　　　　　　定価はカバーに表示してあります

本書のコピー、スキャン、デジタル化等の無断複製は著作権法上での例外を除き禁じられています。本書を代行業者等の第三者に依頼してスキャンやデジタル化することは、たとえ個人や家庭内での利用でも著作権法違反です。